中国中部地区
经济高质量发展报告
（2022）

主　　编　刘耀彬

副　主　编　彭继增　聂长飞

编写组成员　王圣云　徐宝亮　李　晶

温湖炜　钟无涯

中国财经出版传媒集团

经济科学出版社

Economic Science Press

图书在版编目（CIP）数据

中国中部地区经济高质量发展报告.2022/刘耀彬
主编. -- 北京：经济科学出版社，2022.11
ISBN 978 - 7 - 5218 - 4138 - 1

Ⅰ. ①中… Ⅱ. ①刘… Ⅲ. ①区域经济发展 - 研究报
告 - 中国 - 2022 Ⅳ. ①F127

中国版本图书馆 CIP 数据核字（2022）第 195319 号

责任编辑：宋　涛
责任校对：隗立娜
责任印制：范　艳

中国中部地区经济高质量发展报告（2022）
主　编　刘耀彬
副主编　彭继增　聂长飞
经济科学出版社出版、发行　新华书店经销
社址：北京市海淀区阜成路甲 28 号　邮编：100142
总编部电话：010 - 88191217　发行部电话：010 - 88191522
网址：www. esp. com. cn
电子邮箱：esp@ esp. com. cn
天猫网店：经济科学出版社旗舰店
网址：http://jjkxcbs. tmall. com
北京季蜂印刷有限公司印装
710 × 1000　16 开　19.5 印张　320000 字
2022 年 11 月第 1 版　2022 年 11 月第 1 次印刷
ISBN 978 - 7 - 5218 - 4138 - 1　定价：78.00 元
（图书出现印装问题，本社负责调换．电话：010 - 88191510）
（版权所有　侵权必究　打击盗版　举报热线：010 - 88191661
QQ：2242791300　营销中心电话：010 - 88191537
电子邮箱：dbts@ esp. com. cn）

摘　要

　　《中国中部地区经济高质量发展报告（2022）》是由南昌大学中国中部经济社会发展研究中心编撰的一部以"中部地区经济高质量发展"为研究主题的皮书，具体以"创新、协调、绿色、开放、共享"的新发展理念为指导，结合《中华人民共和国国民经济和社会发展第十四个五年规划和2035年远景目标纲要》《中共中央国务院关于新时代推动中部地区高质量发展的意见》等文件精神，形成科学合理、符合中部地区发展要求的经济高质量发展指标体系，并进一步测度了2013～2020年中部地区80个城市的经济高质量发展指数，深入分析党的十八大以来中部地区经济高质量发展水平的变化趋势、时空特征等问题，以期为政府部门相关决策提供经验证据。

　　全书共分为九章。前两章为基础理论部分。其中，第一章主要依托国家对中部崛起和经济高质量发展工作相关指示和工作部署，结合中部地区各省市推动经济高质量发展的实践，全面解析中部地区经济高质量发展内涵，完善中部地区经济高质量发展理论基础，明确中部地区经济高质量发展的内涵。第二章基于经济高质量发展的内涵阐释，通过专家咨询、文献研究等方法构建科学可行、符合中部地区发展要求的经济高质量发展指标体系，并提出经济高质量发展的评价方法。

　　第三章至第八章为实证评价部分。具体而言，第三章基于中部地区80个城市经济高质量发展水平的评价结果，从变化趋势、发展水平、发展增速等方面对中部地区经济高质量发展的特征进行全面分析。第四章至第八章分别聚焦于"创新、协调、绿色、开放、共享"五个维度，对中部地区经济高质量发展的分维度状况进行分析比较。为了凸显报告的实践性，本书在每个维度的发展状况分析过程中均加入了"案例分析"部分，希望通过总结典型案例，为切实有效推动经济高质量发展提供参考。

第九章为政策建议部分。具体立足于江西省发展的实践，在全面分析江西省经济高质量发展现状的基础上，进一步梳理了江西省经济高质量发展面临的主要挑战，并据此提出了推动江西省经济高质量发展的战略路径和政策建议。

目　　录

第一章

中部地区经济高质量发展的
逻辑演进与内涵阐释

第一节　中部地区经济发展的基本概况
与经济发展格局演进历程

一、中部地区的范围界定

中国中部地区的范围界定是相对的、具有弹性的，随着经济发展阶段、政策倾向的变化而变化。1986 年，全国人大六届四次会议通过的"七五"计划首次将我国划分为东部、中部和西部三个地区，其中，中部地区包括山西、内蒙古、吉林、黑龙江、安徽、江西、河南、湖北、湖南、广西 10 个省份；2000 年，《国务院关于实施西部大开发若干政策措施的通知》发布，由于当时内蒙古和广西两省份的经济发展水平与西部平均水平较为接近，在西部大开发战略实施过程中，将内蒙古和广西统一纳入西部大开发战略的政策优惠中，从而中部地区省份数量由 10 个减少为 8 个；2011 年，国家统计局刊发《东西中部和东北地区划分方法》一文，提出将我国经济区域划分为东部、中部、西部和东北四大地区，将原本属于中部地区的吉林和黑龙江两省列入东北地区，中部地区省份数量进一步减少为 6 个（见表 1 - 1）。

表 1 - 1　　　　　　　中部地区划分标准变化

年份	划分区域	中部地区包含省份	省份数量
1986	东部、中部、西部三大地区	山西、内蒙古、吉林、黑龙江、安徽、江西、河南、湖北、湖南、广西	10

续表

年份	划分区域	中部地区包含省份	省份数量
2000	东部、中部、西部三大地区	山西、吉林、黑龙江、安徽、江西、河南、湖北、湖南	8
2011	东部、中部、西部、东北四大地区	山西、安徽、江西、河南、湖北、湖南	6

资料来源：笔者整理。

事实上，关于中国区位划分，在学术界也一直存在着不同的观点。例如，2003 年 2 月，国务院发展中心发布的《地区协调发展的战略和政策》报告，建议将中国大陆地区划分为东北、北部沿海、东部沿海、南部沿海、黄河中游、长江中游、大西南和大西北八大经济区。刘勇（2005）在传统三大地区划分的基础上，提出"新三大地带"的设想，建议将重庆、四川、湖北等 14 个省份统一列入"中部及近西部地带"。北京大学首都发展研究院院长李国平提出，为有效解决当前我国经济发展不平衡的问题，建议四大区域（东部、中部、西部和东北）划分转变为五大区域划分（东北、西北、华北、华东南和西南)[①]。

在本报告中，将按照中部地区狭义的界定标准，即所谓的"中部六省"划分进行研究。之所以如此，主要是因为，从国家经济政策制定和实施情况来看，中部崛起战略始终针对的是中部六省的发展，中共中央、国务院 2021 年 4 月发布的《关于新时代推动中部地区高质量发展的意见》，也主要是对中部六省的经济高质量发展定位和布局等问题提出了相应要求。具体来说，本报告坚持"立足中部、服务江西"的基本原则，通过比较党的十八大以来中部六省经济高质量发展状况，试图为新阶段推动江西省高质量发展提出切实可行、针对性强的政策建议。

二、中部地区经济发展的基本概况

（一）中部地区经济发展的总体概况

中国中部地区地处内陆腹地，东接沿海、西接内陆，具有连南接北、承东启西的区位优势（卢飞等，2019），包括山西、安徽、江西、河南、湖

[①]　资料来源：澎湃新闻，https：//www.thepaper.cn/newsDetail_forward_15714986。

北、湖南六省,总面积为102.8万平方千米,占全国总面积的10.71%。按照2020年的行政区划划分标准,中部地区共拥有80个地级市、98个县级市、370个县和5452个镇,分别占全国总数的27.30%、25.26%、28.20%和25.77%。从人口总量来看,2020年中部地区总人口数达到3.64亿人,占全国总人口的25.81%。① 因此,中部地区经济发展状况很大程度上决定了我国经济高质量发展目标的实现程度,对新时代促进我国区域协调发展、构建全国统一大市场具有重要战略意义。

在经济发展方面,《中国统计年鉴》数据显示,2020年,中部地区国内生产总值为22.22万亿元,占全国生产总值的21.87%,比人口占比低4个百分点左右。从均量上看,2020年中部六省人均GDP为6.10万元,与全国平均水平的7.19万元相比存在15.16%的差距,说明中部地区总体经济发展水平仍然相对落后。从增速上来看,由于2020年中部重镇武汉市受到较为严重的新冠肺炎疫情影响,导致中部地区平均经济增速仅为1.9%,比全国GDP增速低0.4个百分点(见表1-2)。分产业看,2020年中部地区第一、第二和第三产业增加值分别增加2.32%、2.12%和1.6%,均略低于全国平均的增速水平。由此可见,尽管中部崛起战略距今已实施10余年,但客观上来看,距离真正实现"崛起"仍然存在一定的差距,不仅发展水平不及东部发达地区,甚至在部分重要指标上低于全国平均水平。近年来,我国经济发展正经历百年未有之大变局,新冠肺炎疫情等短期不确定性因素时有发生,再加上"双碳"目标、共同富裕目标等一系列现实因素的制约,为中部地区经济高质量发展带来了严峻的挑战。

表1-2　　　　2020年中部地区主要经济发展指标与全国对比

地区	总人口 (万人)	GDP总量 (亿元)	人均GDP (万元)	GDP增速 (%)
中部地区	36445	222246	6.10	1.9
全国	141212	1015986	7.19	2.3
中部地区占比(%)	25.81	21.87	84.84	82.61

资料来源:《中国统计年鉴(2021)》。

---

①　资料来源:《中国统计年鉴(2021)》。

（二）中部六省的经济发展概况

如表 1-3 所示，2020 年中部六省总人口占比超过了全国 1/4，其中，人口最少的山西总人口数也达到了 3490 万人，湖北、安徽、湖南均显著超过 5000 万人，河南省总人口数更是逼近亿人"大关"，足以凸显其重要的战略地位。

表 1-3　　　　2020 年中部六省主要经济发展指标与全国对比

地区	总人口 （万人）	GDP （亿元）	人均 GDP （万元）	GDP 增速 （%）	人均 GDP 增速 （%）
山西	3490	17652	5.08	3.6	3.7
安徽	6105	38681	6.34	3.9	3.6
江西	4519	25692	5.69	3.8	3.8
河南	9941	54998	5.54	1.3	0.9
湖北	5745	43443	7.44	-5.0	-3.6
湖南	6645	41781	6.29	3.8	3.7
全国	141212	1015986	7.20	2.3	1.7

资料来源：《中国统计年鉴》（2021）。

在经济总量方面，2020 年中部六省排序从高到低依次是河南、湖北、湖南、安徽、江西和山西，在 31 个省份中排名依次是第 5 名、第 8 名、第 9 名、第 11 名、第 15 名和第 21 名，占全国 GDP 比重分别为 5.41%、4.28%、4.11%、3.81%、2.53% 和 1.74%。

从均量上看，中部六省人均 GDP 总体偏低，排序由高到低依次是湖北、安徽、湖南、江西、河南和山西。其中，湖北省 2020 年人均 GDP 为 7.44 万元，是全国平均水平的 1.03 倍；安徽、湖南两省人均 GDP 分别为 6.34 万元和 6.29 万元，与全国平均水平较为接近，分别达到全国平均水平的 88.09% 和 87.36%；江西、河南和山西三省发展较为滞后，人均 GDP 分别为 5.69 万元、5.54 万元和 5.08 万元，分别是全国平均水平的 78.99%、76.99% 和 70.18%。

从增速上看，2020 年中部六省总体保持着经济增长的"强韧性"。安徽、江西、湖南和山西四省实际 GDP 增速至少达到 3.6% 以上，超出全国平均水平至少 1.3 个百分点；河南省在特大洪水灾害和局部疫情等负面因素的影响下，仍然实现了1.3%的正增长；湖北省在严峻的新冠肺炎疫情影响下，全年GDP仅下降5.0%，降幅比2020年一季度收窄34.2个百分点，用较短的时间实现了经济快速恢复和持续健康发展，较好完成了"六稳"工作和"六保"任务。人均GDP增速变动趋势与GDP增速较为一致，除湖北省以外，中部其余五省均实现了人均GDP的正增长，展现了经济发展的良好的走势。

三、中部地区的经济发展格局演进历程

（一）总量视角下的中部地区经济发展格局演进历程

经济总量是反映一个国家或地区经济发展状况最为直观的变量。因此，本节首先基于GDP总量视角，对中部地区的发展事实进行分析。

如图1-1所示，自1996年以来，全国和中部地区GDP均实现了快速增长。其中，全国GDP由1996年的7.18万亿元增加到2020年的101.60万亿元，中部地区GDP由1996年的1.44万亿元增加到2020年的22.22万亿元，分别增加13.15倍和14.39倍，为我国实现全面小康到打赢脱贫攻坚战、全面建成小康社会奠定了坚实的物质基础。

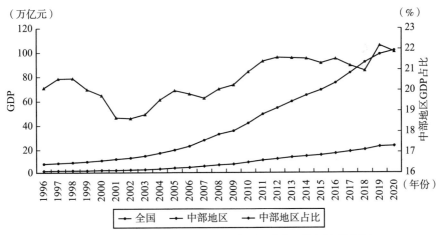

图1-1 基于GDP总量的中部地区经济发展格局演进历程

资料来源：根据相关年份《中国统计年鉴》整理、汇总得到。

从中部地区GDP占比的变化情况来看，大致可以分为两个阶段。第一阶段，1996～2003年，这一时期中部地区GDP占比呈现出明显的下降

趋势，具体从 1996 年的 20.11% 迅速降低至 2002 年的最低点 18.65%，2003 年虽略有回升，但占比也仅仅为 18.83%，比 1996 年低 1.28 个百分点，这一客观现象也被众多学者冠之以"中部塌陷"称谓（杨胜刚和朱红，2007）。其原因在于，相比于西部和东北地区较早实施了西部大开发战略和东北振兴战略，中部地区长期处于"政策洼地"。一个明显的事实是，2000 年，西部大开发战略开始正式实施，导致中部地区 GDP 占比由 2000 年的 19.74% 大幅降低至 2001 年的 18.67%，收窄超过 1 个百分点，折合成 2001 年的名义 GDP 计算，大致相当于 GDP 总量减少了 0.12 万亿元，占当年中部地区 GDP 总量的 5.73%。

第二阶段，2004 年至今，虽然个别年份中部地区 GDP 占比出现下降态势，但总体上升的大趋势仍然较为明显。具体而言，中部地区 GDP 占比从 2004 年的 19.54% 波动上升至 2007 年的 19.61%，并于 2008 年首次突破 20%，达到 20.06%。2011 年，中部地区 GDP 占比首次超过 21%，为 21.41%。2019 年，中部地区 GDP 占比更是达到 1996 年以来的最高值，为 22.17%。2020 年，由于湖北省受新冠肺炎疫情影响较大，河南省受局部疫情以及特大洪水灾害等的影响，导致中部地区 GDP 总量占比降低了 0.3 个百分点，降低至 21.87%。据统计，在"十三五"规划时期，中部地区 GDP 总量占比最低为 2018 年的 20.96%，均值达到 21.55%。之所以 2004 年之后中部地区 GDP 总量的占比得到显著提升，主要是因为中部崛起的设想于 2004 年被首次提出，并被写进当年的《政府工作报告》。此后，一系列政策红利开始惠泽中部地区：2006 年，《促进中部地区崛起规划》发布，标志着中部崛起战略的正式实施；2016 年，《促进中部地区崛起"十三五"规划》发布，进一步明确了中部地区的发展定位。在新的历史征程中，立足于"三新一高"的新背景，中共中央国务院于 2021 年 4 月发布了《关于新时代推动中部地区高质量发展的意见》，对中部六省的发展提出了新的要求，指引着中部地区在推进高质量跨越式发展中创造更大的辉煌。

（二）均量视角下的中部地区经济发展格局演进历程

审视中部地区的经济发展格局演进历程，不应仅仅停留在 GDP 总量上。事实上，相比于 GDP 总量，人均 GDP 可能更具有说服力，很多学者也将人均 GDP 作为衡量经济发展质量的重要指标（陈诗一和陈登科，2018）。因此，本节将进一步基于均量视角，利用人均 GDP 指标进行分析。

如图 1-2 所示，自 1996 年以来，全国和中部地区人均 GDP 同样实现了快速增加。其中，全国人均 GDP 由 1996 年的 0.59 万元提升至 2020 年的 7.19 万元，中部地区人均 GDP 由 1996 年的 0.42 万元增加到 2020 年的 6.10 万元，分别增加 11.26 倍和 13.65 倍，相比于 GDP 总量的增速略有降低。

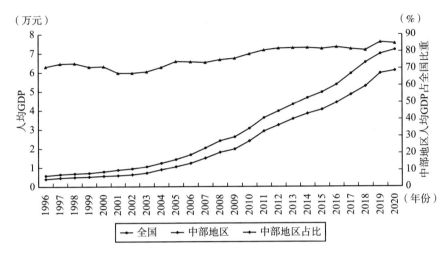

图 1-2　基于人均 GDP 的中部地区经济发展格局演进历程

资料来源：根据历年《中国统计年鉴》整理、汇总得到。

根据中部地区人均 GDP 占全国人均 GDP 比重的变化情况来看，同样可以划分为两个阶段。第一阶段，1996～2003 年，这一时期中部地区人均 GDP 占全国人均 GDP 比重呈现出明显的下降趋势，具体从 1996 年的 70.92%迅速降低至 2002 年的最低点 67.33%，2003 年虽然略有回升，但占比也仅仅为 68.06%，比 1996 年低 2.86 个百分点，"中部塌陷"现象仍然成立。同样地，在西部大开发战略正式实施的后一年，中部地区人均 GDP 占全国人均 GDP 比重大幅降低了 3.77 个百分点，具体从 2000 年的 71.09%降低至 2001 年的 67.32%，折合成 2001 年的名义人均 GDP 计算，大致相当于人均 GDP 减少了 327.48 元，是当年中部地区人均 GDP 的 5.60%。

第二阶段，2004 年至今，虽然个别年份中部地区人均 GDP 占全国人均 GDP 比重出现下降态势，但总体同样表现出稳定的上升趋势。具体而言，2004 年，中部地区人均 GDP 占全国人均 GDP 比重为 70.62%，之后分别于 2008 年、2011 年和 2019 年依次突破 75%、80% 和 85% 三个"关口"，分别达到了 75.11%、80.67% 和 85.49%，中部地区"崛起"的态势不断显现。

通过以上分析可以看出，无论是基于总量视角还是均量视角，自 20 世纪 90 年代以来，大致可以以 2004 年中部崛起首次出现在《政府工作报告》为临界点，将中部地区的发展划分为"中部塌陷"和"中部崛起"两个阶段。2004 年之后，得益于一系列政策的支持，中部地区总体上展现出了强劲的发展态势，GDP 总量占比不断提高，人均 GDP 占全国人均 GDP 比重屡有突破。但必须注意的是，目前中部地区经济发展同东部地区相比仍然存在较大的差距，人均 GDP 也低于全国平均水平，因此必须要在今后的发展中努力抓住机遇、奋力前行。

第二节　中部地区经济高质量发展的逻辑演进

一、中部崛起战略的政策演进

中部地区作为我国东中西、南北方之间的缓冲地带，拥有我国 1/4 以上的人口，其发展状况关乎区域协调发展大局。相比于其他地区，中部地区长期属于"政策洼地"，从而导致在很长一段时期内中部地区在经济总量和人均 GDP 等关键指标方面呈现下降趋势，不仅不及东部沿海等发达地区，也低于全国平均水平，形成"中部塌陷"现象。为从根本上解决这一困境，中部崛起战略应运而生。

（一）谋划酝酿阶段（2004～2006 年）

2004 年 3 月，"中部崛起"首次出现在《政府工作报告》中，其中明确提出，"促进中部地区崛起"，并将加快中部地区崛起作为区域协调发展的重要方面。2005 年《政府工作报告》进一步提出，要"抓紧研究制定促进中部地区崛起的规划和措施"。同年 3 月，全国政协召开"促进中部地区崛起提案协商现场办理座谈会"，中部六省 43 名委员就推进中部崛起提出了基本思路和针对性的政策建议。2006 年 3 月，《政府工作报告》再提中部崛起，明确强调要"积极促进中部地区崛起"。总体而言，这一阶段主要处于谋划酝酿阶段，尚未出台实质性的政策措施和指导意见。表1－4列出了中部崛起战略谋划酝酿阶段的主要标志性事件。

表1－4　　　　　　　　　中部崛起战略的谋划酝酿阶段

时间	标志性事件
2004年3月	《政府工作报告》首次提出"促进中部地区崛起"
2005年3月	《政府工作报告》再次提出"抓紧研究制定促进中部地区崛起的规划和措施"
2005年3月	全国政协召开"促进中部地区崛起提案协商现场办理座谈会"，中部崛起进一步推进
2006年3月	《政府工作报告》进一步提出"积极促进中部地区崛起"

资料来源：笔者整理。

（二）持续推进阶段（2006～2020年）

经过两年多的持续谋划和论证，国务院办公厅于2006年4月15日正式印发《关于促进中部地区崛起的若干意见》，提出了促进中部地区崛起的总体要求、基本原则和主要任务等内容，并首次明确了中部地区"三基地、一枢纽"（全国重要粮食生产基地、能源原材料基地、现代装备制造及高技术产业基地和综合交通运输枢纽）的战略定位。至此，中部崛起上升为国家战略高度，成为继东部地区率先发展、西部大开发、东北振兴等战略后的又一重大区域发展战略。

2007年1月，国务院办公厅印发《关于中部六省比照实施振兴东北地区等老工业基地和西部大开发有关政策范围的通知》，明确提出"两个比照"政策，即太原、大同等26个城市比照实施振兴东北地区等老工业基地有关政策，阳曲县、娄烦县等243个县比照实施西部大开发有关政策，确立了中部崛起战略的基本政策思路。

2007年4月，国家发展改革委设立国家促进中部地区崛起工作办公室，专门负责促进中部地区崛起有关工作的协调和落实。2008年1月，国务院批复建立促进中部地区崛起工作部际联席会议制度，负责及时协调解决促进中部地区崛起工作中面临的重大问题。至此，促进中部崛起的组织协调机构和相关制度开始建立并完善。

2009年9月，《促进中部地区崛起规划》印发，提出了粮食生产基地建设、能源原材料基地建设、现代装备制造及高技术产业基地建设、综合交通运输枢纽建设、重点地区发展、资源节约和环境保护、社会事业发展、体制改革和对外开放八大目标任务。2010年8月，《促进中部地区崛起规划实施意见的通知》印发，进一步明确了八大目标任务的总体要求、实施进度、保障措施等内容。2012年7月，在总结过去中部崛起战略实施情况的基础上，国务院常务会议讨论通过《关于大力实施促进中部地区崛起战略的若干意见》，对新时期中部地区巩固成果、发挥优势、加快崛起提出了新的要求，标志着中部崛起战略进入更为实质性的推进阶段。

2016年12月，《促进中部地区崛起"十三五"规划》这一纲领性文件印发，在"三基地、一枢纽"的战略定位基础上，为适应新形势新任务新要求，提出了中部地区"一中心、四区"（全国重要先进制造业中心、全国新型城镇化重点区、全国现代农业发展核心区、全国生态文明建设示范区、全方位开放重要支撑区）的新的战略定位，并从优化空间、改革创新、转型升级、做强做优、统筹城乡、纵横联通、绿色发展、增进福祉、开放合作、强化保障十个方面进行了战略部署，标志着中部崛起战略进入深入实施阶段。

2019年5月，习近平总书记在江西南昌主持召开推动中部地区崛起工作座谈会，提出了中部地区崛起工作八点意见，包括推动制造业高质量发展、提高关键领域自主创新能力、优化营商环境、积极承接新兴产业布局和转移、扩大高水平开放、坚持绿色发展、做好民生领域重点工作以及完善政策措施和工作机制，为新时期中部地区崛起再上新台阶提供了清晰的发展思路。表1-5列出了中部崛起战略的持续推进阶段的主要标志性事件。

表1-5 **中部崛起战略的持续推进阶段**

时间	标志性事件
2006年4月	《关于促进中部地区崛起的若干意见》正式出台，明确了中部地区"三基地、一枢纽"的战略定位，标志着中部崛起战略正式实施
2007年1月	《关于中部六省比照实施振兴东北地区等老工业基地和西部大开发有关政策范围的通知》印发，"两个比照"政策开始落地
2007年4月	国家发展改革委设立国家促进中部地区崛起工作办公室，中部崛起组织协调机构成立

时间	标志性事件
2008 年 1 月	国务院批复建立促进中部地区崛起工作部际联席会议制度
2009 年 9 月	《促进中部地区崛起规划》印发，提出了促进中部崛起的八大目标任务
2010 年 8 月	《促进中部地区崛起规划实施意见的通知》印发，对八大目标任务进一步细化
2012 年 7 月	《关于大力实施促进中部地区崛起战略的若干意见》印发，对新时期中部地区巩固成果、发挥优势、加快崛起提出了新的要求
2016 年 12 月	《促进中部地区崛起"十三五"规划》印发，提出了中部地区"一中心、四区"的新的战略定位
2019 年 5 月	习近平总书记在江西南昌主持召开推动中部地区崛起工作座谈会，提出了中部地区崛起工作八点意见

资料来源：笔者整理。

（三）高质量发展阶段（2021 年至今）

2021 年 7 月，国务院印发《关于新时代推动中部地区高质量发展的意见》，对新时代中部地区崛起提出了新的、更高的要求，标志着中部崛起进入高质量发展阶段。具体而言，《关于新时代推动中部地区高质量发展的意见》对新阶段经济发展质量提出了明确的任务要求，并以"创新、协调、绿色、开放、共享"的新发展理念为纲，从"坚持创新发展，构建以先进制造业为支撑的现代产业体系""坚持协调发展，增强城乡区域发展协同性""坚持绿色发展，打造人与自然和谐共生的美丽中部""坚持开放发展，形成内陆高水平开放新体制""坚持共享发展，提升公共服务保障水平"5 个方面提出了十九大战略部署，为打造新时期"中部崛起升级版"提供了新的方向。

二、推动中部地区经济高质量发展的必要性

（一）中部地区重要的战略地位要求必须推动经济高质量发展

中部地区承东启西、连南接北，交通网络发达、生产要素密集、人力和科教资源丰富、产业门类齐全、基础条件优越、发展潜力巨大，在全国区域发展格局中占有举足轻重的战略地位。从发展战略定位上看，党和政府审时度势，在经济发展的不同阶段给予了中部地区不同的发展

定位（见表 1 - 6）。

表 1 - 6　　　　　　　不同时期中部地区发展的战略定位

时间	政策文件	战略定位
2006 年 4 月	《关于促进中部地区崛起的若干意见》	"三基地、一枢纽"
2016 年 12 月	《促进中部地区崛起"十三五"规划》	"一中心、四区"
2021 年 7 月	《关于新时代推动中部地区高质量发展的意见》	高质量发展取得明显的实质性进展

资料来源：笔者整理。

　　2006 年 4 月，在中部崛起战略正式开始实施时，《关于促进中部地区崛起的若干意见》就明确提出了在中部地区打造全国重要粮食生产基地、能源原材料基地、现代装备制造及高技术产业基地和综合交通运输枢纽，即"三基地、一枢纽"的重要战略定位，为有效应对"中部塌陷"、提高中部地区综合竞争力打下了坚实的基础。

　　经过长达 10 年的持续深入实施，中部崛起战略取得明显成效，不仅经济总量占比得到明显提升，在生态环境、城乡发展、改革创新、对外开放等方面也不断取得新突破。进入"十三五"时期以来，我国经济发展开始面临经济增速换挡、结构调整阵痛、动能转换困难等新形势、新挑战。在此背景下，国家发展和改革委员会于 2016 年 12 月正式发布《促进中部地区崛起"十三五"规划》，不仅对"十三五"时期经济发展的目标任务等作出了明确的规定，还在原有"三基地、一枢纽"战略定位的基础上，提出了建设全国重要先进制造业中心、全国新型城镇化重点区、全国现代农业发展核心区、全国生态文明建设示范区、全方位开放重要支撑区，即"一中心、四区"的新的战略定位。

　　2020 年底，在国际经济环境不确定性和复杂性日益加强以及国内新冠肺炎疫情等不利因素相互交织的背景下，党中央带领全国人民如期打赢脱贫攻坚战，实现了近 1 亿人口的减贫、脱贫，在中华大地上全面建成了小康社会，标志着中国经济进入了一个新发展阶段。在此背景下，国务院于 2021 年 7 月发布《关于新时代推动中部地区高质量发展的意见》，明确提出中部地区在新时代新要求下，应以推动高质量发展为引领促进中部地区加快崛起，在全面建设社会主义现代化国家新征程中做出更大贡献。

由此可见，中部地区由中部崛起转向中部地区高质量发展阶段，是由不同时期的发展阶段、发展水平和发展环境等综合决定的，具有其历史必然性。从国家全局来看，推动经济高质量发展是我国"十四五"时期乃至更长时期经济发展的核心目标。《中华人民共和国国民经济和社会发展第十四个五年规划和2035年远景目标纲要》明确提出"以推动高质量发展为主题"。要切实有效推动经济高质量发展，必须树立"全国一盘棋"的思想，即经济高质量发展目标是针对全国所有地区而言的。从这个意义上来讲，中部地区也必须在国家大的战略布局下，以推动经济高质量发展为主要目标任务。

总之，中部地区能否有效实现经济高质量发展，事关我国区域协调发展大业，事关我国"扎实推进共同富裕"目标的实现，事关我国高质量发展事业全局，事关中华民族伟大复兴。

（二）中部地区不平衡不充分的发展现状要求必须推动经济高质量发展

虽然中部崛起战略的深入实施从根本上遏制了"中部塌陷"现象，有效地提升了中部地区的综合实力和竞争力，但客观上来讲，中部地区发展不平衡不充分问题依然突出，除了收入水平相对较低之外，主要表现在以下几个方面：第一，中部地区地处中国内陆腹地，对外开放水平有待进一步提高。《中国统计年鉴》数据显示，2020年，中部六省进出口总额为2.68万亿元，占GDP总额的12.08%，远低于全国平均水平的31.71%。其中，中部六省中排名最高的江西省，2020年进出口总额占GDP比重也仅仅达到15.67%，不到全国平均水平的一半；排名最低的山西省进出口总额占GDP比重仅为8.52%，是全国平均水平的26.87%。第二，制造业创新能力有待进一步增强。根据中国电子信息产业发展研究院（赛迪研究院）发布的《制造业高质量发展白皮书（2021）》，中部六省中湖北、湖南、安徽三省制造业高质量发展指数排名虽然进入全国十强，但也仅仅位列全国第8名、第9名和第10名，且在综合指数得分方面距离广东、江苏等发达地区存在较大差距，与"全国重要先进制造业中心"的战略定位仍然存在一定差距。第三，城镇化推进不够，城镇化水平有待进一步提高。《中国统计年鉴》数据显示，2020年，中部六省的城镇化率由高到低排序依次是湖北、山西、江西、湖南、安徽、河南，其大小分别为62.89%、62.53%、60.44%、58.76%、58.33%和55.43%，均低于全国城镇化率水平的63.89%，距离"全国新型城镇化重点区"的建设目标存在一定差距。此外，公共服务保障特别是应对公共卫生等重大突发事件能力有待进一步提升，就业、住房、医疗、养老、教育、食品安全等多方面的美好生活的需要还不能得到很好的满足。

要真正满足人民日益增长的美好生活需要，就必须改变发展不平衡不充分的状况。发展不协调不充分的问题，虽然还包含有发展的数量问题、速度问题，但主要是发展的质量问题。高速增长解决不了发展不平衡不充分的问题，必须主要依靠经济高质量发展。所以说，要有效解决新时代的社会主要矛盾，做到平衡充分的发展，满足人民美好生活的需要，首先就必须实现经济高质量发展（简新华和聂长飞，2019）。

第三节　中部地区经济高质量发展的科学内涵

一、经济高质量发展的内涵阐释与基本特征

（一）经济高质量发展的内涵阐释

1. 经济高质量发展的理论基础

经济高质量发展是习近平新时代中国特色社会主义经济思想的重要组成部分，该理论不是凭空产生的，而是在以唯物辩证法、马克思主义政治经济学和中国特色社会主义政治经济学的经济发展思想为指导，同时学习、借鉴、吸收相关发展经济学的经济发展理论基础上提出的。

第一，速度与质量从来不是对立的，而是辩证统一的关系，质变必须以量变为基础和前提，中国经济转向高质量发展阶段体现了唯物辩证法的质量互变规律（李彩华，2019；马立政和李正图，2020）。

第二，马克思主义政治经济学中商品二因素和劳动二重性理论、经济增长方式理论和剩余价值理论等经典理论都涉及有关经济发展质量的探讨，是经济高质量发展理论的重要思想来源。首先，从经济理论角度看，质量是商品能够满足实际需要的使用价值特性（金碚，2018），追求更高的使用价值正是经济高质量发展的题中应有之义（吕守军和代政，2019）；其次，马克思将扩大再生产划分为外延型和内涵型两种方式，其

中，内涵式扩大再生产则是依靠改善生产要素的质量、提高劳动生产率实现的，这与高质量发展阶段实现经济发展方式转变的要求是内在一致的（方凤玲和白暴力，2018）；最后，劳动生产率的提高是相对剩余价值生产的前提条件，从而相对剩余价值在一定程度上带有集约型增长方式的性质（颜鹏飞和李醒，2014）。

第三，中国特色社会主义政治经济学是经济高质量发展理论的重要理论渊源。经济高质量发展是中国共产党经济发展思想的最新理论成果，是几代共产党人思想和智慧的结晶（张涛，2020）。20 世纪 90 年代邓小平提出的"发展是硬道理"的论断、21 世纪初中央提出的科学发展观以及党的十八大以来以习近平同志为核心的党中央在经济发展理念、方式、战略等方面的全方位创新，都是经济高质量发展理论提出的理论前提（田秋生，2018）。特别是创新、协调、绿色、开放、共享的新发展理念，是新时代中国特色社会主义政治经济学的"理论之魂"，为经济高质量发展的理论的提出奠定了基础（洪银兴等，2018）。

第四，发展经济学以发展中国家为主要研究对象，其相关的理论思想对经济高质量发展理论具有重要的借鉴意义。谭崇台（2014）认为，发展经济学从其产生开始就包含有经济发展质量的思想，其中有关人口发展、人口转型与人口质量的理论，有关资源、环境与经济发展关系的理论，有关资本积累的理论，有关技术进步的理论，有关对外贸易的理论，均在不同程度上体现了经济发展质量的要求。叶初升（2014）认为，发展经济学提出的有关普惠式增长、包容性增长的相关理论研究，有助于更好地理解经济发展质量。

2. 经济高质量发展的内涵

什么是经济高质量发展？这是推动经济高质量发展首先必须明确的问题。自从"经济高质量发展"的概念提出以来，对经济高质量发展出现了不同的解读。总的来说，现有研究主要从以下四个角度对经济高质量发展的内涵进行界定。

第一，从新发展理念的角度。创新、协调、绿色、开放、共享的新发展理念，是新时代中国经济发展的指导思想，也是实现经济高质量发展所必须遵循的根本准则。人民日报（2017）将经济高质量发展定义为创新成为第一动力、协调成为内生特点、绿色成为普遍形态、开放成为必由之路、共享成为根本目的的发展①。逢锦聚等（2019）认为，经济高质量发展是创新和效率提高的发展，是国民经济比例结构协调、经济发展方式优化的发展，是绿色的发展、人与自然和谐相处的发展，是开放的发展，是满足人民美好生活需要的、共享的发展。李梦欣和任保平（2019）认为，经济高质量发展是创新动力成为核心依托、协调平衡成为内在要求、绿色发展成为普遍形态、开放合作成为必由之路、共享硕果成为价值导向的发展。韩君和张慧楠（2019）认为，经济高质量发展是创新成为第一动力、协调成为核心要素、绿色成为主要路径、开放成为外部推力、共享成为根本目标构成的一种经济发展模式和质态。

第二，从中国社会主要矛盾的角度。金碚（2018）以"需要"的概念为切入点，将经济高质量发展定义为"能够更好满足人民不断增长的真实需要的经济发展方式、结构和动力状态"。龚六堂（2017）认为，经济高质量发展是以新时代全面建设社会主义现代化国家作为增长目标的、着力于新时代社会主要矛盾解决的发展。程承坪（2018）指出，应该以是否有利于满足人民日益增长的美好生活需要为根本标准，同时通过识别经济社会发展中的不平衡、不充分发展问题来综合判断是否是经济高质量发展。张军扩等（2019）认为，经济高质量发展的本质内涵在于以满足人民日益增长的美好生活需要为目标的高效率、公平和绿色可持续的发展。

第三，从发展的内容、环节、特征和途径的角度。李伟（2018）认为，经济高质量发展的核心内涵体现在经济发展的供给、需求、配置、投入产出、收入分配、经济循环六个环节。国家发展改革委经济研究所课题组（2019）从供给体系的视角，将经济高质量发展界定为"以高效率、高效益生产方式为全社会持续而公平提供高质量产出的经济发展"。简新华和聂长飞（2019）提出，经济高质量发展是"四高一好"的发展，即产品和服务质量高、经济效益高、社会效益高、生态效益高以及经济发展状态好。周文和李思思（2019）从马克思主义政治经济学理论出发，认为经济高质量发展是生产力发展与生产关系变革二者间的统一，既要求解决生产力内部要素矛盾，又要求通过深化改革调整生产关系以适应生产力的发展。任保平和李禹墨（2018）指出，经济高质量发展是经济发展、改革开放、城乡发展、生态环境和人民生活全方位高质量的发展。

---

① 资料来源：http://www.gov.cn/xinwen/2017-12/20/content_5248914.htm。

曾宪奎（2019）认为，经济高质量发展是经济发展集约化、驱动要素高端化、产业结构高级化、增长速度适度化、各领域各方面协调化的发展。

第四，从微观、中观、宏观相结合的角度。王一鸣（2018）认为，经济高质量发展，微观层面是产品和服务质量，中观层面是产业和区域发展质量，宏观层面是国民经济的整体质量和效益。钞小静和薛志欣（2018）认为，经济高质量发展是在微观层面产品及其经济活动的使用价值合意于人的物质和社会需要、在中观层面经济结构实现平衡、在宏观层面生产力不断提升的发展。赵剑波等（2019）认为，经济高质量发展在微观企业层面表现为竞争力、品牌影响力的提高，产品质量可靠以及先进质量管理理念等；在中观产业层面表现为规模壮大、结构优化、创新驱动转型升级、质量效益不断提升等；在宏观层面表现为增长稳定、发展均衡、以创新为动力、绿色生态、发展成果更多更公平。张治河等（2019）认为，经济高质量发展在微观视角表现为产品质量提高、工艺流程改善、生产效率提高以及整个流程环保水平提高；在宏观视角表现为有可持续增长的动力。

需要说明的是，上述关于经济高质量发展内涵解读的划分是相对的，虽然界定角度不同，但是对经济高质量发展具体内容的理解和概括也不一致，但总体上学者们达成了一些重要共识，如经济高质量发展是从"有没有"转向"好不好"，是以"创新、协调、绿色、开放、共享"的新发展理念为指导的发展，是结构优化的发展，是能够更好地解决新时代中国社会主要矛盾的发展，意味着发展的创新性、平衡性、协调性、开放性、高效性、持续性、共享性，意味着人民获得感、幸福感、安全感的提高，意味着国民经济运行微观、中观和宏观层面全方位的高质量。

（二）经济高质量发展的基本特征

经济增长是经济学研究的永恒话题。与"经济增长"的概念不同，经济高质量发展是在对以往经济学研究主要关注 GDP 总量、GDP 增速、人均 GDP 等传统指标的基础上，转向更加关注经济发展的内在本质属性，即发展的质量好不好、高不高，是对"经济增长"概念的一次超越。综合来看，经济高质量发展的基本特征可概括为以下四个方面：

一是人民性。经济高质量发展从本质上来说是人的发展，"以人民为中心"是经济高质量发展的核心特征（张平等，2019）。推动经济高质量发展，归根结底是为了解决经济发展过程中不平衡、不充分的问题，满足人民日益增长的美好生活需要，根本目的在于实现人民对经济发展成果的共享（黄敏和任栋，2019）。

二是多维性。多维性是经济高质量发展的典型特征（王小广，2020）。在评判标准上，经济高质量发展不再以经济增长速度快慢、数量多少为唯一评价依据，而是包含了教育、医疗、文化、安全、生态环境、基础设施等物质满足程度以外的评价指标（刘志彪，2018）。

三是动态性。经济高质量发展是一个动态的概念，随着经济社会的不断发展，其内涵和外延也在不断丰富和扩展。根据历史唯物主义的基本观点，美好生活的标准是由当时的历史条件决定的，美好生活需要是不断增进和变化的（卫兴华，2018），从而决定了经济高质量发展的内涵和评价标准是不断变化的，赋予了经济高质量发展很强的动态性（金碚，2018）。

四是特色性。特色性是经济高质量发展的又一个重要特征。不同地区的人文环境、要素禀赋、经济发展阶段等是不同的，在中国整体推进高质量发展进程中的定位、角色也有所差异，从而在推动经济高质量发展的主要目标、考核标准、基本路径、政策措施等方面也应各具特色，不能千篇一律，这决定了经济高质量发展具有突出的特色性（颜廷标，2018）。

二、中部地区经济高质量发展的内涵阐释

正是因为经济高质量发展具有人民性、多维性、动态性和特色性特征，决定了准确把握经济高质量发展内涵的复杂性。因此，必须结合中部地区的发展实际对中部地区经济高质量发展的内涵进行科学阐释。《关于新时代推动中部地区高质量发展的意见》作为指导新时期中部地区经济发展的纲领性文件，为正确认识、准确把握中部地区经济高质量发展的内涵提供了指引。

综合而言，《关于新时代推动中部地区高质量发展的意见》以"创新、协调、绿色、开放、共享"的新发展理念为指导，提出了19条具体的战略部署，对新发展理念不同方面进行了明确、具体的界定。从这个意义上讲，中部地区经济高质量发展的内涵可以解读为五个方面：即构建以先进制造业为支撑的产业体系，使创新成为第一动力；增强城乡区域发展协同性，使协调成为内生特点；打造人与自然和谐共生的美丽中

部，使绿色成为普遍形态；形成内陆高水平开放新体制，使开放成为必由之路；提升公共服务保障水平，使共享成为根本目的发展。

在本报告的后续章节中，将依照上述内涵解读，从"创新、协调、绿色、开放、共享"五个维度构建尽可能科学合理可行、符合我国国情和中部地区发展实际的经济高质量发展评价指标体系，在此基础上，选取中部地区80个地级市为评价对象，对党的十八大以来我国中部地区经济高质量发展状况进行测度、分析和比较，试图为新时期开创中部地区全面崛起新局面提供经验借鉴和参考依据。

参考文献

［1］钞小静，薛志欣. 新时代中国经济高质量发展的理论逻辑与实践机制［J］. 西北大学学报（哲学社会科学版），2018，48（6）：12－22.

［2］陈诗一，陈登科. 雾霾污染、政府治理与经济高质量发展［J］. 经济研究，2018，53（2）：20－34.

［3］程承坪. 高质量发展的根本要求如何落实［J］. 国家治理，2018（5）：27－33.

［4］方凤玲，白暴力. 习近平经济新常态思想对马克思主义政治经济学的丰富与发展［J］. 人文杂志，2018（7）：18－25.

［5］龚六堂. 高质量的经济增长以什么"论英雄"［J］. 人民论坛，2017（36）：62－63.

［6］国家发展改革委经济研究所课题组. 推动经济高质量发展研究［J］. 宏观经济研究，2019（2）：5－17＋91.

［7］韩君，张慧楠. 中国经济高质量发展背景下区域能源消费的测度［J］. 数量经济技术经济研究，2019，36（7）：42－61.

［8］洪银兴，刘伟，高培勇，金碚，闫坤，高世楫，李佐军."习近平新时代中国特色社会主义经济思想"笔谈［J］. 中国社会科学，2018（9）：4－73，204－205.

［9］黄敏，任栋. 以人民为中心的高质量发展指标体系构建与测算［J］. 统计与信息论坛，2019，34（10）：36－42.

［10］简新华，聂长飞. 论从高速增长到高质量发展［J］. 社会科学战线，2019（8）：86－95.

［11］金碚. 关于"高质量发展"的经济学研究［J］. 中国工业经济，2018（4）：5－18.

［12］李梦欣，任保平．新时代中国高质量发展的综合评价及其路径选择［J］．财经科学，2019（5）：26－40．

［13］李伟．以创新驱动"高质量发展"［J］．新经济导刊，2018（6）：6－8．

［14］刘勇．中国新三大地带宏观区域格局的划分［J］．地理学报，2005（3）：361－370．

［15］刘志彪．理解高质量发展：基本特征、支撑要素与当前重点问题［J］．学术月刊，2018，50（7）：39－45，59．

［16］卢飞，刘明辉，孙元元．"两个比照"政策是否促进了中部崛起［J］．财贸经济，2019，40（1）：114－127．

［17］吕守军，代政．新时代高质量发展的理论意蕴及实现路径［J］．经济纵横，2019（3）：16－22，2．

［18］马立政，李正图．中国经济高质量发展路径演进研究［J］．学习与探索，2020（6）：100－107．

［19］逄锦聚，林岗，杨瑞龙，黄泰岩．促进经济高质量发展笔谈［J］．经济学动态，2019（7）：3－19．

［20］任保平，李禹墨．新时代我国高质量发展评判体系的构建及其转型路径［J］．陕西师范大学学报（哲学社会科学版），2018，47（3）：105－113．

［21］谭崇台．影响宏观经济发展质量的要素——基于发展经济学理论的历史考察［J］．宏观质量研究，2014，2（1）：1－10．

［22］田秋生．高质量发展的理论内涵和实践要求［J］．山东大学学报（哲学社会科学版），2018（6）：1－8．

［23］王小广．供给—需求两端双向发力推进高质量发展［J］．人民论坛·学术前沿，2020（14）：24－30．

［24］王一鸣．推动经济高质量发展　要坚持问题导向［J］．智慧中国，2018（9）：32－34．

［25］卫兴华．应准确解读我国新时代社会主要矛盾的科学内涵［J］．马克思主义研究，2018（9）：5－12，163．

［26］颜鹏飞，李酣．以人为本、内涵增长和世界发展——马克思主义关于经济发展质量的思想［J］．宏观质量研究，2014，2（1）：39－45．

［27］颜廷标．深刻理解高质量发展的丰富内涵［D］．河北日报，2018－01－05．

［28］杨胜刚，朱红．中部塌陷、金融弱化与中部崛起的金融支持 ［J］．经济研究，2007 (5)：55 - 67, 77.

［29］叶初升．发展经济学视野中的经济增长质量 ［J］．天津社会科学，2014 (2)：96 - 101.

［30］曾宪奎．我国高质量发展的内在属性与发展战略 ［J］．马克思主义研究，2019 (8)：121 - 128.

［31］张军扩，侯永志，刘培林，何建武，卓贤．高质量发展的目标要求和战略路径 ［J］．管理世界，2019, 35 (7)：1 - 7.

［32］张平，张自然，袁富华．高质量增长与增强经济韧性的国际比较和体制安排 ［J］．社会科学战线，2019 (8)：77 - 85.

［33］张涛．高质量发展的理论阐释及测度方法研究 ［J］．数量经济技术经济研究，2020, 37 (5)：23 - 43.

［34］张治河，郭星，易兰．经济高质量发展的创新驱动机制 ［J］．西安交通大学学报 (社会科学版)，2019, 39 (6)：39 - 46.

［35］赵剑波，史丹，邓洲．高质量发展的内涵研究 ［J］．经济与管理研究，2019, 40 (11)：15 - 31.

［36］周文，李思思．高质量发展的政治经济学阐释 ［J］．政治经济学评论，2019, 10 (4)：43 - 60.

第二章

中部地区经济高质量发展评价指标体系构建与测度方法说明

第一节　测度经济高质量发展的两种思路

2017 年 10 月，习近平总书记在党的十九大报告中明确指出，"我国经济已由高速增长阶段转向高质量发展阶段"。[①] 同年 12 月，习近平总书记在中央经济工作会议上进一步强调，"必须加快形成推动高质量发展的指标体系、政策体系、标准体系、统计体系、绩效评价、政绩考核"。[②] 自此，经济高质量发展的测度和衡量问题一直成为学术界和政府部门十分关切的热点问题。根据测度思路的不同，主要方法可以分为单一指标测度和评价指标体系测度两类。

一、基于单一指标的测度

尽管高质量发展的多维性是目前学术界达成的一个基本共识，但一些学者认为，高质量发展最核心、最根本的特征在于经济效率的提高，因而采用体现经济效率的单一指标来衡量高质量发展。具体来说，目前被广泛使用的效率指标包括以下几类。

第一，人均 GDP。陈诗一和陈登科（2018）认为，高质量发展的核心要义在于劳动生产率的提高，因此以人均实际 GDP 来衡量经济高质量发展。沿袭这一思路，张婷婷和张所地（2019）、廖祖君和王理（2019）、高春亮和李善同（2019）、黄永明和姜泽林（2019）均采用了这种测度方

[①] 《十九大报告》单行本，外文出版社 2018 年版。
[②] 《习近平谈治国理政（第三卷）》，外文出版社 2020 年版，第 239 页。

式。范庆泉等（2020）则采用劳动生产率和人均实际工资两个指标对经济高质量发展进行刻画。

第二，全要素生产率。刘志彪和凌永辉（2020）认为，全要素生产率与创新、协调、绿色、开放、共享的新发展理念是内在一致的，故主张采用西方经济学中的"明星"指标全要素生产率来衡量经济高质量发展。总体来说，相比于人均GDP，全要素生产率更能体现经济发展的创新性和技术含量，因而这一指标在学术界被广泛使用。例如，张月友等（2018）、李元旭和曾铖（2019）、刘思明等（2019）、王小腾和徐璋勇（2019）、何剑等（2020）、朱光顺等（2020）、惠宁和陈锦强（2020）、詹新宇和苗真子（2019）、郭晨和张卫东（2018）均采用了类似的做法。类似地，徐现祥等（2018）采用技术进步贡献率对经济高质量发展水平进行衡量。

第三，绿色全要素生产率。一些学者认为，相比于传统的全要素生产率指标，绿色全要素生产率能够反映经济发展过程中能源消耗、环境污染、碳排放等的情况，能够至少兼顾"创新"和"绿色"双重属性，从而更加适用于衡量经济高质量发展。例如，在实证分析中，余泳泽等（2019）、上官绪明和葛斌华（2020）、湛泳和李珊（2022）均采用绿色全要素生产率作为经济高质量发展的替代指标。

第四，其他指标。由于经济高质量发展的内涵十分丰富，不同学者研究的主题、关注的重点等又各不相同，因而也有一些文献采用其他单一指标表征经济高质量发展。例如，王克强等（2019）采用土地利用效率、汪增洋和张学良（2019）采用产城融合程度、曹献飞和裴平（2019）采用产能利用率对经济高质量发展水平进行测度。

通过以上梳理可以看出，关于经济高质量发展的单一指标，不同文献紧扣"生产率"这一关键词，采用的衡量指标有所差异，在一定程度上丰富和推进了经济高质量发展的定量研究。然而，采用单一指标衡量经济高质量发展水平显然具有局限性，因为经济高质量发展是一个多维、复合的概念，任何单一指标都难以全面体现经济高质量发展的内涵和外延。不仅如此，在实际运用过程中，这些指标可能具有不同的变化趋势，从而使用不同的单一指标衡量，可能得出不完全相同甚至完全相反的结论。例如，中国人均GDP和全要素生产率的变动趋势显然是不同的，如果这两个指标都被用于衡量"经济高质量发展水平"，很容易掩盖对经济高质量发展的正确认识，也就难以提出行之有效、切合实际的提高经济高质量发展水平的政策建议。

二、基于评价指标体系的综合测度

为克服单一指标测度的局限性，绝大多数学者倾向于构建经济高质量发展评价指标体系的方式，对经济高质量发展水平进行综合测度。虽然经济高质量发展是党的十九大之后提出的新概念，但自20世纪50年代起，有关"经济增长质量"的讨论就从未停止过，因此本报告首先总结我国不同发展阶段经济增长质量评价指标体系的演变历程，在此基础上，进一步对近年来经济高质量发展评价指标体系进行梳理。

（一）我国不同发展阶段经济增长质量评价指标体系的演变历程

改革开放以来，我国经历了不同的发展阶段，经济增长质量评价指标体系的侧重点有所不同。由于评价指标体系具有延续性和传承性（李金昌等，2019），系统梳理我国不同发展阶段经济增长质量评价指标体系的基本脉络，无疑是十分必要的。为此，本节参考高尚全（2018）的做法，将改革开放以来我国的经济发展划分为四个阶段，分别是改革的启动和目标探索阶段、社会主义市场经济体制框架初步建立阶段、社会主义市场经济体制的初步完善阶段和"五位一体"全面深化改革新阶段。

1. 改革的启动和目标探索阶段（1978～1991年）

该阶段，由于生产力总体水平不高，我国经济建设的主要目标是解决经济增长数量问题，这一时期的评价指标体系主要用于衡量经济社会发展的综合水平。周铁虹（1986）认为，应该选取经济增长数量指标、经济增长速度指标、资源利用指标、科学文化发展指标、人民生活指标和生态环境指标6类指标综合评价经济社会发展水平。王步征（1990）选取从社会结构、人口素质、经济效益、生活质量和社会效益5个维度选取42个基础指标，构建了经济社会发展水平评价指标体系。朱庆芳和盛兆荣（1991）从经济效益、社会结构、人口素质和生活质量4个方面选取了16个基础指标，测度了1987年120个国家的经济社会发展水平。

2. 社会主义市场经济体制框架初步建立阶段（1992～2002年）

该阶段，由于1990年党的十三届七中全会首次提出"经济增长的质量"的概念,学者们逐渐由经济社会发展水平转向对经济增长质量的研究。国务院发展研究中心、管理世界杂志社等(1992)构建了社会结构、人口素质、经济效益、生活质量和社会秩序 5 个维度 39 个基础指标构成的经济社会发展水平指标体系,对我国 1988~1991 年 188 个城市进行了综合评价。陈晓峰(1993)从产出增长状态、生产率变动原因和反映生产率影响能力 3 个方面选取了 14 个基础指标,对我国 1978~1991 年的生产率进行了测度,从生产率的角度衡量了我国的经济增长质量。李国柱(1998)选取了经济增长率、产业结构、经济增长方式、产品满足社会程度 4 个维度 14 个基础指标,构建了经济增长质量评价指标体系。

3. 社会主义市场经济体制的初步完善阶段 (2003~2011 年)

该阶段,受可持续发展理念、促进经济社会"又好又快发展"、构建和谐社会等战略思想的影响,学者们开始更加关注资源利用、环境保护和社会发展等问题。李变花(2004)从经济增长、经济效益、经济结构、技术进步、环境保护、竞争能力、人民生活和经济稳定 8 个方面构建了我国经济增长质量评价指标体系。刘海英和张纯洪(2006)从投入产出效率、经济增长成本、资源消耗和环境保护等方面选取了 14 个基础指标,运用因子分析法对我国 1978~2004 年的经济增长质量进行了测度和评价。钞小静和惠康(2009)选取了经济增长的结构、经济增长的稳定性、经济增长的福利变化与成果分配以及资源利用和生态环境代价 4 个维度 33 个基础指标对我国 1978~2007 年的经济增长质量进行了研究。

4. "五位一体"全面深化改革新阶段 (2012 年之后)

该阶段,"五位一体"总布局思想以及"创新、协调、绿色、开放、共享"的新发展理念等战略思想相继提出,经济增长质量的评价指标体系更加丰富,如考虑了经济增长的外向性、共享性等。魏婕和任保平(2012)从经济增长的效率、经济增长的结构、经济增长的稳定性、经济增长的福利变化与成果分配、资源利用和生态环境代价以及国民经济素质 6 个维度出发,测度了由 37 个基础指标组成的经济增长质量指数,对我国 2010 年各省份的经济增长质量进行了排序。魏敏和李书昊(2018a)构建了动力机制转变、经济结构优化、开放稳定共享、生态环境和谐和人民生活幸福 5 个维度 30 个基础指标的评价体系,对我国 2016 年 31 个省份的经济增长质量的空间差异进行了比较分析。聂长飞等(2021,

2022）从经济增长基本面、经济增长结构和经济增长成果 3 个方面对中国地级市和省级经济增长质量进行了测度，并进一步探讨了科技创新与经济增长质量之间的关系。

总而言之，经济增长质量的内涵随时间的推移不断丰富、升华，从而赋予了其评价指标体系很强的动态性，这种延续和传承对于高质量发展的研究同样适用。

（二）经济高质量发展评价指标体系构建的三种思路

根据经济高质量发展评价指标体系构建思路的不同，现有研究大致可以分为三类。

1. 基于国际货币基金组织的经济增长质量指标体系构建

国际货币基金组织曾以全球 93 个发展中国家为评价对象，从经济发展的基本面和社会成果两个维度构建并测度了经济增长质量指数（Mlachila et al.，2017）。以此为依据，师博和任保平（2018）构建了经济高质量发展评价指标体系，并对中国 1992～2016 年 30 个省的经济高质量发展指数进行了测度和分析。师博和张冰瑶（2019）从经济发展基本面、经济发展的社会成果以及经济发展的生态成果 3 个维度构建了城市层面的经济高质量发展评价指标体系，并对中国 2004～2015 年 283 个城市经济高质量发展指数进行了评价。类似地，徐盈之和童皓月（2019）、徐盈之和顾沛（2020）分别测度了中国省级和长江经济带 108 个城市的经济高质量发展水平。然而，有学者认为，经济发展与经济增长是不同的，包含了比经济增长更为丰富的内涵，因而采用国际货币基金组织的经济增长质量指标体系衡量经济高质量发展水平是不够准确的（聂长飞和简新华，2020）。

2. 基于"创新、协调、绿色、开放、共享"的新发展理念构建

由于新发展理念是经济高质量发展的指导思想，因此一些研究以此为主要理论依据构建经济高质量发展指标体系，这也是目前学术界最为常见的做法。例如，史丹和李鹏（2019）构建了由创新驱动、协调发展、绿色生态、开放稳定、共享和谐 5 个维度组成的评价指标体系，在此基础上测度了我国 2000～2017 年的经济高质量发展指数。陈景华等（2020）从创新性、协调性、开放性、可持续性、共享性 5 个维度构建指

标体系，并对中国 2004～2017 年 30 个省份的经济高质量发展水平进行了比较和分析。刘亚雪等（2020）在五大发展理念的基础上，增加了"稳定"维度，进而衡量了 99 个国家 2001～2017 年的经济高质量发展状况。除此之外，徐志向和丁任重（2019）、李子联和王爱民（2019）、李梦欣和任保平（2019）、杨柳青青和李小平（2020）、孙豪等（2020）、吕承超和崔悦（2020）、胡雪萍和许佩（2020）等也均基于"创新、协调、绿色、开放、共享"的新发展理念对我国经济高质量发展问题进行了定量研究。

3. 基于发展的内容、环节、特征和途径的角度构建

除了上述两种构建方式外，一些学者从经济高质量发展概念的角度入手，从经济发展的内容、环节、特征和途径的角度构建经济高质量发展评价指标体系。例如，魏敏和李书昊（2018b）从经济结构、创新驱动、资源配置等 10 个维度构建了经济高质量发展指标体系，并评价了中国 2016 年 30 个省份的经济高质量发展水平。马茹等（2019）从供给、需求、发展效率、经济运行、对外开放 5 个维度构建指标体系，由此测度了中国 2016 年不同省份的经济高质量发展指数。滕磊和马德功（2020）从产业体系、市场体系、分配体系、区域发展体系、生态体系、开放体系 6 个维度构建指标体系，考察了中国 2012～2017 年 30 个省份的经济高质量发展状况。简新华和聂长飞（2020）、聂长飞和简新华（2020）基于经济高质量发展"四高一好"的解读，从产品和服务质量、经济效益、社会效应、生态效应和经济运行状态 5 个方面测度和分析了全国层面和中国省际层面经济高质量发展的变化趋势。杨耀武和张平（2021）从经济成果分配、人力资本及其分布状况、经济效率与稳定性、自然资源与环境以及社会状况相关指标 5 个维度构建了经济高质量发展评价指标体系，并对我国 1993～2018 年的经济高质量发展水平进行了测度和分析。林珊珊和徐康宁（2022）基于国家"十四五"规划纲要，从经济发展、创新驱动、民生福祉、绿色生态、安全保障 5 个方面对我国2014～2019 年 30 个省份的经济高质量发展水平进行了测度。

通过以上梳理可以发现，自 2017 年 10 月党的十九大以来，国内学者从多个角度对我国经济高质量发展问题进行了较为深入、全面、系统的研究，特别是在定量研究方面，为本报告的撰写提供了丰富的理论基础。然而，绝大多数研究都是基于全国层面、省际层面或地级市层面的考察，

针对我国某一地区经济高质量发展状况的文献相对较少，特别是鲜有研究对中部地区经济高质量发展问题进行专门研究，这为本报告的撰写提供了空间。具体来说，本报告将在既有文献的基础上，紧密结合《关于新时代推动中部地区高质量发展的意见》等文件精神和地方政府实践，尽可能突出中部地区的"特色性"，对中部地区经济高质量发展问题展开深入研究，为新时代打造中部崛起升级版提供参考依据和借鉴。

第二节　中部地区经济高质量发展的评价指标体系构建

一、评价指标体系构建的基本原则

构建经济高质量发展指标体系是一个综合、复杂的问题，为了避免指标选取过程中的主观性和随意性等导致的测量误差，必须遵循一定的原则。具体而言，在指标设计过程中，本报告主要遵循问题导向原则、全面性和代表性兼顾原则、可比性原则以及可操作性原则。

（一）问题导向原则

所谓问题导向原则，即评价指标的遴选要能反映当前中部地区经济高质量发展面临的关键性问题，以充分发挥评价指标体系的"指挥棒"和"风向标"作用，据此计算出的城市经济高质量发展指数大小和排名等能够为相关部门决策提供政策参考，更加直观、准确地把握辖区内经济高质量发展的优势和短板，从而有助于制定更加有针对性的政策措施有效推动辖区经济高质量发展水平的提升。

（二）全面性和代表性兼顾原则

所谓全面性和代表性兼顾原则，即在评价指标体系构建过程中，既要求评价指标尽可能全面体现经济高质量发展的丰富内涵，保证关键指标不得缺位，又要求各评价指标之间重叠信息尽可能低，剔除那些偶然的、次要的、与经济高质量发展相关度低的评价指标，以避免指标重复选取的问题，从而能够在充分保证评价指标体系科学性的基础上化繁为简，更好地服务于经济高质量发展实践。

（三）可比性原则

所谓可比性原则，即在评价指标体系构建过程中，为了使测度的经济高质量发展指数在横向和纵向维度可比，应充分考虑不同城市在经济发展水平、人口规模等方面的差异，评价指标主要以比例指标和强度指标为主，同时兼顾规模指标，以保证评价结果的客观性。与此同时，在评价指标计算时，主要采用实际变量而非名义变量，以尽可能保证测度结果的可靠性和可信度。

（四）可操作性原则

所谓可操作性原则，即选取的指标在考察期内统计口径一致、定义明确且数据可得。具体而言，本报告主要采用《中国城市统计年鉴》、各省份统计年鉴以及国民经济和社会发展统计公报等权威数据库能够直接搜集到的变量作为基础评价指标。同时，对于数据缺失较为严重或不可得的评价指标，本报告尽可能基于现有文献采用相关度较高的指标进行替代；对于部分需要通过问卷调查等方式获得数据的评价指标（如"消费者满意度"等），受限于客观条件的限制，本报告暂不予以考虑。

最后需要说明的是，由于经济高质量发展概念具有极强的特色性，因此，对于不同城市而言，由于所处的发展阶段不同、发展的主要目标不同、拥有的资源禀赋也存在差异，从而经济高质量发展评价指标体系应该有所差异，即使这些城市同属于中部地区。在《关于新时代推动中部地区高质量发展的意见》中，对于中部地区不同城市推动经济高质量发展的定位、目标等也存在明显差别。对此，本报告认为，虽然不同城市的经济高质量发展存在不同的表现形式，但从根本上来讲，在中部地区不同城市之间经济高质量发展的内涵和目标具有高度的一致性。因此，从这个意义上讲，采用统一的经济高质量发展指标体系对中部地区不同城市的经济高质量发展水平进行测度不仅是合理的，而且能够为中部六省推动经济高质量发展的政策实践提供定量证据。

二、中部地区经济高质量发展评价指标体系的构建

（一）中部六省地方政府构建经济高质量发展评价指标体系的政策实践

为进一步保证构建的评价指标体系的科学性和问题导向，本报告通

过手工检索，将"经济高质量发展评价指标体系""经济高质量发展考核体系"等关键词同中部六省省份名称相匹配，如搜索"江西＋经济高质量发展评价指标体系"，进而汇总出各个省份的政策实施情况，从而为本报告评价指标体系的构建提供实践参考。

表2－1对中部六省地方政府构建的经济高质量发展评价指标体系进行了梳理。可以看出，自2018年起，各地方政府已经开始将综合评价考核作为破除唯GDP论考核、推进经济高质量发展水平提升的重要手段。

表2－1   **中部六省地方政府构建经济高质量发展**
评价指标体系的政策实践

省份	年份	文件	评价指标体系构成	指标数量
山西	2020	《山西省高质量发展综合绩效评价与考核办法（试行)》	产业转型、项目建设、创新驱动、资源环境、综合质效、脱贫攻坚和乡村振兴7个维度	32
安徽	2020	《安徽省县域经济高质量发展考核评价办法》	综合质效、创新发展、协调发展、绿色发展、开放发展、共享发展、主观感受7个维度	54
江西	2018	《关于印发〈2018年度江西省高质量发展考核评价实施意见〉的通知》	经济发展、改革开放创新、生态文明建设、社会建设、民生福祉、党的建设、民意调查7个维度	94
河南	2019	《河南省市县经济社会高质量发展考核评价办法（审议稿)》	综合、创新、协调、绿色、开放、共享6个维度	36/29
湖北	2018	《关于印发湖北省高质量发展评价与考核办法（试行）的通知》	以提高发展的"含金量""含新量""含绿量"3个维度	22
湖南	2019	《关于印发〈湖南省高质量发展监测评价指标体系（试行)〉的通知》	综合质量效益、创新发展、协调发展、绿色发展、开放发展、共享发展6个维度	67/48

注：由于2020年底打赢脱贫攻坚战，山西省2021年高质量发展综合绩效评价指标体系减少了"脱贫攻坚"这一维度，共包含31个评价指标；河南省分别针对县（区）和管理区（开发区）构建了两套指标体系，分别包含36个和29个评价指标；江西省自2013年起就开展"全省科学发展综合考核"，2018年起更改为"江西省高质量发展考核"；湖南省分别针对全省和省内的14个市州构建了两套指标体系，其中省际指标体系包含34项主要指标（含67个评价指标)，市州指标体系包含24项主要指标（含48个评价指标)。

资料来源：笔者整理。

从评价指标体系的构成和数量来看，由于不同省份的经济发展阶段、资源要素禀赋和侧重点等存在差异，因而相应的评价指标体系构成和指标数量也各不相同，这与经济高质量发展的特色性是内在统一的。具体而言，安徽、河南和湖南三省基本在"创新、协调、绿色、开放、共享"的新发展理念框架下进行微调，形成评价指标体系；山西、江西和湖北三省虽然没有按照上述框架，但也基本上体现了新发展理念的主要思想。在评价指标数量上，不同省份也存在较大差异，但多数省份的指标数量在 30 ~ 50 个。

此外，为保证经济高质量发展的有效推进和落实，各地方政府还配套设置了相应的配套激励约束措施。例如，湖南省提出，"建立相应的奖惩制度，各市州高质量发展评价结果与绩效考核挂钩，作为评价党政领导班子建设、工作绩效的重要依据"。湖北和安徽则引入了"约谈"制度。具体来说，湖北省明确规定，"省人民政府依据高质量发展评价考核结果，对排名靠后的地区进行约谈；对半年考核排名最后三位的市、州、直管市，由常务副省长进行约谈；对年度考核排名最后三位的市、州、直管市，由省长进行约谈"；安徽省马鞍山在高质量发展指标考核过程中，对表现一般的干部进行谈话调整。

（二）中部地区经济高质量发展评价指标体系的具体设计

基于问题导向原则、全面性和代表性兼顾原则、可比性原则以及可操作性等原则，本报告充分借鉴《关于新时代推动中部地区高质量发展的意见》等文件精神以及中部六省地方政府构建经济高质量发展评价指标体系的政策实践，紧扣"创新、协调、绿色、开放、共享"新发展理念的五大关键词，构建了由 5 个一级指标、19 个二级指标和 40 个基础指标组成的中部地区经济高质量发展评价指标体系（见表 2 - 2）。

表 2 - 2　　　　　中部地区经济高质量发展评价指标体系

一级指标	二级指标	三级指标	基础指标	指标属性
创新	创新基础	经济增长	全员劳动生产率	正向
			资本生产率	正向
			全要素生产率	正向

续表

一级指标	二级指标	三级指标	基础指标	指标属性
创新	创新投入	人员投入	科学研究与技术服务从业人员数占从业人员比重	正向
			每万人在校大学生人数	正向
		经费投入	财政科学技术支出占财政预算支出比重	正向
			财政教育支出占财政预算支出比重	正向
	创新产出	创新数量	每万人三类专利授权数	正向
		创新质量	发明专利授权数占专利总授权数比重	正向
协调	城乡协调	城镇化水平	常住人口城镇化率	正向
		城乡居民收入差距	城市居民人均可支配收入/农村居民人均可支配收入	负向
	产业结构	产业结构高级化	第三产业产值/第二产业产值	正向
	消费结构	消费率	人均全社会消费品零售总额	正向
	金融结构	金融深化指数	金融机构存贷款余额与GDP之比	正向
	财政收支结构	财政自给率	地方一般公共预算收入/地方一般公共预算支出	正向
绿色	能源消耗	万元地区生产总值能耗变化率	（本年万元地区生产总值能耗/上年万元地区生产总值能耗 − 1）× 100%	负向
		单位GDP电耗	全社会综合用电量/GDP	负向
	工业污染	单位产出工业二氧化硫排放量	工业二氧化硫排放量/GDP	负向
		单位产出工业烟（粉）尘排放量	工业烟（粉）尘排放量/GDP	负向
		单位产出工业废水排放量	工业废水排放量/GDP	负向

续表

一级指标	二级指标	三级指标	基础指标	指标属性
绿色	环境治理	污水处理厂集中处理率	污水处理厂集中处理率	正向
		生活垃圾无害化处理率	生活垃圾无害化处理率	正向
	生态禀赋	建成区绿化覆盖率	建成区绿化覆盖率	正向
开放	对外贸易	对外贸易规模	货物进出口总额	正向
		对外贸易依存度	货物进出口总额占 GDP 比重	正向
	招商引资	外商投资规模	实际使用外资总额	正向
		外商投资占比	实际使用外资占 GDP 比重	正向
	开放环境	基础设施水平	人均城市道路面积	正向
		信息化开放水平	每万人口宽带接入用户数	正向
共享	人民生活	失业率	失业率	负向
		收入福利	职工平均工资	正向
	公共服务	教育设施	普通高校密度	正向
		医疗设施	每千人医疗卫生机构床位数	正向
		文化设施	人均拥有公共图书馆藏量	正向
		公共交通	人均拥有公共汽（电）车营运车辆数	正向
	社会保障	养老保障	城镇职工基本养老保险参保率	正向
		医疗保障	职工基本医疗保险参保率	正向
		就业保障	失业保险参保率	正向
	乐享富足	旅游服务生活	人均国内旅游收入	正向
		文体娱乐生活	文化、体育和娱乐业从业人员数占比	正向

资料来源：笔者整理。

对于创新维度，本报告主要从创新基础、创新投入和创新产出 3 个方面进行刻画。创新基础主要通过经济增长的效率进行衡量，包括全员劳动生产率、资本生产率和全要素生产率 3 个指标。创新投入主要从创新人员投入和经费投入两个层面进行考察，其中，人员投入采用科学研究与技术服务从业人员数占从业人员比重和每万人在校大学生人数2个指标进行反映；经费投入则综合考虑科学技术投入和教育投入，选取财政科学技术支出占财政预算支出比重和财政教育支出占财政预算支出比重2个指标进行表征。创新产出综合考虑了创新的数量产出和质量产出，分别用每万人三类专利（即发明专利、外观设计专利和实用新型专利）授权数以及发明专利授权数占专利总授权数比重2个指标进行表示。

对于协调维度，本报告综合考虑了城乡协调、产业结构、消费结构、金融结构以及财政收支结构5个方面。其中，城乡协调采用常住人口城镇化率和城乡居民人均可支配收入之比2个指标表示。产业结构采用第三产业增加值与第二产业增加值之比进行衡量，以反映产业结构高级化的程度。消费结构采用人均全社会消费品零售总额进行衡量。金融结构借鉴现有文献的通常做法，采用金融机构存贷款余额与GDP之比反映金融深化状况。财政收支结构则采用财政自己率，即地方一般公共预算收入与地方一般公共预算支出之比进行反映。

对于绿色维度，本报告重点关注了能源消耗、工业污染、环境治理以及生态禀赋4个方面。其中，能源消耗综合考虑了能源消费强度的绝对大小和降低幅度，具体选取万元地区生产总值能耗变化率和单位GDP电耗2个指标进行测度。工业污染主要基于常见污染物排放强度的视角，选取了单位产出工业二氧化硫排放量、单位产出工业烟（粉）尘排放量和单位产出工业废水排放量3个指标进行衡量。环境治理采用污水处理厂集中处理率和生活垃圾无害化处理率2个指标进行表征。生态禀赋主要采用建成区绿化覆盖率指标进行刻画。

对于开放维度，本报告纳入了三项指标，分别是对外贸易、招商引资以及开放环境。其中，对外贸易综合考虑了规模和强度，选取货物进出口总额和货物进出口总额占GDP比重2个指标进行综合反映。招商引资的指标选取思路与对外贸易类似，采用实际使用外资总额和实际使用外资占GDP比重2个指标进行表示。开放环境主要从基础设施水平和信息化开放水平2个维度进行考察，对应的衡量指标分别为人均城市道路面积和每万人口宽带接入用户数。

对于共享维度，本报告主要从人民生活、公共服务、社会保障以及乐享富足4个层面加以衡量。其中，人民生活主要从就业和收入两个方面进行体现，分别选取失业率和职工平均工资进行刻画。公共服务重点关注了教育、医疗、文化和公共交通等方面，采用普通高校密度、每千人医疗卫生机构床位数、人均拥有公共图书馆藏量和人均拥有公共汽（电）车营运车辆数 4 个指标进行表示。社会保障综合考虑了养老、医疗和就业等的保障情况，分别以城镇职工基本养老保险参保率、职工基本医疗保险参保率和失业保险参保率 3 个指标加以反映。乐享富足主要包括旅游服务生活和文体娱乐生活两个层面，分别采用人均国内旅游收入以及文化、体育和娱乐业从业人员数占比进行测度。

（三）部分指标的进一步说明

为尽可能保证测度结果的准确性和可信度，本报告在设计评价指标体系时，尽可能选取《中国城市统计年鉴》等权威数据库能够直接获得或仅仅需要简单计算即可获得的指标。与此同时，在测度过程中，对于所有与价格相关的名义变量，均采用相应的价格指数（如 GDP 平减指数、消费价格指数、固定资产投资价格指数等）进行了平减，换算成 2013 年不变价的实际变量，具体包括 GDP、全社会消费品零售总额、职工平均工资等变量。关于个别以美元为单位计价的对外开放相关指标，统一采用当年平均汇率换算成人民币为计价单位，再进行测算。

除此之外，部分指标的衡量方式如下。全员劳动生产率的计算公式为：GDP/从业人员数。资本生产率的计算公式为：GDP/资本存量，其中，资本存量的估计采用永续盘存法，具体公式为 $K_{it} = I_{it} + (1 - \delta) K_{i,(t-1)}$。其中，$K_{it}$ 表示城市 i 第 t 年的资本存量，I_{it} 表示城市 i 第 t 年的固定资产投资总额，并使用省级固定资产投资价格指数换算成 2013 年不变价，δ 表示固定资产折旧率，借鉴张军等（2004）的研究，假设期初资本存量为初始固定资产投资额的 10%，同时将固定资产折旧率统一设定为 9.6%，从而计算出各城市 2013 年为基期的资本存量。普通高校密度采用每百万人口的高等院校数表示。全要素生产率的计算采用索洛余值法，具体公式为 $A_{it} = Y_{it}/(K_{it}^{\alpha} L_{it}^{1-\alpha})$，其中，$i$ 和 t 分别表示城市和年份，Y 表示经济总产出，以 2013 年不变价的 GDP 衡量；K 和 L 分别表示资本投入和劳动投入，具体采用资本存量和从业人员数进行衡量；α 为资本产出弹性，借鉴彭国华（2005）的研究，本报告将其大小设定为 0.4。

三、评价对象与数据来源

本报告立足于中部地区经济高质量发展状况的研究，具体选取

2013～2020年中部地区80个地级市为评价对象进行考察。之所以将研究区间设定为2013～2020年，是因为自党的十八大以来，我国经济发展开始逐步由"数量型增长"转向"质量型发展"（聂长飞和简新华，2020），将研究区间起点设定为2013年能够从时序上更好地把握党的十八大以来中部地区的经济高质量发展推进进程；同时，由于本报告开始写作时，《中国城市统计年鉴》仅更新到2021年，只能获得2020年的数据，因而本报告将研究区间结束点设定为2020年。在评价主体选择方面，本报告没有简单地以中部六省为评价对象，而是将评价主体拓展到更为微观的地级市层面，有助于对中部地区经济高质量发展问题进行更为细致、深入、具体和有针对性的研究。

指标数据主要来源于2014～2021年《中国城市统计年鉴》和中国互联网络信息中心（CNNIC）等权威数据库，对于存在缺失值的数据，首先采用中部六省历年的统计年鉴或城市国民经济和社会发展统计公报等进行补充，对于仍然缺少的个别数据，则采用插值法进行替代，此外，对于个别2020年缺失数据的指标，采用增长率法或2018年、2019年两年数据均值进行填补，最终得到中部地区2013～2020年80个地级市的平衡面板数据。

第三节　中部地区经济高质量发展指数的测度方法说明

为保证经济高质量发展测度结果的科学性和可信度，本报告采用"均等权重法＋熵权法"相结合的方法对考察期各城市经济高质量发展水平进行测度。在测度过程中，又分为两个层次：一是采用熵权法这一客观赋权法对不同维度评价指标进行赋权，由此计算出不同维度的指数大小；二是在计算5个维度指数的基础上，进一步采用均等权重法这一主观赋权法对经济高质量发展综合指数进行测度。

一、分维度指数的测度方法

根据现代综合评价方法，分维度指数合成通常包括三个步骤：一是指标权重的确定；二是指标标准化处理；三是指数的合成。

为尽可能保证测度结果不受主观因素的影响，本报告采用现有文献广泛使用的熵权法对"创新、协调、绿色、开放、共享"5 个维度的指数大小进行测度，具体步骤如下：

首先，为了消除原始数据量纲的影响，采用 min－max 方法对原始数据进行标准化处理：

$$z_{ij} = \frac{x_{ij} - \min(x_{ij})}{\max(x_{ij}) - \min(x_{ij})} \quad x_{ij} \text{为正向指标；}$$

$$z_{ij} = \frac{\max(x_{ij}) - x_{ij}}{\max(x_{ij}) - \min(x_{ij})} \quad x_{ij} \text{为逆向指标} \qquad (2-1)$$

其中，x_{ij} 为城市 i 第 j 个指标的原始数据，$\max(x_{ij})$ 和 $\min(x_{ij})$ 分别表示考察期内各三级指标在所有城市中的最大值和最小值，z_{ij} 表示经过标准化处理后的值。

其次，根据下式计算熵值：

$$E_j = -1/\ln n \sum_{i=1}^{n} p_{ij} \ln p_{ij}, \quad \text{其中 } p_{ij} = z_{ij} / \sum_{i=1}^{n} z_{ij} \qquad (2-2)$$

进一步地，根据下式计算各指标权重：

$$w_j = (1 - E_j) / \sum_{j=1}^{m} (1 - E_j) \qquad (2-3)$$

最后，某一维度指数的计算公式可以表示为：

$$Q_i = 100 \times \sum_{j=1}^{m} w_j \times z_{ij} \qquad (2-4)$$

其中，Q 表示各城市的某一维度指数，其大小介于 0～100 之间，数值越大，表示城市在该维度的发展水平越高。

重复上述步骤，即可分别测度中部六省 2013～2020 年 80 个城市"创新、协调、绿色、开放、共享"5 个维度的指数大小。

二、经济高质量发展综合指数的测度方法

本报告构建的经济高质量发展评价指标体系由"创新、协调、绿色、开放、共享"5 个维度构成，各个维度之间相辅相成、没有绝对意义上的主次之分。因此，在测度经济高质量发展综合指数时，本报告采用均等权重法对各维度指数进行赋权，即每个维度权重设置为 20%，再进行指数合成，最终计算出各城市历年经济高质量发展指数。具体步骤如下：

第一步，采用 min-max 方法对 5 个维度指数进行标准化处理，由于各个维度均为正向指标，即指数值越大越好，因而标准化公式可表示为：

$$Z_{ij} = \frac{Q_{ij} - \min(Q_{ij})}{\max(Q_{ij}) - \min(Q_{ij})} \qquad (2-5)$$

其中，Q_{ij} 为城市 i 第 j 个维度的指数值，$\max(Q_{ij})$ 和 $\min(Q_{ij})$ 分别表示考察期内各维度指数在所有城市中的最大值和最小值，Z_{ij} 表示各维度指数经过标准化处理后的值。

第二步，利用下列公式计算各城市经济高质量发展综合指数：

$$QEG_i = 100 \times \sum_{j=1}^{m} w_j \times Z_{ij}，其中 w_j = 20\%，j = 1，2，3，4，5$$

$$(2-6)$$

其中，QEG 表示各城市的经济高质量发展综合指数，其大小介于 0 ~ 100，数值越大，表示城市经济高质量发展水平越高。

在测度城市层面经济高质量发展综合指数及各维度指数的基础上，本报告将采用 GDP 加权的方式，计算出中部六省省级层面经济高质量发展综合指数及各维度指数，以便于省级层面的分析比较。

参考文献

［1］曹献飞，裴平 . 企业 OFDI 能促进中国经济高质量发展吗？——基于产能治理视角的实证研究 ［J］. 中央财经大学学报，2019（11）：96-104.

［2］钞小静，惠康 . 中国经济增长质量的测度 ［J］. 数量经济技术经济研究，2009，26（6）：75-86.

［3］陈景华，陈姚，陈敏敏 . 中国经济高质量发展水平、区域差异及分布动态演进 ［J］. 数量经济技术经济研究，2020（12）：108-126.

［4］陈诗一，陈登科 . 雾霾污染、政府治理与经济高质量发展 ［J］. 经济研究，2018，53（2）：20-34.

［5］陈晓峰 . 1978~1991 年中国生产率之评价 ［J］. 管理世界，1993（6）：69-74.

［6］范庆泉，储成君，高佳宁 . 环境规制、产业结构升级对经济高质量发展的影响 ［J］. 中国人口·资源与环境，2020（6）：84-94.

［7］高春亮，李善同 . 财政分权、人力资本与高质量增长 ［J］. 财政研究，2019（9）：21-32.

［8］高尚全 . 改革开放 40 年的重要成就和基本经验 ［J］. 党史文汇，2018（12）：4-6.

［9］郭晨，张卫东 . 产业结构升级背景下新型城镇化建设对区域经济发展质量的影响——基于 PSM-DID 经验证据 ［J］. 产业经济研究，

2018 (5)：78 – 88.

[10] 国务院发展研究中心管理世界杂志社，中国社会科学院社会学研究所，中国社会科学院未来学研究所.1991 年 188 个地级以上城市经济社会发展水平评价 [J]. 管理世界，1992 (6)：143 – 149.

[11] 何剑，郑智勇，张梦婷. 资本账户开放、系统性金融风险与经济高质量发展 [J]. 经济与管理研究，2020，41 (5)：91 – 106.

[12] 胡雪萍，许佩.FDI 质量特征对中国经济高质量发展的影响研究 [J]. 国际贸易问题，2020 (10)：31 – 50.

[13] 黄永明，姜泽林. 金融结构、产业集聚与经济高质量发展 [J]. 科学学研究，2019，37 (10)：1775 – 1785.

[14] 惠宁，陈锦强. 中国经济高质量发展的新动能：互联网与实体经济融合 [J]. 西北大学学报（哲学社会科学版），2020，50 (5)：47 – 61.

[15] 简新华，聂长飞. 中国高质量发展的测度：1978—2018 [J]. 经济学家，2020 (6)：49 – 58.

[16] 李变花. 经济增长质量指标体系的设置 [J]. 统计与决策，2004 (1)：25 – 27.

[17] 李国柱. 谈经济增长的统计评价 [J]. 上海统计，1998 (5)：14 – 15.

[18] 李金昌，史龙梅，徐蔼婷. 高质量发展评价指标体系探讨 [J]. 统计研究，2019 (1)：4 – 14.

[19] 李梦欣，任保平. 新时代中国高质量发展的综合评价及其路径选择 [J]. 财经科学，2019 (5)：26 – 40.

[20] 李元旭，曾铖. 政府规模、技术创新与高质量发展——基于企业家精神的中介作用研究 [J]. 复旦学报（社会科学版），2019，61 (3)：155 – 166.

[21] 李子联，王爱民. 江苏高质量发展：测度评价与推进路径 [J]. 江苏社会科学，2019 (1)：247 – 256.

[22] 廖祖君，王理. 城市蔓延与区域经济高质量发展——基于 DM-SP/OLS 夜间灯光数据的研究 [J]. 财经科学，2019 (6)：106 – 119.

[23] 林珊珊，徐康宁. 中国高质量发展的测度评价：地区差异与动态演进 [J]. 现代经济探讨，2022 (2)：33 – 43.

[24] 刘海英，张纯洪. 中国经济增长质量提高和规模扩张的非一致性实证研究 [J]. 经济科学，2006 (2)：13 – 22.

［25］刘思明，张世瑾，朱惠东．国家创新驱动力测度及其经济高质量发展效应研究［J］．数量经济技术经济研究，2019，36（4）：3 – 23．

［26］刘亚雪，田成诗，程立燕．世界经济高质量发展水平的测度及比较［J］．经济学家，2020（5）：69 – 78．

［27］刘志彪，凌永辉．结构转换、全要素生产率与高质量发展［J］．管理世界，2020（7）：15 – 28．

［28］吕承超，崔悦．中国高质量发展地区差距及时空收敛性研究［J］．数量经济技术经济研究，2020（9）：62 – 79．

［29］马茹，罗晖，王宏伟，等．中国区域经济高质量发展评价指标体系及测度研究［J］．中国软科学，2019（7）：60 – 67．

［30］聂长飞，冯苑，宋丹丹．专利与中国经济增长质量——基于创新数量和质量的双重视角［J］．宏观质量研究，2022，10（3）：47 – 62．

［31］聂长飞，冯苑，张东．创新型城市建设提高中国经济增长质量了吗［J］．山西财经大学学报，2021，43（10）：1 – 14．

［32］聂长飞，简新华．中国高质量发展的测度及省际现状的分析比较［J］．数量经济技术经济研究，2020，37（2）：26 – 47．

［33］彭国华．中国地区收入差距、全要素生产率及其收敛分析［J］．经济研究，2005（9）：19 – 29．

［34］上官绪明，葛斌华．科技创新、环境规制与经济高质量发展——来自中国278个地级及以上城市的经验证据［J］．中国人口·资源与环境，2020，30（6）：95 – 104．

［35］师博，任保平．中国省际经济高质量发展的测度与分析［J］．经济问题，2018（4）：1 – 6．

［36］师博，张冰瑶．全国地级以上城市经济高质量发展测度与分析［J］．社会科学研究，2019（3）：19 – 27．

［37］史丹，李鹏．我国经济高质量发展测度与国际比较［J］．东南学术，2019（5）：169 – 180．

［38］孙豪，桂河清，杨冬．中国省域经济高质量发展的测度与评价［J］．浙江社会科学，2020（8）：4 – 14．

［39］滕磊，马德功．数字金融能够促进高质量发展吗［J］．统计研究，2020，37（11）：80 – 92．

［40］汪增洋，张学良．后工业化时期中国小城镇高质量发展的路径选择［J］．中国工业经济，2019（1）：62 – 80．

[41] 王步征. 社会发展水平评价与建立社会指标体系 [J]. 福建学刊, 1990 (4): 71-75.

[42] 王克强, 李国祥, 刘红梅. 工业用地减量化、经济高质量发展与地方财政收入 [J]. 财政研究, 2019 (9): 33-46.

[43] 王小腾, 徐璋勇. 银行结构性竞争与经济高质量发展——来自县域层面的经验证据 [J]. 山西财经大学学报, 2020, 42 (7): 43-56.

[44] 魏婕, 任保平. 中国各地区经济增长质量指数的测度及其排序 [J]. 经济学动态, 2012 (4): 27-33.

[45] 魏敏, 李书昊. 新常态下中国经济增长质量的评价体系构建与测度 [J]. 经济学家, 2018a (4): 19-26.

[46] 魏敏, 李书昊. 新时代中国经济高质量发展水平的测度研究 [J]. 数量经济技术经济研究, 2018b, 35 (11): 3-20.

[47] 徐现祥, 李书娟, 王贤彬, 等. 中国经济增长目标的选择: 以高质量发展终结"崩溃论"[J]. 世界经济, 2018, 41 (10): 3-25.

[48] 徐盈之, 顾沛. 官员晋升激励、要素市场扭曲与经济高质量发展——基于长江经济带城市的实证研究 [J]. 山西财经大学学报, 2020, 42 (1): 1-15.

[49] 徐盈之, 童皓月. 金融包容性、资本效率与经济高质量发展 [J]. 宏观质量研究, 2019, 7 (2): 114-130.

[50] 徐志向, 丁任重. 新时代中国省际经济发展质量的测度、预判与路径选择 [J]. 政治经济学评论, 2019, 10 (1): 172-194.

[51] 杨柳青青, 李小平. 基于"五大发展理念"的中国少数民族地区高质量发展评价 [J]. 中央民族大学学报 (哲学社会科学版), 2020, 47 (1): 79-88.

[52] 杨耀武, 张平. 中国经济高质量发展的逻辑、测度与治理 [J]. 经济研究, 2021, 56 (1): 26-42.

[53] 余泳泽, 杨晓章, 张少辉. 中国经济由高速增长向高质量发展的时空转换特征研究 [J]. 数量经济技术经济研究, 2019, 36 (6): 3-21.

[54] 詹新宇, 苗真子. 地方财政压力的经济发展质量效应——来自中国 282 个地级市面板数据的经验证据 [J]. 财政研究, 2019 (6): 57-71.

[55] 湛泳, 李珊. 智慧城市建设、创业活力与经济高质量发展——基于绿色全要素生产率视角的分析 [J]. 财经研究, 2022, 48 (1): 4-18.

[56] 张军, 吴桂英, 张吉鹏. 中国省际物质资本存量估算: 1952—

2000 ［J］. 经济研究，2004 （10）：35 – 44.

　　［57］张婷婷，张所地. 城市公共性不动产结构、人才集聚与经济高质量发展 ［J］. 经济问题探索，2019 （9）：91 – 99.

　　［58］张月友，董启昌，倪敏. 服务业发展与 "结构性减速" 辨析——兼论建设高质量发展的现代化经济体系 ［J］. 经济学动态，2018 （2）：23 – 35.

　　［59］周铁虹. 地区经济与社会发展水平综合指标计算方法初探 ［J］. 统计与决策，1986 （1）：15 – 17.

　　［60］朱光顺，张莉，徐现祥. 行政审批改革与经济发展质量 ［J］. 经济学（季刊），2020，19 （3）：1059 – 1080.

　　［61］朱庆芳，盛兆荣. 我国经济和社会发展水平的国际比较 ［J］. 经济研究，1991 （5）：52 – 60.

　　［62］Mlachila M，Tapsoba R，Tapsoba S J A. A Quality of Growth Index for Developing Countries：A Proposal ［J］. Social Indicators Research，2017，134 （2）：675 – 710.

第三章

中部地区经济高质量发展综合评价

改革开放以来，中国经济经历了长时期的高速增长，堪称奇迹。无论是在计划经济向市场经济过渡的价格双轨制时期，还是在1997年的亚洲金融危机和2008年的全球金融危机时期，除个别年份之外，中国经济增长率均维持在7%以上，甚至在2007年达到最高的14.2%。就经济规模而言，中国经济规模于2010年超过日本，成为仅次于美国的全球第二大经济体；而以1978年为基期的人均真实GDP则由1978年的385元提高至2020年的10475元，是1978年的27倍，年均增长率为8.2%。与此同时，产业结构不断升级，三次产业增加值占GDP的比重由1978年的27.7∶47.7∶24.6变为2020年的7.7∶37.8∶54.5，其中2012年第三产业增加值占GDP比重首次超过第二产业。三次产业的就业结构亦发生了根本性的变化，1978年三次产业中就业比重最高的是第一产业，高达70.5%，相应地，第二、第三产业的就业比重分别为17.3%和12.2%。随后第一产业的就业比重不断下降，第二、第三产业的就业比重不断上升，且相对于第二产业而言，第三产业有着更强的就业吸纳能力，其就业比重分别在1994年和2011年超过第二产业和第一产业。至2020年，三次产业就业比重达到23.6∶28.7∶47.7[①]。可见，中国的经济增长路径并未偏离配第－克拉克定理，即随着经济的发展，也即人均国民收入水平的提高，劳动力首先由第一产业向第二产业转移；而当人均国民收入水平进一步提高时，劳动力则向第三产业转移（配第，中译本，1978；Clark，1940）。

无论是新中国成立之初，抑或是改革开放初期，短缺是中国经济社会不可回避的历史事实，亦是中国经济增长的历史逻辑起点。从微观层面而言，基本生活用品供给的短缺严重制约居民生活水平的提高；而具

[①]　资料来源：历年《中国统计年鉴》。

有优势的卖方市场可使企业顺利地以更高的利润实现产品的市场交易。因此，粗放性地增加生产要素投入，扩大产品生产规模和产量是改革开放初期以至之后很长时间内中国经济增长的主要驱动力。不过，随着时间的推移，依靠生产要素大规模高强度投入的"要素驱动"模式已难以为继（王一鸣，2020）。其一，劳动年龄人口以及经济活动人口的负增长加剧了劳动力短缺，削弱了劳动密集型产业的比较优势，人口红利趋于消失（蔡昉，2018）。2010年，中国15～64岁劳动年龄人口占总人口的比重是74.5%，为历年最高值，随后这一比重日趋下降；相应地，绝对人口数量在2013年达到峰值（101041万人）之后亦开始降低。相反，65岁以上老年人口在总人口中的比重不断提高，到2020年数值为13.5%。根据联合国常用的人口老龄化划分标准，即一个国家或者地区的60岁以上人口占总人口的比例达到10%，或者65岁人口占总人口的比例达到7%，我国已进入了老龄化社会。其二，经济增长加速企业资本的积累，同时相对于其他国家，中国居民的高储蓄使得经济在增长过程中有着更为充足的资本供给。然而，随着资本投入的提高，当要素比例超出最优配置状态时，资本边际报酬递减的特征便开始显现。据白重恩和张琼（2014）的估算，不考虑存货的资本回报率在1993年达到最高的31.56%，之后虽有波动，但整体处于下降趋势，至2013年则仅为14.70。其三，要素扩张型的经济增长方式在推动经济高速增长的同时，亦伴随着城乡区域发展不协调、环境污染、公共服务分配不合理等一系列问题。世界上任何一个国家或政府均重视经济增长，但经济增长不是唯一的目标。政府的多重目标使其承担着多重任务，因而即使经济增长在特定时间段内成为政府的主要目标，但作为含义更加广泛的、包含质量考虑在内的、与政府多重目标高度一致的经济发展始终是政府工作的出发点和落脚点。

自1991年以来，中国GDP增长率在2016年首次低于7%，并在2016～2019年维持在6%～7%；2020年因新冠肺炎疫情的影响，GDP增长率仅为2.3%，尽管2021年短暂反弹，GDP增长率升至8.1%，但这是建立在2020年低增长率基础之上，不具有代表性。政府为2022年GDP增长率设定5.5%的目标，亦可从侧面为增长率向稳态的迁移提供证明。相比于之前短期的经济波动，此次中国经济增长率的下降并不能简单地归于外生冲击的影响，而是经济系统内部推动增长的原动力趋于弱化，原有发展方式的增长潜力开始下降。经济增长速度回落与人口红利消失、资本边际报酬递减、生态环境破坏等客观事实共同预示着中国既有的经济增长模式已然不可持续。习近平总书记在党的十九大报告中指出："我国经济已由高速增长阶段转向高质量发展阶段，正处在转变发展方式、优化经济结构、转换增长动力的攻关期"。"中国特色社会主义进入新时代，我国社会主要矛盾已经转化为人民日益增长的美好生活需要和不平衡不充分的发展之间的矛盾"。① 事实上，高质量发展正是站在新的历史方位上，适应社会主要矛盾变化而提出的战略（张军扩等，2019；张涛，2020）。高速增长阶段转向高质量发展阶段的新判断，既是对我国经济发展的准确把控，也是我国经济社会发展的必然要求，同时为我国经济未来的发展指明了方向，也进一步表明改善居民生活环境和发展条件，提升居民的福祉和福利是政府工作中贯穿始终的重要目标。

2015 年 10 月党的十八届五中全会在《中共中央关于制定国民经济和社会发展第十三个五年规划的建议》中首次提出"创新、协调、绿色、开放、共享"五大发展理念。这一理念与高质量发展阶段建设现代化经济体系的战略目标高度契合，是对新时代高质量发展的新要求，也是对是否实现了高质量发展的评价准则（金碚，2018）。然而，高质量发展是全局全域性的，涉及东部、中部、西部和东北地区等各个区域。中部地区作为重要的粮食生产基地、能源原材料基地、现代装备制造及高技术产业基地和综合交通运输枢纽，具有承东启西、连南接北的区位优势和资源要素丰富、市场潜力巨大、文化底蕴深厚等比较优势，因而促进中部地区高质量发展，不仅能够加快推动中部崛起，而且可使其在全面建设社会主义现代化国家新征程中作出更大贡献。不过，为推动中部地区高质量发展精准施策，则有必要对中部地区的发展态势和概况在整体上有充分的认识，依据各地区发展中所面临的资源、环境、制度、技术等现实约束条件和当前的经济结构，如产业结构、消费结构、投资结构、就业结构等，对中部地区经济高质量发展进行综合性评价。为此，鉴于新发展理念和高质量发展在目标上的一致性，本报告将创新、协调、绿色、开放、共享作为经济高质量发展的五个细分维度，通过分析中部地区以及各省、市 2013～2020 年的经济高质量发展指数与各细分维度发展指数，对中部地区经济高质量发展作出综合评价。

---

① 《十九大报告》单行本，外文出版社 2018 年版。

第一节　中部地区经济高质量发展的概况

　　构建衡量中部地区经济高质量发展的指标体系可在横向和纵向两个维度识别中部地区经济高质量发展的水平和趋势，然而却无法从全国层面对中部地区或各省经济高质量发展的概况形成有效认知，进而难以突出中部地区经济高质量发展的重要性、必要性和紧迫性。因此，本节将在使用经济高质量发展指数对中部地区经济高质量发展作出综合评价之前，基于创新、协调、绿色、开放、共享等的新发展理念，分别选择R&D经费投入强度、每万人国内专利授权数、城镇化率、城乡居民人均可支配收入比重、单位GDP电力消费量、每亿元GDP二氧化硫排放量、进出口总额占GDP比重、外商投资总额占GDP的比重、每万人医疗卫生机构床位数、教育经费占GDP的比重等代表性指标，通过对比中部地区或省份与全国或其他地区的指标数据，以此对中部地区经济高质量发展的概况有大致的粗略认识。

　　R&D经费投入强度和每万人国内专利授权数两个指标用来代表全国和中部各省的创新程度，其中R&D经费投入强度是全国（省份）R&D经费支出与国内（地区）生产总值之比。由表3-1可见，除山西省呈下降趋势之外，中部其他省份和全国的R&D经费投入强度总体上均呈现出上升趋势。不过，从数值来看，中部各省R&D经费投入强度远低于全国水平，尤其是山西、河南和江西三省，与全国相比，相差幅度更大，其中最低的山西省仅为全国水平的1/2。而就表3-2中的每万人国内专利授权数而言，在2013~2020年，全国每万人国内专利授权数远高于中部地区各省。与R&D经费投入强度相一致，山西省每万人国内专利授权数依然处于末位，与全国水平相差甚远，不足全国水平的1/3。不过，相对于全国而言，除安徽省之外，中部地区其他省份每万人国内专利授权数有着更高的增长速度，其具体排序为：江西（34.5%）＞河南（21.9%）＞湖北（21.3%）＞山西（18.2%）＞湖南（18.1%）＞全国（15.7%）＞安徽（13.3%）[①]。因此，无论是从R&D经费投入强度，还是从每万人国内专利授权数两个指标来看，中部地区的创新水平与全国相比尚有不小的

————————————

　　① 括号内的数字为2013~2020年每万人国内专利授权数年平均增长率。

差距，而创新作为推动经济高质量发展的首要动力，其能力和潜力不仅对当前而且对未来经济的高质量发展有着决定性的作用和影响。故而，提高中部省份的创新能力和创新潜力是推动中部崛起的重中之重。

表3-1　　　　　全国和中部各省 R&D 经费投入强度　　　单位：%

地区	2013 年	2014 年	2015 年	2016 年	2017 年	2018 年	2019 年	2020 年
全国	2.00	2.02	2.06	2.10	2.12	2.14	2.24	2.40
山西	1.29	1.26	1.12	1.11	1.02	1.10	1.13	1.20
安徽	1.71	1.75	1.81	1.81	1.90	1.91	2.05	2.28
河南	1.12	1.16	1.17	1.23	1.30	1.34	1.48	1.64
江西	0.95	0.98	1.03	1.13	1.27	1.37	1.56	1.68
湖北	1.76	1.81	1.85	1.80	1.88	1.96	2.11	2.31
湖南	1.39	1.42	1.45	1.52	1.68	1.81	1.97	2.15

资料来源：《中国科技统计年鉴》（2021）。

表3-2　　　　　全国和中部各省每万人国内专利授权数　　　单位：件

地区	2013 年	2014 年	2015 年	2016 年	2017 年	2018 年	2019 年	2020 年
全国	8.98	8.79	11.55	11.70	12.29	16.62	17.55	24.93
山西	2.42	2.37	2.85	2.86	3.22	4.30	4.75	7.82
安徽	8.16	8.07	9.82	10.11	9.61	13.12	13.55	19.61
河南	3.08	3.46	4.92	5.03	5.64	8.35	8.71	12.35
江西	2.23	3.09	5.39	7.00	7.32	11.70	13.10	17.76
湖北	4.96	4.86	6.63	7.11	7.85	10.83	12.48	19.16
湖南	3.70	4.03	5.15	5.14	5.72	7.38	8.24	11.85

资料来源：《中国科技年鉴》（2020～2021）和《中国统计年鉴》（2021）。表中数据由笔者整理计算得到。

产业结构合理化和城乡收入差距是衡量协调发展的重要指标。其中，产业结构合理化指的是产业间的聚合质量，不仅是产业之间协调程度的反映，而且是资源有效利用程度的反映，一般采用的衡量指标为结构偏离度，具体公式为：$\sum_{i=1}^{n} \left| \dfrac{Y_i/L_i}{Y/L} - 1 \right|$，式中 Y 表示产值，L 表示就业，i 表

示产业，n 表示产业部门数（干春晖等，2011）。由表 3-3 可知，在 2013 年，中部各省的产业结构偏离度均高于全国水平，因而相对于全国而言，中部各省的产业结构协调化程度较低，资源在各产业之间配置更不合理。不过，在考察时段内，无论是全国还是中部各省，产业结构偏离度均出现了不同幅度的降低。安徽、河南、江西和湖南四省的产业结构偏离度已低于或等于全国水平，湖北省与全国的产业结构偏离度之差由 2013 年的 0.71 缩小为 2020 年的 0.12，而山西省的产业结构偏离度下降幅度最小，且在 2013~2020 年有较大的波动，在某种程度上意味着山西省产业调整或转型的难度相较于其他中部省份更大。除了产业之间的协调之外，城乡之间的协调亦是协调发展的重要维度。从表 3-4 中可以看出，尽管全国和东、中、西部及东北地区的城乡西部地区城乡居民人均可支配收入比重均有所下降，但下降幅度并不大。2013~2020 年，全国和东部、中部、西部及东北地区之间城乡居民人均可支配收入比重的位次并未有任何的改变，西部地区和东北地区依然分别是最高和最低的地区，而中部地区则低于东部地区，高于东北地区，不过下降幅度低于全国层面。因此，无论是产业结构的偏离度，还是城乡人均可支配收入比重，中部各省或中部地区在 2013~2020 年均有着明显的进步，但在中部各省之间产业结构偏离度有着较大的差距，例如 2020 年最高的山西省和最低的江西省相差 0.63；在 2013~2020 年，中部地区城乡居民人均可支配收入比重虽然低于全国水平，但下降幅度却相较于全国较小。

表 3-3　　　　　　　　全国和中部各省产业结构偏离度

地区	2013 年	2014 年	2015 年	2016 年	2017 年	2018 年	2019 年	2020 年
全国	1.37	1.31	1.28	1.27	1.31	1.34	1.23	1.14
山西	1.69	1.76	1.59	1.36	1.55	1.57	1.73	1.52
安徽	1.73	1.67	1.62	1.60	1.66	1.77	1.41	1.14
河南	1.57	1.51	1.43	1.32	1.27	1.30	1.16	1.09
江西	1.41	1.34	1.17	1.11	1.12	1.13	1.02	0.89
湖北	2.08	1.94	1.85	1.77	1.72	1.70	1.65	1.26
湖南	1.76	1.79	1.90	1.85	1.88	1.87	1.91	1.10

资料来源：中国经济社会大数据研究平台。表中数据由笔者整理计算得到。

表 3 – 4 城乡居民按东部、中部、西部及东北地区
分组的人均可支配收入比重

地区	2013 年	2014 年	2015 年	2016 年	2017 年	2018 年	2019 年	2020 年
全国	2.81	2.75	2.73	2.72	2.71	2.69	2.64	2.56
东部地区	2.63	2.58	2.57	2.56	2.56	2.54	2.51	2.44
中部地区	2.52	2.47	2.46	2.45	2.44	2.42	2.39	2.32
西部地区	3.01	2.94	2.91	2.88	2.86	2.82	2.76	2.66
东北地区	2.41	2.37	2.38	2.37	2.36	2.34	2.29	2.15

资料来源：《中国统计年鉴》（2020～2021）。表中数据由笔者整理计算得到。

一般而言，资源利用效率和污染物排放量可以视为一国或地区的经济绿色发展的源头，因而是衡量绿色发展程度不可忽视的重要指标，即若经济发展中的资源利用效率更高或污染物排放量更低，则一国或地区有着更高绿色发展程度；相反，则绿色发展程度较低。为此，本节分别选择全国和中部各省单位 GDP 电力消费量、每亿元 GDP 二氧化硫排放量作为资源利用效率和污染物排放量的代理指标。有必要说明的是，为排除价格的影响，指标中使用的 GDP 是以 2013 年为基期的真实 GDP。通过表 3 – 5 可知，从整个研究区间来看，全国和中部各省的单位 GDP 电力消费量呈明显的下降趋势，而且除山西省之外，其他中部省份的单位 GDP 电力消费量低于全国水平。不过，由 2020 年的数据可以发现，中部地区各省的单位 GDP 电力消费量可划分为三个梯度：第一梯度是湖北省和湖南省，均为 0.048 千瓦时；第二梯度是河南省、安徽省和江西省，分别为 0.062 千瓦时、0.065 千瓦时和 0.066 千瓦时；第三梯度是山西省，为 0.137 千瓦时，远高于全国和中部其他省份。在表 3 – 6 中，全国和中部各省每亿元 GDP 二氧化硫排放量自 2013 年以来发生了大幅度的下降，尤其是以 2016 年为时间节点，更是呈现出断崖式的下降特征。考虑到 2015 年 10 月党的十八届五中全会首次提出"创新、协调、绿色、开放、共享"的新发展理念，可以推断，每亿元 GDP 二氧化硫排放量的这种变化与国家政策密切相关。从中部地区各省来看，相对于全国而言，2020 年山西省和江西省在每亿元 GDP 二氧化硫排放量上依然高于全国水平，且山西省更为突出，尚有更大的改进空间；而在中部各省内部的横向比较来看，河南省在每亿元 GDP 二氧化硫排放量上远低于全国和其他省份，由 2013 年的第五名（39.00 吨）一跃成为 2020 年的第一名（1.23 吨），在减排速度

（年均38.97%）上遥遥领先，可为中部其他省份提供良好的借鉴。

表 3 – 5 　　　　　全国和中部各省单位 GDP 电力消费量 　　　　单位：千瓦时

地区	2013 年	2014 年	2015 年	2016 年	2017 年	2018 年	2019 年	2020 年
全国	0.091	0.097	0.090	0.088	0.085	0.083	0.080	0.076
山西	0.145	0.150	0.140	0.143	0.137	0.137	0.141	0.137
安徽	0.080	0.083	0.081	0.080	0.077	0.077	0.067	0.065
河南	0.090	0.091	0.084	0.080	0.077	0.077	0.066	0.062
江西	0.066	0.071	0.071	0.070	0.070	0.071	0.067	0.066
湖北	0.066	0.066	0.061	0.058	0.061	0.059	0.054	0.048
湖南	0.058	0.058	0.054	0.051	0.050	0.052	0.050	0.048

资料来源：中国经济社会大数据研究平台、《中国统计年鉴》（2014～2021）和国家能源局。表中数据由笔者整理计算得到。

表 3 – 6 　　　　　全国和中部各省每亿元 GDP 二氧化硫排放量 　　　　单位：吨

地区	2013 年	2014 年	2015 年	2016 年	2017 年	2018 年	2019 年	2020 年
全国	34.47	32.95	28.88	12.23	7.85	5.99	4.91	3.20
山西	99.62	99.32	90.41	39.56	23.47	17.87	14.25	9.42
安徽	26.33	25.82	23.71	12.13	7.85	5.85	4.37	2.92
河南	39.00	37.35	33.52	10.33	3.38	2.75	2.05	1.23
江西	38.90	37.31	34.45	26.99	17.25	12.33	9.90	4.14
湖北	24.30	23.39	20.26	7.21	5.28	3.31	2.73	2.13
湖南	26.17	25.26	22.35	10.58	8.79	6.79	5.18	2.54

资料来源：《中国环境统计年鉴》（2014～2021）和《中国统计年鉴》（2014～2021）。表中数据由笔者整理计算得到。

　　一国或地区的开放程度不仅体现在"走出去"，同时亦体现在"引进来"，因此作为"走出去"和"引进来"的代表性指标，进出口总额占GDP 比重和外商投资总额占 GDP 比重是衡量开放发展的重要变量。从表 3 – 7 可知，在 2013～2020 年，全国和中部各省进出口总额占 GDP 比重总体上呈下降趋势。不过，这并非意味着全国和中部各省开放程度的降低。事实上，以名义绝对值计算 2020 年进出口总额与 2013 年进出口总额的比值，其排序为：湖南省（3.12）＞安徽省（1.91）＞湖北省（1.90）＞河南省（1.80）＞江西省（1.75）＞山西省（1.54）＞全国（1.25）。也就是说，一方面，中部各省名义进出口总额的绝对值是不断上升的；另一方面，相对于全国而言，中部各省名义进出口总额的绝对值有着更高的增长速度。尽管如此，中部各省进出口总额占 GDP 比重与全国相差甚远，即使是 2020 年最高的江西省仅仅为 0.156，远低于全国的 0.316。表 3-8 中的数据是 2013～2020 年全国和中部各省外商投资总额占 GDP 的比重。从表 3-8 中可见，整体上来看，全国和中部各省外商投资总额占 GDP 的比重呈上升趋势。在 2013～2020 年，全国外商投资总额占 GDP 的比重年均增长率为 14.14%，虽然低于安徽省（22.93%）和湖南省（19.38%），但领先于湖北省（12.57%）、山西省（11.63%）、河南省（6.29%）和江西（5.01%）。不过，2020 年，全国外商投资总额占 GDP 的比重高达 0.929，相比 2013 年提高了 0.561，而中部各省中外商投资总额占 GDP 的比重最高的是安徽省，为 0.577，而最低的是河南省，比重仅为 0.141，远低于全国水平。总而言之，通过对全国和中部各省进出口总额占 GDP 比重和外商投资总额占 GDP 比重的分析可见，中部各省的开放发展程度尽管有所提升，但与全国水平相差较远。

表 3-7　　　　　全国和中部各省进出口总额占 GDP 比重

地区	2013 年	2014 年	2015 年	2016 年	2017 年	2018 年	2019 年	2020 年
全国	0.436	0.411	0.356	0.326	0.334	0.332	0.320	0.316
山西	0.078	0.078	0.071	0.084	0.075	0.082	0.085	0.086
安徽	0.149	0.145	0.135	0.120	0.134	0.138	0.128	0.140
河南	0.116	0.114	0.124	0.116	0.118	0.114	0.105	0.122
江西	0.159	1.026	0.157	0.143	0.150	0.145	0.142	0.156
湖北	0.092	0.097	0.096	0.080	0.088	0.089	0.086	0.099
湖南	0.064	0.070	0.063	0.055	0.072	0.084	0.109	0.117

资料来源：中国经济社会大数据研究平台和《中国统计年鉴》（2014～2021）。表中数据由笔者整理计算得到。

表 3-8　　　　　全国和中部各省外商投资总额占 GDP 比重

地区	2013 年	2014 年	2015 年	2016 年	2017 年	2018 年	2019 年	2020 年
全国	0.368	0.363	0.409	0.453	0.561	0.558	0.618	0.929

续表

地区	2013 年	2014 年	2015 年	2016 年	2017 年	2018 年	2019 年	2020 年
山西	0.168	0.188	0.200	0.214	0.217	0.247	0.284	0.363
安徽	0.136	0.141	0.301	0.182	0.217	0.248	0.308	0.577
河南	0.092	0.104	0.115	0.134	0.159	0.145	0.148	0.141
江西	0.255	0.262	0.270	0.277	0.273	0.263	0.281	0.359
湖北	0.165	0.174	0.187	0.201	0.220	0.239	0.280	0.378
湖南	0.103	0.105	0.112	0.121	0.326	0.332	0.319	0.356

资料来源：《中国贸易外经统计年鉴》（2015、2017、2019、2021）和《中国统计年鉴》（2014~2021）。表中数据由笔者整理计算得到。

阿马蒂亚·森（中译本，2002）在其著作《以自由看待发展》中提出可行能力理论，将一个人的"可行能力"界定为此人有可能实现的、各种可能的功能性活动的组合。在本质上，居民可行能力的拓展可视为共享发展程度提高的内在表现，而与拓展居民可行能力直接相关和普遍关联的则是作为社会公共服务的教育和医疗。因而，将教育经费占 GDP 比重与每万人医疗卫生机构床位数作为共享发展的测度指标，以此来对比中部各省在共享发展方面与全国的差异。由表 3-9 来看，除安徽省之外，全国和中部其他省份教育经费占 GDP 比重基本维持稳定，与 2013 年相比，2020 年的绝对数值的变化幅度在区间 [-0.002，0.001] 之内。安徽省教育经费占 GDP 比重在 2013~2020 年下降幅度最大，由 0.055 下降为 0.042，降低了 0.013。而且，通过比较 2020 年的数值可知，中部各省中只有山西省和江西省的教育经费占 GDP 比重高于全国水平，而其他省份均相对较低，其中湖北省的相应数值仅 0.037，与全国水平相距更远。不过，从表 3-10 可见，中部各省在医疗方面的发展水平相对较好。具体而言，自 2013 年以来，中部各省每万人医疗卫生机构床位数都有大幅度的提高，而且 2020 年湖南省、湖北省、河南省和安徽省的值均高于甚至远高于全国水平，即使山西省和江西省，其数值仅仅略低于全国水平，相差无几。此外，从增加幅度来看，相对于 2013 年，2020 年除山西省之外，中部其他省份每万人医疗卫生机构床位数的增加幅度均在全国之上。这在某种程度上表明，中部各省在发展社会公共服务方面是有所侧重的，由此也意味着构建衡量共享发展乃至高质量发展的完整的指标体系是必要的，单一的衡量指标可能会导致非常大的测度误差，从而致使测度结果可信度较低，甚至是错误的，因而难以作为政府、企业等相关部门制定政策的依据。

表 3 - 9　　　　　　全国和中部各省教育经费占 GDP 比重

地区	2013 年	2014 年	2015 年	2016 年	2017 年	2018 年	2019 年	2020 年
全国	0.051	0.051	0.052	0.052	0.051	0.050	0.051	0.052
山西	0.055	0.054	0.055	0.065	0.051	0.051	0.054	0.056
安徽	0.055	0.050	0.048	0.047	0.046	0.050	0.044	0.042
河南	0.048	0.045	0.044	0.043	0.042	0.045	0.045	0.049
江西	0.058	0.053	0.053	0.053	0.052	0.060	0.059	0.057
湖北	0.036	0.033	0.033	0.035	0.037	0.037	0.035	0.037
湖南	0.044	0.040	0.039	0.039	0.041	0.045	0.045	0.042

资料来源：中国经济社会大数据研究平台和《中国统计年鉴》（2014～2021）。表中数据由笔者整理计算得到。

表 3 - 10　　　　全国和中部各省每万人医疗卫生机构床位数　　　　　单位：张

地区	2013 年	2014 年	2015 年	2016 年	2017 年	2018 年	2019 年	2020 年
全国	45.21	47.96	50.71	53.22	56.71	59.80	62.46	64.51
山西	48.83	50.30	52.06	53.98	56.27	59.48	62.47	64.08
安徽	39.41	42.03	44.49	46.78	50.48	54.00	57.02	66.80
河南	44.90	47.62	50.47	53.34	56.87	61.69	64.65	67.11
江西	38.94	41.68	44.11	46.51	51.88	55.28	59.15	63.25
湖北	49.70	54.59	58.66	61.27	63.72	66.51	68.04	71.60
湖南	47.59	53.77	60.01	64.27	68.19	72.71	76.25	78.24

资料来源：中国经济社会大数据研究平台和《中国统计年鉴》（2021）。表中数据由笔者整理计算得到。

综上所述，鉴于新发展理念与高质量发展的高度同构性和契合性，书中通过选择代表性衡量指标，从创新、协调、绿色、开放、共享五个方面将中部地区或各省与全国进行对比，以此来充分认识和理解中部地区在 2013～2020 年高质量发展的概况。从上述分析的结果来看，主要可以归纳为三点：其一，从整体而言，无论是全国，还是中部各省，高质量发展程度均呈上升趋势；其二，中部各省在创新和开放两个方面与全国相比处于绝对的劣势，而且差距较大；其三，在协调、绿色和共享方面，与全国相比，中部地区不同省份之间在同一指标上有着明显的差异，例如山西省在绿色发展方面远低于全国水平，而河南省、安徽省、湖北省和湖南省则相较全国而言表现较好。我国的经济发展水平从东到西是呈梯度递减的，也就是说，中部地区在经济发展方面处于中游状态，高于西部地区，但低于东部地区。然而，就新发展理念的五个方面而言，中部地区与全国相比并未具有优势，甚至处于绝对的劣势。高质量发展是全局性的，而非仅仅局限于国内某个地区，而且地区之间在经济社会发展上广泛关联，单个地区的高质量发展必将是短暂的难以持续的。因此，作为承东启西、连南接北的中部地区的高质量发展，事关中部的崛起，事关中国特色社会主义新时代社会主要矛盾的解决，事关全面建成社会主义现代化强国的"第二个百年"奋斗目标的实现。

第二节　中部地区及各省经济高质量发展指数与细分维度发展指数分析

本章第一节通过选取创新、协调、绿色、开放、共享的代表性衡量指标，将中部各省与全国相对比以说明中部地区推动经济高质量发展的现实必要性。然而，尽管使用代表性指标进行分析可以相对容易地了解中部地区各省与全国在同一指标上的差异，但难免因全面性不足而有失准确性。为此，本节首先以第二章所构建的经济高质量发展指标体系为基础，测度2013～2020年中部地区及各省的经济高质量发展状况；再通过创新、协调、绿色、开放、共享发展指数，进一步分析近年来中部地区经济高质量发展的趋势。

由表3-11可知，中部地区及各省在2013～2020年经济高质量发展指数一直处于上升趋势。不过，由2020年数据可见，不同省份之间的经济增长质量有着比较大的差距，例如经济高质量发展指数最高的省份是湖北省，其值为54.87，而最低的是山西省，其值仅为39.41，二者相差15.46。然而，无论是从全国视角，还是从区域视角，中部地区各省之间高质量发展指数高低所代指的发展质量差异，本身则代表着各省间发展的不协调。因此，中部地区的高质量发展不仅仅是中部各省自身的高质量发展，同时也是作为整体的中部的高质量发展。从增长幅度来看，2013～2020年，河南省增幅最大，为 16.04，其后依次为湖南省（16.01）、安徽省（14.27）、湖北省（14.00）、江西省（12.75）和山西省（11.36）。在年均增长速度方面，河南省同样是遥遥领先，正是其在 2013～2020 年的高速增长，使其从 2013 年中部各省经济高质量发展指数的最后一名晋升到第五名，而且与第四名的江西省相差无几。另外，尽管湖北省在 2013～2020 年经济高质量发展指数一直排在首位，但是其年均增长速度却排在最后一位，其值为 4.30%，当然这也与其比较高的基数有关。

表 3-11　　　　　中部地区及各省经济高质量发展指数

地区	2013 年	2014 年	2015 年	2016 年	2017 年	2018 年	2019 年	2020 年
中部地区	31.66	34.01	35.89	39.26	41.63	43.2	45.03	46.28
安徽	32.51	34.39	36.17	39.76	41.41	43.13	44.01	46.78
山西	28.05	31.27	32.93	35.82	36.80	37.15	39.17	39.41
江西	29.98	30.26	30.56	33.71	36.90	38.81	40.79	42.73
河南	26.37	29.24	31.91	35.79	37.54	39.56	41.36	42.41
湖北	40.88	42.81	45.24	48.58	51.16	52.45	54.10	54.87
湖南	31.66	34.61	35.84	38.73	42.42	43.89	46.38	47.67

资料来源：根据测度结果整理计算得到。

在分析中部地区及各省经济高质量发展指数之后，有必要对构成高质量发展的各个细分维度分别予以考察，以便于对中部地区及各省在创新、协调、绿色、开放、共享上所具有的优势和劣势有更为清晰的认识。由表 3-12 可见，2013～2020 年中部地区及各省的创新发展指数均呈上升趋势，表明中部地区的创新能力或水平是不断提高的。不过，与此同时，中部地区各省经济创新发展亦呈现出若干明显的特点。其一，各省创新发展指数差距不断扩大。2013 年，创新发展指数最高的省份为湖北省，其值为 27.35，而最低的省份为江西省，相应值为 17.29，二者之差是 10.06。然而，至 2020 年，创新发展指数最高的省份依然为湖北省，而最低的省份则为山西省，二者之间的差距扩大为 17.10。其二，各省创新发展指数的增长幅度大小不一。从创新发展指数增长幅度来看，增长幅度最大的省份是安徽省，第二名到第五名分别为湖北省、江西省、河南省和湖南省，山西省的增长幅度仅为 5.85，与最高的 16.14，相差 10.29。其三，各省创新发展指数的增长速度亦有差异。由于各省在 2013

年的基数差异，故而创新发展指数的增长速度与增长幅度并不一致。例如，江西省在2013～2020年创新发展指数的增长幅度位列第三名，但其增长速度却排在第一名，这使其创新发展指数从2013年的排名末尾，一举超越山西省和河南省，与第三名湖南省的差距不断缩小；而增长幅度最大的安徽省，则以7.92%的增长速度排在第二名。

表3-12 中部地区及各省创新发展指数

地区	2013 年	2014 年	2015 年	2016 年	2017 年	2018 年	2019 年	2020 年
中部地区	21.68	22.79	25.14	27.34	28.31	30.1	31.42	33.22
安徽	22.89	24.50	28.18	33.70	31.11	32.94	33.90	39.03
山西	18.10	19.51	22.06	22.80	22.96	23.11	24.08	23.95
江西	17.29	18.04	19.63	21.75	23.09	25.73	26.46	29.75
河南	18.39	18.82	20.52	22.14	23.88	25.56	27.38	28.26
湖北	27.35	29.63	32.49	34.27	36.36	38.23	40.18	41.05
湖南	23.79	24.09	25.85	27.27	29.12	31.09	31.44	32.81

资料来源：根据测度结果整理计算得到。

表3-13列出了中部地区及各省的协调发展指数。由表3-13中数据可见，相对于创新发展指数，2013～2020年中部地区及各省协调发展指数在变动趋势上有较大的差异。其中，中部地区及安徽省、山西省、河南省和湖南省的协调发展指数尽管略有波动，但总体上呈上升趋势；相反，山西省和湖北省协调发展指数则表现出波动性下降趋势，且相对于2013年，2020年分别降低了1.79和5.24，意味着两省的经济协调性发展状况趋于恶化，亟待扭转。2013年，中部地区各省中协调发展指数最高的湖北省，与第二名的山西省之间相差6.42，而相比最后一名的河南省，高出19.66。尽管2020年湖北省在协调发展指数上依然处于领先地位，但是与第二名的安徽省相差0.65，而与最低值河南省之间的差距仅仅为5.41。由此可见，相对于2013年而言，2020年中部地区各省之间的协调发展指数分布更为集中，协调发展程度相对趋同。在协调发展指数增长幅度为正的四个省份中，安徽省和河南省以近乎相同的增长幅度分列第一名和第二名，随后是江西省和湖南省。不过，在协调发展指数增长速度方面，河南省以年均6.75%的增长速度居于首位，是经济协调性发展程度改善最快的省份，而江西省、河南省和湖南省分别以5.82%、

5.40%和4.86%的年均增长率紧随其后。

表 3 – 13　　　　　　　　中部地区及各省协调发展指数

地区	2013 年	2014 年	2015 年	2016 年	2017 年	2018 年	2019 年	2020 年
中部地区	22.27	23.48	24.43	25.55	26.59	25.98	27.72	27.23
安徽	20.29	21.36	22.55	24.00	25.23	24.81	27.53	29.32
山西	28.79	32.02	30.58	30.12	30.41	26.90	27.90	27.00
江西	17.28	18.55	19.37	20.39	21.06	22.81	23.97	25.68
河南	15.55	17.28	18.92	21.00	20.99	21.98	23.87	24.56
湖北	35.21	34.57	35.55	35.73	37.24	33.10	34.52	29.97
湖南	19.48	21.07	22.21	23.65	25.82	26.32	28.03	27.16

资料来源：根据测度结果整理计算得到。

　　由表 3 – 14 可知，中部地区及各省绿色发展指数总体而言呈上升趋势，预示着中部地区的经济绿色发展水平不断提高，经济增长质量和居民的生活环境得到有效的改善。不过，安徽省、河南省和湖南省分别在2018 年与 2019 年达到最高值后，至 2020 年略有下降。从增长幅度来看，在 2013 ~ 2020 年，中部地区各省绿色发展指数中，山西省和河南省增长幅度均超过 10，分别为 14.38 和 12.87，其后则依次是湖南省（9.15）、湖北省（8.5）、江西省（8.21）和安徽省（5.36）。而从增长速度来看，绿色发展指数在 2013 ~ 2020 年增长速度处于相对较低的水平，其中增长速度最快的省份是山西省，年均增长率仅为 3.39%，而增长速度最慢的省份是安徽省，年均增长率为 1.10%。由于 2013 年江西省的绿色发展指数最高，尽管在 2013 ~ 2020 年的年均增长率为排名倒数第二名的1.64%，但依然在 2020 年维持其排名稳定。安徽省作为 2013 年绿色发展指数仅次于江西省排名第二名的省份，因其增长幅度和增长速度均是最低的，至 2020 年，其指数已被湖南省、湖北省和河南省反超，排名由之前的第二名成为倒数第二名。此外，2013 年山西省绿色发展指数在中部地区各省中是唯一低于 60 的省份，尽管在随后的年份中，无论是增长幅度和增长速度均是最高的，但至 2020 年，其依然是唯一一个低于 70 的省份。因此，作为中部地区绿色发展指数排名的最后两位，安徽省和山西省在绿色发展方面尚有较大的改善空间。

表 3 - 14　　　　　　　　中部地区及各省绿色发展指数

地区	2013 年	2014 年	2015 年	2016 年	2017 年	2018 年	2019 年	2020 年
中部地区	64. 23	66. 24	67. 48	71. 17	72. 79	73. 5	74. 22	74. 08
安徽	67. 24	67. 88	69. 49	71. 77	73. 28	73. 53	73. 26	72. 60
山西	54. 65	57. 53	59. 63	62. 83	65. 24	66. 30	67. 37	69. 03
江西	68. 04	66. 39	66. 11	69. 52	73. 91	74. 07	76. 25	76. 25
河南	61. 07	64. 65	66. 74	71. 98	73. 05	73. 82	74. 99	73. 94
湖北	66. 02	67. 20	68. 47	72. 40	72. 55	73. 86	73. 91	74. 52
湖南	66. 86	69. 98	69. 99	72. 80	74. 90	75. 62	76. 09	76. 01

资料来源：根据测度结果整理计算得到。

由表 3 - 15 可知，2013～2020 年中部地区及各省开放发展指数呈明显的上升走势，反映出中部地区与经济开放发展相关的条件或环境在此期间有一定的改善。进一步地，从增长幅度来看，尽管 2013 年中部地区各省开放发展指数相对较低，但在 2013～2020 年却有着大幅度的增长，例如中部地区各省的增长幅度与 2013 年相应省份的开放发展指数之比分别为：湖南省（114.93%）、湖北省（56.35%）、河南省（52.87%）、安徽省（48.31%）、江西省（37.24%）、山西省（37.23%）。可见，湖南省在 2013～2018 年绿色发展指数增加了 1 倍以上，即使是比重最低的山西省增加的幅度也高于 1/3。而从增长速度来看，中部地区各省开放发展指数在 2013～2020 年的增长速度排名与之前的增长幅度比重排名完全相一致，增长速度最快的湖南省，年均增长率为 11.55%，而增长速度最慢的山西省，年均增长率为 4.62%。有必要指出的是，在当前构建以国内大循环为主体、国内国际双循环相互促进的新发展格局，以及建设全国统一大市场的背景之下，中部地区各省经济的开放发展不仅是与其他国家或地区的贸易或经济往来，同时也要高度重视省与省之间经济联系，从国际和省际双重角度提升自身经济的开放发展水平。

表 3 - 15　　　　　　　　中部地区及各省开放发展指数

地区	2013 年	2014 年	2015 年	2016 年	2017 年	2018 年	2019 年	2020 年
中部地区	13. 5	14. 62	15. 67	16. 2	17. 91	19. 46	20. 33	21. 66
安徽	15. 05	15. 74	16. 39	16. 35	19. 28	19. 88	20. 10	22. 32

续表

地区	2013 年	2014 年	2015 年	2016 年	2017 年	2018 年	2019 年	2020 年
山西	8.30	8.83	9.01	10.25	10.25	11.47	11.55	11.39
江西	13.75	14.75	14.15	14.81	16.06	17.36	17.47	18.87
河南	13.94	14.57	16.72	17.34	18.13	19.79	18.92	21.31
湖北	17.80	19.73	21.46	22.01	24.13	26.58	28.02	27.83
湖南	10.05	11.47	11.93	12.30	14.65	16.26	19.81	21.60

资料来源：根据测度结果整理计算得到。

由表 3-16 可知，中部地区及各省共享发展指数在 2013～2020 年整体上处于上升状态，表明中部地区经济共享发展程度是不断改善的。然而，相对于 2013 年，2020 年中部地区各省之间共享发展指数的差距不仅没有缩小，反而扩大了。2013 年，中部地区共享发展指数最大值为山西省的 38.89，最低值为安徽省的 25.92，二者相差 12.97；至 2020 年，湖北省反超山西省，成为共享发展指数最高的省份，其值为 50.62，而江西省则代替安徽省成为指数最低的省份，其值为 28.32，二者相差 22.30。从增长幅度来看，2013～2020 年，共享发展指数增长幅度高于 10 的有湖北省（15.19）和湖南省（10.07），高于 5 的有安徽省（6.68）、山西省（6.20）和河南省（5.11），而增长幅度最低的江西省仅为 2.39。在增长速度方面，中部地区各省共享发展指数在 2020～2013 年的年均增长率排名与增长幅度排名相比，并未有大的改变，只是河南省和山西省的排名进行了相应的对调。总而言之，考虑到共享发展的重要性，作为排名较低的安徽省、河南省和江西省有必要在共享发展方面加快发展速度和加大发展力度。

表 3-16　　　　　　　　中部地区及各省共享发展指数

地区	2013 年	2014 年	2015 年	2016 年	2017 年	2018 年	2019 年	2020 年
中部地区	29.94	30.9	30.57	31.62	33.1	34.51	35.54	37.61
安徽	25.92	28.02	25.20	26.51	27.77	31.69	31.13	32.60
山西	38.89	39.47	40.17	43.02	41.27	42.86	46.21	45.09
江西	25.93	26.87	26.58	27.43	26.90	27.35	28.30	28.32
河南	26.78	27.33	26.85	26.12	27.76	28.92	30.37	31.89

续表

地区	2013 年	2014 年	2015 年	2016 年	2017 年	2018 年	2019 年	2020 年
湖北	35.43	36.29	36.56	38.58	41.56	43.56	44.21	50.62
湖南	29.61	30.74	31.64	33.38	35.91	35.29	37.26	39.68

资料来源：根据测度结果整理计算得到。

尽管 2013～2020 年中部地区及各省经济高质量发展指数呈上升趋势，不过各省之间经济高质量发展指数有着比较大的差异。从经济高质量发展指数和细分维度发展指数的计算过程即可知悉，省级层面细分维度发展指数的大小对自身经济高质量发展指数有着直接的影响，因而有必要进一步从各细分维度考察各省经济高质量发展指数差异较大的原因。为清楚地展示中部地区各省之间经济高质量发展指数差距在细分维度上的差异，以 2020 年经济高质量发展指数最高的湖北省和最低的山西省作为分析对象，对二者在细分维度上加以比较。由以上表 3－10 中数据可见，2020 年在中部地区各省中，湖北省的创新发展指数、协调发展指数、开放发展指数和共享发展指数均排在首位，即使是绿色发展指数亦紧随江西省和湖南省之后，与第一名的江西省仅仅相差 1.73。而山西省 2020 年的创新发展指数、绿色发展指数、开放发展指数在中部各省中排在末位，协调发展指数则排在第四名，尽管共享发展指数排名较高，相对较为突出，但总体上难以扭转经济高质量发展垫底的局面。

第三节　中部地区各城市经济高质量发展指数与细分维度发展指数分析

通过考察中部地区及各省经济高质量与创新、协调、绿色、开放、共享等细分维度发展指数，有助于从宏观上把握中部地区经济高质量发展的趋势，认识各省之间在经济高质量发展上的差异，以及这种差异在细分维度上的体现，从而深入了解各省当前在推动经济高质量发展方面的短板和不足，以便于各省在改善自身高质量发展程度上针对性施策。然而，中部地区及各省经济高质量发展指数与细分维度发展指数只是省级和城市层面相应数据的加权汇总，因而仅仅考察中部地区及各省的数据未免过于粗糙，笼统的认知在某种程度上可能形成政策制定和执行的偏差。为此,本节将从城市层面分别描述中部地区经济高质量发展指数和细分维度的发展指数的统计特征,如均值、标准差、最小值和最大值等,以此剖析中部地区在城市层面高质量发展的状况;而且,为进一步了解中部地区城市层面经济高质量发展的详细情况,本节将选择经济高质量发展指数排在前十名和排在后十名的城市加以分析。

一、80 个城市经济高质量发展指数与细分维度发展指数统计分析

由表 3 - 17 可知,就均值而言,相对于 2013 年,中部地区 80 个城市 2020 年经济高质量发展指数的均值有大幅度的提升,从 24.48 提升至 37.56。不过,分别以 2013 年和 2020 年中部地区 80 个城市经济高质量发展指数的均值为临界点,2013 年高于均值城市有 27 个,其中山西省 3 个(太原、阳泉、长治)、安徽省 8 个(合肥、芜湖、蚌埠、马鞍山、铜陵、安庆、黄山、宣城)、江西省 7 个(南昌、景德镇、九江、新余、鹰潭、吉安、上饶)、河南省 4 个(郑州、洛阳、许昌、漯河)、湖北省 2 个(武汉、襄阳)、湖南省 3 个(长沙、株洲、湘潭);然而,至 2020 年,高于均值的城市缩减为 23 个,其中山西省 1 个(太原)、安徽省 6 个(合肥、芜湖、蚌埠、马鞍山、铜陵、黄山)、江西省 6 个(南昌、景德镇、萍乡、九江、新余、鹰潭)、河南省 2 个(郑州、洛阳)、湖北省 3 个(武汉、宜昌、襄阳)、湖南省 5 个(长沙、株洲、湘潭、衡阳、岳阳)。高于均值的城市数量随着 2013~2020 年中部地区 80 个城市经济高质量发展指数均值的提高反而减少,表明各城市之间经济高质量发展离散程度趋于扩大,这一点从 2020 年的标准差 12.15 高于 2013 年的 11.70,以及最大值与最小值之差由 62.23 增加到 63.96 可得以证实。另外,相对于山西省、安徽省、江西省和河南省高于均值城市数量的缩减而言,湖北省和湖南省均有所增加,至少在城市层面意味着新增城市经济高质量发展指数有着更高的增长幅度。

表 3 - 17　　　　中部地区 80 个城市经济高质量发展指数
与细分维度发展指数统计特征

指数	2013 年				2020 年			
	均值	标准差	最小值	最大值	均值	标准差	最小值	最大值
高质量发展	24.48	11.70	12.65	74.88	37.56	12.15	22.31	86.27

续表

指数	2013 年				2020 年			
	均值	标准差	最小值	最大值	均值	标准差	最小值	最大值
创新发展	15.80	9.13	7.38	51.51	24.59	12.38	10.53	69.44
协调发展	16.28	11.31	4.61	69.98	23.34	6.64	13.59	44.99
绿色发展	62.27	7.64	43.21	78.92	73.02	3.89	60.01	79.39
开放发展	8.99	7.94	1.36	47.63	13.38	10.93	3.44	63.87
共享发展	25.22	12.64	5.71	66.41	30.35	14.55	7.70	84.36

资料来源：根据测度结果整理计算得到。

就中部地区 80 个城市经济高质量发展的细分维度而言，无论是创新发展指数、协调发展指数、绿色发展指数、开放发展指数，还是共享发展指数的均值在 2020 年均比 2013 年都有所提升，表明经济高质量发展的细分维度均有改善。不过，通过进一步考察数据可见，各细分维度均值的增长幅度有较大的差异。其中，绿色发展指数的增长幅度最大，达到 10.75，其后依次是创新发展指数（8.79）、协调发展指数（7.06）、共享发展指数（5.13）和开放发展指数（4.39），即绿色发展指数的增长幅度是开放发展指数的 2 倍以上。不过，从增长速度来看，与增长幅度的排名恰好相反，绿色发展指数在 2013～2020 年以 2.30% 的年均增长率排在最后，而创新成为增长速度最快的细分维度，开放发展指数、协调发展指数和共享发展指数分列第二名到第四名。从各细分维度发展指数的离散程度来看，相比于 2013 年，2020 年中部地区 80 个城市在创新发展指数、开放发展指数和共享发展指数上的标准差均有所扩大；相反，在协调发展指数和绿色发展指数上的标准差则趋于缩小。这意味着，2013～2020 年中部地区各城市在创新、开放和共享方面的发展差距越来越大，而在协调和绿色方面的发展差距则越来越小。通过对比 2013 年和 2020 年的最大值和最小值可见，除了协调发展指数的最大值有较大幅度的下降之外，其他细分维度指数无论是最小值，还是最大值都有不同程度的提高，而且在各细分维度的区间长度，即最大值与最小值之差的变化方面，相比于 2013 年，2020 年创新发展指数、开放发展指数和共享发展指数的区间范围扩大，而协调发展指数和绿色发展指数的区间范围缩小，与各细分维度发展指数标准差的变化方向相一致，在一定程度上可说明各细分维度发展指数离散程度变化的方向。

二、前列和落后城市经济高质量发展指数与细分维度发展指数分析

通过分析 2013 年和 2020 年中部地区前十名和后十名城市经济高质量发展指数与细分维度发展指数，一是清晰地了解前列和落后城市在经济高质量发展指数与细分维度发展指数上的变化差异和快慢；二是判断前列和落后城市在推动经济高质量发展与细分维度发展上的成效；三是直观地理解前列和落后城市在推进高质量发展中所具有的优势和劣势。

由表 3 – 18 可知，无论是 2013 年还是 2020 年，中部地区六省份省会的经济高质量发展指数稳居前六名，充分体现了各省在经济社会发展中的"强省会"的发展战略。不过，在经济高质量发展指数的增长幅度上，六省省会之间相差较大，其中增长幅度最大的郑州市，在 2013～2020 年增加了 23.38，从 2013 年的第四名提高到 2020 年的第二名，而增长幅度最小的太原市，在 2013 年之后的七年中仅仅增加了 1.77，排名也从 2013 年的第二名回落至第五名，与最后一名的南昌市相比，优势并不明显。在 2013 年经济高质量发展指数的前十名中，除省会城市之外，剩余的四个城市均在安徽省，且在后十名中并无安徽省的城市，这一方面表明相对其他省份而言，安徽省各市在经济高质量发展上比较均衡，差距较小；另一方面亦为安徽省在 2013 年经济高质量发展指数在中部六省中排名第二提供了良好的佐证。至 2020 年，尽管前六名依然是中部地区各省的省会城市，但其余四名的城市名单有所变动，湖南省的湘潭市和株洲市后来者居上，代替安徽省的铜陵市和黄山市进入前十名的名单，而安徽省的芜湖市和马鞍山市则依旧在前十名之内，且芜湖市的排名前进一名，仅次于南昌市。在中部地区经济高质量发展指数排名后十名的城市中，与 2013 年相比，2020 年的名单出现较大的变化。例如，2013 年经济高质量发展指数排名后十名城市中仅有六个城市（忻州、怀化、吕梁、运城、商丘、荆州）仍在 2020 年的名单之中，其他 4 个城市（娄底、南阳、开封、邵阳）因增长幅度较大而将驻马店、随州、阜阳和周口挤入后十名。另外，从经济高质量发展指数后十名城市在各省的分布来看，2013 年山西省、河南省和湖南省的城市均有 3 个，湖北省有 1 个，安徽省和江西省未有城市落入后十名；而到 2020 年，山西省和河南省在数量上依然是 3 个，湖南省和湖北省分别为 1 个和 2 个，新增安徽省 1 个。此外，通过比较前后十名城市经济高质量发展指数可以发现，无论是 2013 年还是 2020

年，前后十名相差甚远，有着巨大的差距，这意味着中部地区不同城市之间在经济高质量发展上尚有极大的落差。因此，推动中部地区经济高质量发展的一个重要方向是，提高排名落后城市的高质量发展水平，缩小中部地区城市之间的差距。

表 3 – 18　　　　中部地区前十名和后十名城市经济高质量发展指数

2013 年				2020 年			
前十名		后十名		前十名		后十名	
武汉	74.88	忻州	14.42	武汉	86.27	怀化	27.98
太原	65.56	娄底	14.38	郑州	77.68	忻州	27.81
长沙	57.09	南阳	14.00	长沙	73.16	驻马店	27.65
郑州	54.30	怀化	13.75	合肥	71.84	随州	27.17
合肥	50.98	吕梁	13.50	太原	67.33	荆州	26.41
南昌	50.48	运城	13.49	南昌	63.13	阜阳	25.21
铜陵	41.40	商丘	13.45	芜湖	56.23	商丘	24.56
芜湖	36.94	荆州	13.39	湘潭	48.35	周口	24.11
马鞍山	36.63	开封	13.04	马鞍山	48.05	吕梁	23.29
黄山	32.95	邵阳	12.65	株洲	47.68	运城	22.31

资料来源：根据测度结果整理计算得到。

为厘清驱动不同城市经济高质量发展的主要或关键因素，进一步列出在 2013 年和 2020 年同处于排名前六的 6 个省会城市和排名后十的 6 个落后城市，以对比的方式考察其细分维度发展指数。由表 3 – 19 可见，在中部地区的省会城市中，相对于 2013 年而言，2020 年创新发展指数均有一定幅度的提升，但提升幅度大小不一。例如合肥市创新发展指数提升幅度最大，为 30.69，而提升幅度最小的太原市仅为 6.54。这使得合肥市创新发展指数从 2013 年省会城市中的末位，成为仅次于武汉而居第二名的城市，而太原市则由 2013 年的第二名，在 2020 年回落到省会城市中的倒数第二名。在 6 个落后城市中，尽管与 2013 年相比，2020 年的各城市的创新发展指数都有所提高，且在城市内部差距不大，但与同一年份的省会城市相比却相距甚远，这意味着 6 个城市在创新维度上虽然有所改善，但较之省会城市并无优势。

表 3-19　　　中部地区省会城市和落后城市创新发展指数

省会城市	2013 年	2020 年	相差	落后城市	2013 年	2020 年	相差
武汉	51.51	69.44	17.93	忻州	8.74	10.53	1.79
太原	47.05	53.59	6.54	怀化	15.1	19.37	4.27
长沙	46.86	55.22	8.36	吕梁	10.77	11.33	0.56
郑州	35.72	56.16	20.44	运城	11.84	14.55	2.71
合肥	34.90	65.59	30.69	商丘	10.32	15.1	4.78
南昌	35.46	52.76	17.3	荆州	12.09	17.8	5.71

资料来源：根据测度结果整理计算得到。

由表 3-20 可见，中部地区各省省会城市协调发展指数在 2013～2020 年表现出完全相反的变动趋势，其中武汉市和太原市在 7 年中分别降低了 27.22 和 23.81，而长沙市、郑州市、合肥市和南昌市则分别上升了 4.65、5.77、6.01 和 6.17。也就是说，相对于 2013 年，武汉市和太原市的协调发展程度不但没有提高反而趋于恶化，相反其他省会城市尽管提高幅度不大，但却是处于改善之中。尽管如此，武汉市和太原市依然在省会城市协调发展指数中占据前两名，但相较于 2013 年，2020 年中部地区各省会城市在协调发展指数上的差距明显缩小。另外，从 6 个落后城市来看，在 2013～2020 年，忻州、怀化、吕梁、运城、商丘和荆州的协调发展指数尽管远低于省会城市，但均呈上升趋势，而且除了忻州之外，其他 5 个城市的增长幅度都高于省会城市。

表 3-20　　　中部地区省会城市和落后城市协调发展指数

省会城市	2013 年	2020 年	增长幅度	落后城市	2013 年	2020 年	增长幅度
武汉	69.98	42.76	-27.22	忻州	12.99	17.59	4.6
太原	68.8	44.99	-23.81	怀化	7.83	16.53	8.7
长沙	37.92	42.57	4.65	吕梁	9.73	16.4	6.67
郑州	35.66	41.43	5.77	运城	9.06	16.73	7.67
合肥	36.29	42.3	6.01	商丘	6.84	16.3	9.46
南昌	32.32	38.49	6.17	荆州	11.93	21.49	9.56

资料来源：根据测度结果整理计算得到。

通过比较中部地区 2013 年和 2020 年省会城市与 6 个落后城市的绿色发展指数，由表 3 – 21 可知，可以得到三个明显的结论。其一，在 2013 ~ 2020 年，无论是省会城市还是落后城市，其绿色发展指数均有不同程度的上升，意味着这些城市的绿色发展水平是有所提高的。其二，两组城市绿色发展指数在各自组内的增长幅度差异较大。例如，省会城市在 2013 ~ 2020 年绿色发展指数增长幅度最大值是太原市的 10.69，最小值是合肥市的 0.86；而在排名落后的 6 个城市中，绿色发展指数增长幅度最大的是忻州市，为 18.71，相应地，增长幅度最小的是吕梁市，为 6.84。其三，相对而言，2013 ~ 2020 年省会城市在绿色发展指数增长速度总体上低于排名落后的 6 个城市。2013 ~ 2020 年排名落后的 6 个城市中，除了吕梁市的绿色发展指数年均增长率（1.68%）低于太原市和郑州市，其他 5 个城市的绿色发展指数年均增长率均远高于省会城市。

表 3 – 21　　　　　中部地区省会城市和落后城市绿色发展指数

省会城市	2013 年	2020 年	增长幅度	落后城市	2013 年	2020 年	增长幅度
武汉	72.01	76.72	4.71	忻州	47.22	65.93	18.71
太原	64.7	75.39	10.69	怀化	59.1	72.58	13.48
长沙	73.93	76.68	2.75	吕梁	55.27	62.11	6.84
郑州	65.1	75.64	10.54	运城	43.21	60.01	16.8
合肥	74.85	75.71	0.86	商丘	58.21	72.18	13.97
南昌	76	79.39	3.39	荆州	50.91	68.66	17.75

资料来源：根据测度结果整理计算得到。

由表 3 – 22 可见，2013 ~ 2020 年中部地区省会城市和 6 个落后城市的开放发展指数无论是在变动趋势还是变动幅度上均有所不同。就变动趋势而言，6 个省会城市和 6 个落后城市在开放发展指数上除了运城市略有下降之外，其他城市均呈上升趋势。不过，就变动幅度而言，6 个省会城市中，开放发展指数增长幅度最大的是长沙市，增长 25.46，但因 2013 年长沙市开放发展指数是排在最后的 20.08，故而即使如此，长沙市在 2020 年的开放发展指数仅仅上升为第三名，与第一名的郑州市（63.87）和第二名的武汉市（57.88）相去甚远。在长沙市之后，开放发展指数增长幅度居第二名至第四名的城市分别是：武汉市（20.39）、郑州市（16.24）和合肥市（15.97），排在省会城市最后两名的是太原市和南昌市，增长幅度分别为 5.02 和 4.86。然而，将 6 个落后城市与省会城市相比较可以发现，6 个落后城市开放发展指数远低于省会城市，而且增幅较小，即使是增长幅度最高的商丘市，仅仅为 4.15，依然低于省会城市中增长幅度最低的南昌市。

表 3 - 22　　　　中部地区省会城市和落后城市开放发展指数

省会城市	2013 年	2020 年	增长幅度	落后城市	2013 年	2020 年	增长幅度
武汉	37.49	57.88	20.39	忻州	2.19	4.55	2.36
太原	23.52	28.54	5.02	怀化	1.36	3.44	2.08
长沙	20.08	45.54	25.46	吕梁	4.01	5.98	1.97
郑州	47.63	63.87	16.24	运城	5.06	4.91	- 0.15
合肥	27.61	43.58	15.97	商丘	2.25	6.4	4.15
南昌	24.61	29.47	4.86	荆州	4.44	5.82	1.38

资料来源：根据测度结果整理计算得到。

通过表 3 - 23 可知，不同于创新、协调、绿色和协调发展指数总体上呈单调上升的状态，中部地区 6 个省会城市和 6 个落后城市的共享发展指数在增长趋势上差异较大，尤其是 6 个落后城市更是明显。从 2013～2020 年，中部地区的 6 个省会城市除了太原市在共享发展指数上轻微下降之外，其他省会城市均表现为上升态势，而且增长幅度最大的城市是武汉市，在 7 年间增长了 20.69，这使武汉超越 2013 年居于首位的太原市，成为 2020 年共享发展指数的第一名。不过，尽管太原市共享发展指数相比于 2013 年有所下降，但因其在 2013 年的基数较高，故而依然排在第二名，只是与第三名的长沙市与第四名的郑州市相比，差距较小，并无明显的优势。相较于省会城市，6 个落后城市的共享发展指数在绝对值上较小，其中忻州、怀化、吕梁在 2013～2020 年有所提升，而运城、商丘、荆州则不增反降。在 6 个落后城市中，共享发展指数增长幅度最大的是吕梁市，增长了 13.51；增长幅度最小的是运城市，降低了 12.42，一正一负相差 25.93，这一差距超过了省会城市的 22.07。

表 3-23　　　　　　中部地区省会城市和落后城市共享发展指数

省会城市	2013 年	2020 年	增长幅度	落后城市	2013 年	2020 年	增长幅度
武汉	63.67	84.36	20.69	忻州	37.72	41.01	3.29
太原	66.41	65.03	-1.38	怀化	9.73	19.97	10.24
长沙	54.35	64.83	10.48	吕梁	16.23	29.74	13.51
郑州	42.49	61.91	19.42	运城	39.85	27.43	-12.42
合肥	34.42	52.33	17.91	商丘	16.04	8.69	-7.35
南昌	37.84	47.35	9.51	荆州	20.3	14.95	-5.35

资料来源：根据测度结果整理计算得到。

综上可知，中部地区在 2013～2020 年无论是经济高质量发展程度，还是创新、协调、绿色、开放、共享等细分维度发展程度在整体上均有极大的改善。在 2013 年和 2020 年，省会城市的经济高质量发展指数均占据前六名，远高于其他城市，这意味着中部地区各省高度重视省会城市的发展，在发展中更倾向于"强省会"的战略。进一步地，从省会城市和落后城市的细分维度发展指数可见，省会城市不仅在各细分维度发展指数上均有着极大的优势，而且在创新、开放和共享等发展维度上有着更高的增长幅度，相应地，落后城市在协调发展指数和绿色发展指数上总体而言增幅更大。从表 6-23 中数据来看，2020 年中部地区经济高质量发展指数排名居首的省会城市是武汉市，其在创新发展指数和共享发展指数上排名第一，而在协调发展指数、绿色发展指数和开放发展指数上排名第二，表明武汉市在经济高质量发展各维度上发展比较均匀；作为经济高质量发展指数排名居末的省会城市，南昌市在绿色发展方面表现突出，位列第一名，但其创新发展指数、协调发展指数和共享发展指数在中部地区各省会城市中均排在末位，即使是开放发展指数也仅比最后一名的太原市略高。由此可见，省会城市在经济高质量发展方面的不同不仅体现在指数绝对值上的差异，同时在内部结构上也有着明显的区别。因此，加强中部地区各省以及省份内部各城市之间在创新、协调、绿色、开放、共享等各细分维度上的合作互鉴，对推动各省、市经济高质量发展的协同共进以及中部地区的崛起具有重要意义。

参考文献

[1] 阿马蒂亚·森. 以自由看待发展 [M]. 任赜，于真译. 北京：

中国人民大学出版社，2002.

[2] 白重恩，张琼. 中国的资本回报率及其影响因素分析 [J]. 世界经济，2014（10）：3－30.

[3] 蔡昉. 中国如何通过经济改革兑现人口红利 [J]. 经济学动态，2018（6）：4－14.

[4] 干春晖，郑若谷，余典范. 中国产业结构变迁对经济增长和波动的影响 [J]. 经济研究，2011（5）：4－16.

[5] 金碚. 关于"高质量发展"的经济学研究 [J]. 中国工业经济，2018（4）：5－18.

[6] 王一鸣. 百年大变局、高质量发展与构建新发展格局 [J]. 管理世界，2020，36（12）：1－12.

[7] 威廉·配第. 政治算术 [M]. 陈冬野译. 北京：商务印书馆，1978.

[8] 张军扩，侯永志，刘培林，等. 高质量发展的目标要求和战略路径 [J]. 管理世界，2019，35（7）：1－7.

[9] 张涛. 高质量发展的理论阐释及测度方法研究 [J]. 数量经济技术经济研究，2020，37（5）：23－43.

[10] Clark C. The conditions of Economic Progress [M]. London：Macmillan，1940.

第四章

中部地区创新发展评价

近年来，中部地区以新发展理念为引领，抓住战略机遇实现新作为，奋力开创中部地区崛起新局面，取得的发展成绩单较为亮眼。但目前中部六省创新"动力"仍稍显不足，《中国城市科技创新发展报告（2021）》显示，中西部城市多方面创新指数都落后于东部沿海城市。

本章首先，从创新基础、创新投入和创新产出 3 个维度，利用全员劳动生产率、资本生产率、全要素生产率等 9 个单一指标来评价中部地区各市的创新发展水平；其次，从省域层面、城市层面对中部地区创新发展总指数进行横纵向比较，分析各省、市创新发展优、劣势及潜能；最后，选取中部地区唯一入选全国城市创新环境指数前十位的城市——武汉市进行案例分析，对其创新引领经济高质量发展进行评述，从而为其他城市的创新发展提供借鉴。

第一节　中部地区创新发展单指标特征分析

一、创新基础

（一）全员劳动生产率

全员劳动生产率是反映一个地区所有从业者在一定时期内创造的劳动成果与其相适应的劳动消耗量的比值，用来衡量劳动力要素的投入产出效率。全员劳动生产率等于第二产业增加值与从业人员总数之比。

第二产业增加值是指第二产业单位产值在某一特定时间段内的增加值，是生产单位全部生产活动的总成果扣除了在生产过程中消耗或转移的物质产品和劳务价值后的余额。就第二产业增加值来看，各个省份的省会城市在省内均排名第 1，例如太原作为山西省会，2013 年其第二产业增加值约为 1024 亿元，到 2020 年增至 1503 亿元，太原在山西省内的排名位列第一，在中部六省全部城市的排名也逐年上升，2013～2020 年，太原市第二产业增加值排名由第 16 名上升至第 14 名；合肥作为安徽省会，2013 年第二产业增加值约为 2583 亿元，到 2020 年增至 3580 亿元，在全部城市中的排名没有变化，一直保持在第 4 名；南昌作为江西省会，2013 年第二产业增加值约为 1850 亿元，到 2020 年增至 2677 亿元，在全部城市中的排名并没有变化，保持在第 5 名；郑州作为河南省会，2013 年第二产业增加值约为 3470 亿元，到 2020 年增至 4759 亿元，在全部城市中的排名也逐年上升，2013～2020 年，郑州市第二产业增加值排名由第 3 名上升至第 2 名；武汉作为湖北省会，2013 年第二产业增加值约为 4396 亿元，到 2020 年增至 5557 亿元，在中部地区一直位居首位；长沙作为湖南省会，2013 年第二产业增加值约为 3947 亿元，到 2020 年增至 4739 亿元，虽然其第二产业增加值逐年上升，但由于其他城市的排名上升，长沙排名由第 2 名降至第 3 名。值得注意的是，2013～2020 年，前十名城市排名有所变化，2013 年位列前五的城市均为省会城市，除了山西省会太原位列第 16 名，第 6 名至第 10 名分别为洛阳市、宜昌市、襄阳市、芜湖市、岳阳市，其中宜昌市和襄阳市都属于湖北省，到 2020 年，位列前五的城市仍然为中部六省的省会城市，除了山西省会太原位列第 14 名，第 6 名至第 10 名分别为洛阳市、襄阳市、宜昌市、许昌市和芜湖市，其中洛阳市和许昌市都属于河南省。①

从业人员数，也就是年末单位从业人员数，指的是反映年末在企业实际从事生产经营活动的全部人员，它是影响全员劳动生产率的重要指标之一。各个省会城市在省内的从业人员数均排名第一，太原作为山西省会，2013 年其从业人员数为 96.7 万人，到 2020 年增至约 101.4 万人，在中部六省全部城市中的排名没有变化，一直保持在第 6 名；合肥作为安徽省会，2013 年从业人员数为 144.5 万人，到 2020 年增至约 173 万人，在全部城市的排名没有变化，一直保持在第 3 名；南昌作为江西省会，2013 年从业人员数为 119.6 万人，到 2020 年增至约 124 万人，在全部城市中的排名并没有变化，保持在第 5 名；郑州作为河南省会，2013 年从业人员数为 192 万人，到 2020 年增至约 214 万人，在全部城市中的排

---

① 资料来源：《中国城市统计年鉴》、各市国民经济和社会发展统计公报。

名也逐年上升，自 2013~2020 年，郑州市从业人员数排名由第 2 名上升至第 1 名；武汉作为湖北省会，2013 年从业人员数为 198.5 万人，到 2020 年降至约 176 万人，在中部六省全部城市中的排名下降，由第 1 名降至第 2 名；长沙作为湖南省会，2013 年第二产业增加值约为 130.3 万人，到 2020 年增至约 142.6 万人，长沙市从业人员数排名没有变化，保持在第 4 名。不同城市从业人员变化情况也不同，这或与当时各地的政策环境有关。①

　　就全员劳动生产率来看，太原作为山西省会，2013 年其全员劳动生产率为 10.879，到 2020 年增至 14.836，太原在中部六省全部城市中的排名由第 73 名降至第 76 名，且 2013~2020 年，太原市全员劳动生产率的年均增长率为 4.5%；合肥作为安徽省会，2013 年其全员劳动生产率为 17.88，到 2020 年增至 20.697，排名自第 42 名降至第 60 名，其全员劳动生产率的年均增长率为 2.1%；南昌作为江西省会，2013 年全员劳动生产率为 15.472，到 2020 年增至 21.599，排名自第 52 降至第 54 名，其全员劳动生产率的年均增长率为 4.9%；郑州作为河南省会，2013 年全员劳动生产率为 18.076，到 2020 年增至 22.242，排名自第 39 名降至第 52 名，其全员劳动生产率的年均增长率为 3%；武汉作为湖北省会，2013 年全员劳动生产率为 22.147，到 2020 年增至 31.514，排名自第 19 名降至第 24 名，其全员劳动生产率的年均增长率为 5.2%；长沙作为湖南省会，2013 年全员劳动生产率为 30.292，到 2020 年增至 33.239，排名自第 5 名降至第 22 名，其全员劳动生产率的年均增长率为 1.3%。2013 年，山西省各市全员劳动生产率介于 9.7~28.1，到 2020 年，山西省各市全员劳动生产率介于 13.4~26，2013~2020 年山西省各市全员劳动生产率的年均增长率介于 2.2%~5.4%；2013 年，安徽省各市全员劳动生产率介于 6.5~35.2，到 2020 年，安徽省各市全员劳动生产率介于 20.6~46.8，2013~2020 年间安徽省各市全员劳动生产率的年均增长率介于 -2.2%~23.2%，安徽省内不同市全员劳动生产率及增长幅度都有很大差异；2013 年，江西省各市全员劳动生产率介于 13.3~34.3，到 2020 年，江西省各市全员劳动生产率介于 16.1~40.1，2013~2020 年，江西省各市全员劳动生产率的年均增长率介于 0.8%~8.4%，江西省内不同市的全员劳动生产率相差较大；2013 年，河南省各市全员劳动生产率介于 10.5~28.4，到 2020 年，河南省各市全员劳动生产率介于 16.7~45，2013~2020 年河南省各市全员劳动生产率的年均增长率介于 0.1% ~ 11.2%；2013 年，湖北省各市全员劳动生产率介于 7.5 ~ 22.2，到 2020 年，湖北省各市全员劳动生产率介于 14.1 ~ 45.7，2013 ~ 2020 年湖北省各市全员劳动生产率的年均增长率介于 2.7% ~ 17.2%，湖北省内不同市全员劳动生产率及增长幅度都有很大差异；2013 年，湖南省各市全员劳动生产率介于 10.4 ~ 30.3，到 2020 年，湖南省各市全员劳动生产率介于 9.3 ~ 36.2，2013 ~ 2020 年湖南省各市全员劳动生产率的年均增长率介于 1.6% ~ 8.1%。总体来看，2020 年，安徽省全员劳动生产率普遍高于山西省，安徽省、河南省全员劳动生产率较高，而山西省、湖南省全员劳动生产率较低。2020 年，全员劳动生产率位列前六的城市有滁州市、鄂州市、许昌市、襄阳市、马鞍山市和宜昌市，全员劳动生产率均在 36 以上，全员劳动生产率最高的是滁州市，约为 46.71（见图 4 - 1 和表 4 - 1）。

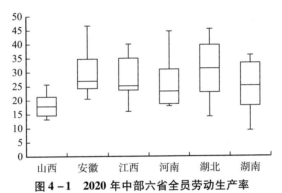

图 4 - 1　2020 年中部六省全员劳动生产率

资料来源：根据《中国城市统计年鉴》、各市国民经济和社会发展统计公报计算得到。

表 4 - 1　　　　　中部六省省会城市和前列城市劳动生产率

省会城市	2013 年	2020 年	年均增长率（%）	城市	2013 年	2020 年	年均增长率（%）
长沙市	30.29	33.24	1.33	滁州市	25.58	46.71	8.98
武汉市	22.15	31.51	5.17	鄂州市	18.39	45.61	13.86
郑州市	18.08	22.24	3.01	许昌市	28.39	44.93	6.78
合肥市	17.88	20.70	2.11	襄阳市	18.98	44.65	13.00
南昌市	15.47	21.60	4.88	马鞍山市	35.19	40.71	2.10
太原市	10.88	14.84	4.53	宜昌市	19.93	40.57	10.69

资料来源：根据《中国城市统计年鉴》、各市国民经济和社会发展统计公报计算得到。

（二）资本生产率

资本生产率是一定时期内单位资本存量创造的产出（GDP），产出越多，投资效率越高。资本生产率等于 GDP 与固定资产投资总额之比。

就地区生产总值来看，太原作为山西省会，2013 年其 GDP 为 2412.87 亿元，到 2020 年增至 4153 亿元，2013～2020 年太原市 GDP 增长了 0.72 倍；合肥作为安徽省会，2013 年其 GDP 为 4672.91 亿元，到 2020 年增至 10046.00 亿元，2013～2020 年合肥市 GDP 增长了 1.15 倍；南昌作为江西省会，2013 年其 GDP 为 3336.03 亿元，到 2020 年增至 5746 亿元，2013～2020 年南昌市 GDP 增长了 0.72 倍；郑州作为河南省会，2013 年其 GDP 为 6201.90 亿元，到 2020 年增至 12004 亿元，2013～2020 年郑州市 GDP 增长了 0.94 倍；武汉作为湖北省会，2013 年其 GDP 为 9051.27 亿元，到 2020 年增至 15616 亿元，2013～2020 年武汉市 GDP 增长了 0.73 倍；长沙作为湖南省会，2013 年其 GDP 为 7153.13 亿元，到 2020 年增至 12143 亿元，2013～2020 年长沙市 GDP 增长了 0.7 倍；2013～2020 年，在六个省会城市中，合肥市的 GDP 增长倍数最大，为 1.15 倍，表现出强势向好的发展态势，而长沙市的 GDP 增长倍数相对较小，为 0.7 倍，地区经济也在稳步发展。中部地区各省会城市的 GDP 几乎都是本省最高的，最主要的原因是强省会战略的实施，让省会城市优先发展，一方面可以集中市场资源，另一方面也能强化省份的中心效应，形成省会城市辐射周边城市，周边城市辅助省会城市经济发展的有效闭环，从而全面扩大省份的经济产出。2013 年，GDP 排名前十的城市为武汉市、长沙市、郑州市、合肥市、南昌市、洛阳市、宜昌市、襄阳市、南阳市、岳阳市，到 2020 年，GDP 排名前十的城市为武汉市、长沙市、郑州市、合肥市、南昌市、洛阳市、襄阳市、宜昌市、太原市、岳阳市，2013～2020 年，前六名没有发生变化，且前五名均为各省会城市，作为山西省会的太原，2020 年排名上升至第 9 名，而非省会城市的襄阳、宜昌分别位列第 7 名、第 8 名，都属于湖北省。[1]

就固定资产投资来看，各个省份的省会城市在省内均排名第一，例如太原作为山西省会，2013 年其固定资产投资总额为 16707390 万元，到 2020 年降至 14934531 万元，2013～2020 年，太原市第二产业增加值排名

---

[1] 资料来源：《中国城市统计年鉴》、各省统计年鉴、各市国民经济和社会发展统计公报、EPS 数据库。

由第 11 名下降至第 59 名，固定资产投资额出现较大幅度减少；合肥作为安徽省会，2013 年固定资产投资总额约为 46854411 万元，到 2020 年增至 80464614 万元，由于其他城市排名的大幅上升，合肥在全部城市的排名由第 2 名降至第 4 名；南昌作为江西省会，2013 年固定资产投资额约为 28968649 万元，到 2020 年增至 72338534 万元，在全部城市中的排名并没有变化，保持在第 5 名；郑州作为河南省会，2013 年固定资产投资额约为 44002102 万元，到 2020 年增至 89461540 万元，在全部城市中的排名也逐年上升，自 2013～2020 年，郑州市固定资产投资额排名由第 4 名上升至第 2 名；武汉作为湖北省会，2013 年固定资产投资额约为 59745272 万元，到 2020 年增至 83729371 万元，但由于其他城市排名的上升，武汉市在全部城市中的排名由第 1 名降至第 3 名；长沙作为湖南省会，2013 年固定资产投资额约为 45933871 万元，到 2020 年增至 98663075 万元，虽然其第二产业增加值逐年上升，但由于其他城市的排名上升，长沙市排名由第 3 名上升至第 1 名。2013～2020 年，排名上升的城市有 47 个，主要集中在湖南省、河南省及江西省；排名下降的城市有 30 个，主要集中在山西省、湖北省。总体上排名上升的城市占大多数，表明大部分城市的固定资产投资情况相对较好，发展态势向好。[①]

就资本生产率来看，2013 年，山西省各市资本生产率介于 0.8～1.44，资本生产率最高的城市是太原市，最低的是忻州市，到 2020 年，山西省各市资本生产率介于 1.74～3.68，资本生产率最高的城市是朔州市，最低的是忻州市，2013～2020 年，山西省各市资本生产率的增长倍数介于 0.64～1.78，增长倍数最高的城市是朔州市，最低的是晋中市；2013 年，安徽省各市资本生产率介于 0.9～1.65，资本生产率最高的城市是阜阳市，最低的是马鞍山市，到 2020 年，安徽省各市资本生产率介于 0.54～1.49，资本生产率最高的城市是安庆市，最低的是黄山市，2013～2020年，安徽省各市资本生产率的增长倍数介于 -0.41～0.26，增长倍数最高的城市是合肥市，最低的是六安市；2013 年，江西省各市资本生产率介于 0.96～1.4，资本生产率最高的城市是鹰潭市，最低的是萍乡市，到2020 年，江西省各市资本生产率介于 0.56～1.11，资本生产率最高的城市是鹰潭市，最低的是萍乡市，2013～2020 年，江西省各市资本生产率的增长倍数介于 -0.42～-0.13，增长倍数都为负，表明江西省各市资本

---

① 资料来源：《中国城市统计年鉴》、各省统计年鉴、各市国民经济和社会发展统计公报、EPS 数据库。

生产率出现负增长，相对而言增长倍数最高的城市是赣州市，最低的是萍乡市；2013 年，河南省各市资本生产率介于 1.05～1.55，资本生产率最高的城市是周口市，最低的是三门峡市，到 2020 年，河南省各市资本生产率介于 0.75～1.36，资本生产率最高的城市是安阳市，最低的是三门峡市，2013～2020 年，河南省各市资本生产率的增长倍数介于 -0.46～0.08，增长倍数最高的城市是安阳市，最低的是三门峡市；2013 年，湖北省各市资本生产率介于 0.92～1.66，资本生产率最高的城市是襄阳市，最低的是咸宁市，到 2020 年，湖北省各市资本生产率介于 0.93～1.87，资本生产率最高的城市是武汉市，最低的是咸宁市，2013～2020 年，湖北省各市资本生产率的增长倍数介于 -0.24～0.24，增长倍数最高的城市是武汉市，最低的是襄阳市；2013 年，湖南省各市资本生产率介于 1.1～1.86，资本生产率最高的城市是怀化市，最低的是邵阳市，到 2020 年，湖南省各市资本生产率介于 0.71～1.26，资本生产率最高的是张家界市，最低的是郴州市，2013～2020 年，湖南省各市资本生产率的增长倍数介于 -0.46～-0.14，增长倍数都为负，表明江西省各市资本生产率出现负增长，相对而言增长倍数最高的城市是邵阳市，最低的是怀化市。总体来看，到 2020 年，山西省资本生产率最高，湖北省次之，而江西省相对较低。2020 年，资本生产率位列前六的城市有朔州市、临汾市、阳泉市、太原市、吕梁市和运城市，资本生产率均在 2.5 以上，资本生产率最高的是朔州市，约为 3.68（见图 4-2 和表 4-2）。

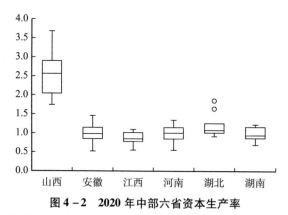

图 4-2　2020 年中部六省资本生产率

资料来源：根据《中国城市统计年鉴》、各省统计年鉴、各市国民经济和社会发展统计公报、EPS 数据库计算得到。

表 4 - 2 中部六省省会城市和前列城市资本生产率

省会城市	2013 年	2020 年	年均增长率（％）	城市	2013 年	2020 年	年均增长率（％）
长沙市	1.56	1.23	-3.31	朔州市	1.44	3.68	14.28
武汉市	1.51	1.87	3.01	临汾市	1.26	2.96	13.00
郑州市	1.41	1.34	-0.70	阳泉市	1.32	2.91	11.92
合肥市	1.00	1.25	3.26	太原市	1.41	2.78	10.22
南昌市	1.15	0.79	-5.17	吕梁市	1.18	2.68	12.41
太原市	1.44	2.78	9.81	运城市	1.13	2.58	12.49

资料来源：根据《中国城市统计年鉴》、各省统计年鉴、各市国民经济和社会发展统计公报、EPS 数据库计算得到。

（三）全要素生产率

全要素生产率是指除资本和劳动等要素投入之外的技术进步或技术效率变化对经济增长贡献，是衡量单位总投入的总产量的生产率指标。全要素生产率的增长率常常被视为科技进步的指标，它的来源包括技术进步、组织创新、专业化和生产创新等。从各省的全要素生产率来看，太原作为山西省会，2013 年其全要素生产率为 0.6114，到 2020 年降至 0.2154，2013～2020 年，太原市全要素生产率的年均增长率为 -13.8%，增长了 -0.65 倍，2013 年山西省各市全要素生产率介于 0.1454～1.0593，到 2020 年山西省各市全要素生产率介于 0.2154～0.7311，2013～2020 年山西省各市全要素生产率的年均增长率介于 -14.5%～12.3%，年均增长率最小的城市是忻州市，最大的是晋中市；合肥作为安徽省会，2013 年其全要素生产率为 0.2996，到 2020 年增至 0.3920，2013～2020 年，合肥市全要素生产率的年均增长率为 3.9%，增长了 0.31 倍，2013 年安徽省各市全要素生产率介于 0.1852～1.0624，到 2020 年安徽省各市全要素生产率介于 0.167～0.7946，2013～2020 年安徽省各市全要素生产率的年均增长率介于 -22.8%～17.7%，年均增长率最小的城市是宿州市，最大的是滁州市；南昌作为江西省会，2013 年其全要素生产率为 0.7918，到 2020 年降至 0.3733，2013～2020 年，南昌市全要素生产率的年均增长率为 -10.2%，2013 年江西省各市全要素生产率介于 0.1683～0.9541，到 2020 年江西省各市全要素生产率介于 0.0345～1.0124，2013～2020 年江西省各市全要素生产率的年均增长率介于 -29.8%～22%，年均增长率最小的城市是吉安市，最大的是景德镇市；郑州作为河南省会，2013 年其全要素生产率为 1.0338，到 2020 年降至 0.9456，2013～2020 年，郑州市全要素生产率的年均增长率为 -1.3%，2013 年河南省各市全要素生产率介于 0.1662～1.0804，到 2020 年河南省各市全要素生产率介于 0.142～0.9952，2013～2020 年河南省各市全要素生产率的年均增长率介于 -21.4%～21.5%，年均增长率最小的城市是商丘市，最大的是开封市；武汉作为湖北省会，2013 年其全要素生产率为 1.0691，到 2020 年降至 0.0322，2013～2020 年，武汉市全要素生产率的年均增长率为 -39.4%，2013 年湖北省各市全要素生产率介于 0.2244～1.0804，到 2020 年湖北省各市全要素生产率介于 0.0322～0.7686，2013～2020 年湖北省各市全要素生产率的年均增长率介于 -39.4%～64.3%，年均增长率最小的城市是武汉市，最大的是宜昌市；长沙作为湖南省会，2013 年其全要素生产率为 0.1829，到 2020 年增至 0.2499，2013～2020 年，长沙市全要素生产率的年均增长率为 4.6%，增长了 0.37 倍，2013 年湖南省各市全要素生产率介于 0.1829～1.14，到 2020 年湖南省各市全要素生产率介于 0.0581～0.8940，2013～2020 年湖南省各市全要素生产率的年均增长率介于 -32.5%～19.9%，年均增长率最小的城市是永州市，最大的是怀化市。总体来看，到 2020 年，江西省内全要素生产率差异最大，河南省全要素生产率普遍较高；湖北省内全要素生产率年均增长率差异最大，江西省全要素生产率年均增长率普遍较高。2020 年，全要素生产率位列前六的城市有宜春市、鹤壁市、郑州市、株洲市、抚州市和邵阳市，全要素生产率均在 0.8 以上，全要素生产率最高的是宜春市，约为 1.01（见图 4－3 和表 4－3）。

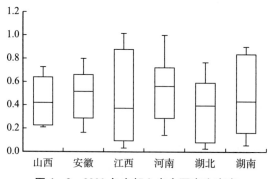

图 4－3　2020 年中部六省全要素生产率

资料来源：根据《中国城市统计年鉴》、各省统计年鉴、各市国民经济和社会发展统计公报、EPS 数据库计算得到。

表4-3　　　　　　中部六省省会城市和前列城市全要素生产率

省会城市	2013年	2020年	年均增长率（%）	城市	2013年	2020年	年均增长率（%）
长沙市	0.18	0.25	4.56	宜春市	0.94	1.01	1.07
武汉市	1.07	0.03	−39.37	鹤壁市	0.24	1.00	22.58
郑州市	1.03	0.95	−1.27	郑州市	1.03	0.95	−1.27
合肥市	0.30	0.39	3.91	株洲市	0.84	0.89	0.83
南昌市	0.79	0.37	−10.19	抚州市	0.93	0.88	−0.73
太原市	0.61	0.22	−13.84	邵阳市	0.78	0.88	1.63

资料来源：根据《中国城市统计年鉴》、各省统计年鉴、各市国民经济和社会发展统计公报、EPS数据库计算得到。

二、创新投入

（一）科学研究与技术服务从业人员数占从业人员比重

从科学研究与技术服务从业人员数占从业人员比重来看，中部六省各市比重大多都在上升，少数城市比重下降。山西省2013~2020年科学研究与技术服务从业人员数占从业人员比重呈逐年上升趋势。从省内城市排名来看，太原市的科学研究与技术服务从业人员数比重在山西省内排名第一，吕梁市科学研究与技术服务从业人员数占从业人员比重最低。2013年和2020年太原市的这一比重值分别为3.847%和3.782%，7年间略有下降。山西省内其他城市的这一比重值相比于太原市均略显劣势，2013年其余10市中这一比重值最高的是大同市，也仅为1.333%，与太原市相差2.5个百分点；2020年其余10市中这一比重值最高的是临汾市，为1.995%，相较于2013年增加了一个百分点，说明临汾市加大了对科学研究与技术服务人员的投入。再看安徽省的科学研究与技术服务从业人员数占从业人员比重，这一比重值总体呈上升的趋势。安徽省2013年科学研究与技术服务从业人员数占从业人员比重排名第一的是蚌埠市，达到2.654%，比省会城市合肥（2.042%）还高0.6个百分点。到2020年，蚌埠市科学研究与技术服务从业人员数占从业人员比重略有下降，为1.749%，而合肥市增加了1.3个百分点，达到了3.371%。江西省科学研究与技术服务从业人员数占从业人员比重变动较大，两极分化比较严重。例如，南昌、景德镇等市这一比重值接近2%，而宜春、上饶这一比重值小于 0.5%，上饶市甚至仅为 0.233%。2020 年，江西省仅有南昌市科学研究与技术服务从业人员数占从业人员比重超过 2%，为 2.858%。再看湖北省科学研究与技术服务从业人员数占从业人员比重，2013 年武汉达到了 3.345%，襄阳市 2013 年科学研究与技术服务从业人员数占从业人员比重仅有 2.120%，到 2020 年襄阳市达到了 6.056%，增长了 2 倍之多。湖南省平均科学研究与技术服务从业人员数占从业人员比重在中部六省中最高，近几年比重还在持续上升。2013 年，长沙市科学研究与技术服务从业人员数占从业人员比重就达到了 4.037%，近几年科学研究与技术服务从业人员数占从业人员比重相对持平，2020 年比重为 4.168%。湖南省 2013 年科学研究与技术服务从业人员数占从业人员比重排名前三的市均超越了 2.5%，最低的市也达到了 0.819%，这与湖南省要发展科技创新强省的战略不谋而合。到 2020 年，科学研究与技术服务从业人员数占从业人员比重前十名城市有襄阳市、武汉市、长沙市、郑州市、鹰潭市、太原市、合肥市、南昌市、宜昌市和岳阳市，均在 2.75% 以上，最高的是襄阳市，约为 6.06%（见表 4−4）。

表 4−4　　　中部六省科学研究与技术服务从业人员数占从业人员比重前十名城市

单位：%

城市	2013 年	2020 年	增减量
襄阳市	2.12	6.06	3.94
武汉市	3.35	4.83	1.49
长沙市	4.04	4.17	0.13
郑州市	2.60	4.11	1.51
鹰潭市	1.27	3.98	2.71
太原市	3.85	3.78	−0.06
合肥市	2.04	3.37	1.33
南昌市	1.95	2.86	0.91
宜昌市	2.27	2.80	0.53
岳阳市	2.51	2.75	0.24

资料来源：《中国城市统计年鉴》、各省统计年鉴、各市统计年鉴。

（二）每万人在校大学生人数

在校大学生体现一个城市的人才供给与储备能力，在校研究生体现一个城市的人才质量，在校小学生体现城市的人口发展潜力。山西省2013年每万人在校大学生人数最多的是太原市，达到1030人，这与太原市所建造的高等学校数量有直接的关系。山西省内2013年每万人在校大学生人数最少的是朔州市，仅有5人，但是到2020年朔州市的每万人在校大学生人数达到82人，增长了大约14倍，这说明近几年来朔州市加大了对教育的投入，加大了招生规模。相反，晋城市在2013年每万人在校大学生人数有28人，而到了2020年每万人在校大学生人数却只有18人，相对于2013年每万人在校大学生人数下降了10个百分点。安徽省每万人在校大学生人数2020年平均值为192，其中有七市每万人在校大学生人数低于全省平均值。合肥市2020年每万人在校大学生人数达到626人，芜湖市紧随其后，每万人在校大学生人数达到526人。再看江西省每万人在校大学生人数，作为省会城市的南昌市每万人在校大学生人数于2013年就达到了1020人，到2020年依旧保持在每万人中有1000人在校大学生，2020年南昌市每万人在校大学生人数为1099人。2013~2020年，新余市每万人在校大学生人数增长速度位居江西省内第一，从2013年的240人增长到了2020年的417人。同时，萍乡市每万人在校大学生人数从2013年的54人增到226人，增加了172人。同样作为省会城市的郑州，每万人在校大学生人数相比南昌市略显逊色。2013年郑州市每万人在校大学生人数为813人，到2020年为919人。武汉、长沙两市分别作为湖北、湖南的省会城市，每万人在校大学生人数在各自省内均最高，但二者每万人在校大学生人数在2013~2020年均有下滑。湖北每万人在校大学生人数从2013年的1175人下降到2020年的865人，七年间每万人在校大学生人数减少了310人。长沙每万人在校大学生人数从2013年的865人下降到2020年的693人，减少了172人。湖北省除省会城市外，每万人在校大学生人数最多的是黄石市，且黄石市每万人在校大学生人数在2013~2020年有小幅增长，2013年黄石市每万人在校大学生人数仅有140人，到2020年黄石市已有220人，每万人在校大学生人数增长了80人。湖南省除省会城市长沙外，每万人在校大学生人数最多的是湘潭市，湘潭市2013年每万人在校大学生人数达到422人，是黄石市每万人在校大学生人数的3倍，到2020年湘潭市每万人在校大学生人数增加到565人，相较于2013年增加了143人。到2020年，每万人在校大学生人数前十名城市有南昌市、郑州市、太原市、武汉市、长沙市、晋中市、合肥市、湘潭市、芜湖市和新余市，均在417人以上，最高的是南昌市，约为

1098 人（见表 4 – 5）。

表 4 – 5　　　　中部六省每万人在校大学生人数前十名城市　　　单位：人

城市	2013 年	2020 年	增减量
南昌市	1019.60	1098.81	79.11
郑州市	813.44	919.42	105.98
太原市	1030.55	906.33	− 124.22
武汉市	1175.57	865.54	− 310.04
长沙市	865.19	693.25	− 171.94
晋中市	360.28	655.25	294.98
合肥市	623.19	625.58	2.39
湘潭市	421.58	562.53	140.95
芜湖市	401.69	526.27	124.58
新余市	239.88	417.01	177.12

资料来源：《中国城市统计年鉴》、许昌市和驻马店市国民经济和社会发展统计公报。

（三）财政科学技术支出占财政预算支出比重

科技投入是反映一个国家和地区科技实力的重要指标，增加科技投入是提高一国科技水平、增强综合国力的一项战略性举措。科技投入问题是涉及社会诸多方面的复杂系统问题，从科技投入主体上看，有来自国家、地方政府、企业、社会组织甚至个人方面的投资。中部六省财政科学技术支出占财政预算支出比重在 2013～2020 年逐年增加。山西省内各市财政科学技术支出占财政预算支出比重排名前三的是太原市（3.540%）、晋城市（1.374%）、长治市（1.148%），到 2020 年排名前三的是太原市（5.380%）、晋城市（1.223%）、运城市（0.704%）。山西省太原市财政科学技术支出占财政预算支出比重在 2013～2020 年逐渐增加，而山西省的其他市都略有下降。合肥作为安徽的省会城市，财政科学技术支出占财政预算支出比重排名第一，且 2013～2020 年比重大幅增加。2013 年合肥市财政科学技术支出占财政预算支出比重仅有 4.124%，在安徽省内比重最高，到 2020 年财政科学技术支出占财政预算支出比重增长到了 14.028%，7 年间增长了 10 个百分点。安徽省内各市的财政科学技术支出占财政预算支出比重差距较大，合肥市 2020 年财政科学技术支出占财政预算支出比重甚至相当于阜阳市（省内这一比重最低，为 1.077%）的 14 倍之多。从安徽省财政科学技术支出占财政预算支出比重来看，宿州市（1.244%）、滁州市（3.284%）、池州市（1.515%）、阜阳市（1.077%）、六安市（1.642%）、淮南市（1.383%）、淮北市（1.381%）、安庆市（2.413%）、黄山市（3.164%）、亳州市（1.411%）都低于安徽省财政科学技术支出占财政预算支出比重的平均值。江西省财政科学技术支出占财政预算支出比重相较于中部其他省份相对较低，省会城市南昌 2013 年的比重仅为 1.292%，到 2020 年也仅为 4.441%，相较于中部地区其他省会城市的差距较大。2013 年吉安市财政科学技术支出占财政预算支出比重为 1.944%，比省会城市南昌还要高 0.6 个百分点。宜春市财政科学技术支出占财政预算支出比重仅次于南昌市，2013 年比重值为 1.202%，只比南昌低 0.09%，到 2020 年比重值达到了 3.892%，比南昌低 0.55%。河南省财政科学技术支出占财政预算支出比重各市差距不大。2020 年河南省财政科学技术支出占财政预算支出比重排名前三的分别为郑州市（4.015%）、洛阳市（3.941%）、鹤壁市（3.328%），安阳市（1.424%）、周口市（0.994%）低于全省财政科学技术支出占财政预算支出比重平均值，除郑州市、洛阳市、鹤壁市、安阳市、周口市外，其他城市财政科学技术支出占财政预算支出比重差距较小。湖北省除武汉市外，其他各市财政科学技术支出占财政预算支出比重也比较平均，差距较小。武汉市财政科学技术支出占财政预算支出比重从 2013 年的 2.814% 上升到了 2020 年的 6.341%，上涨近 3 个百分点。除武汉市外的其他 11 市财政科学技术支出占财政预算支出比重在 2013 年普遍为 1~2个百分点，到 2020 年财政科学技术支出占财政预算支出比重普遍为 2~3个百分点，比重变动不大。湖南省省会长沙是中部六省省会中唯一一个 2020 年财政科学技术支出占财政预算支出比重不是省内最高的城市。长沙市 2020 年财政科学技术支出占财政预算支出比重仅有 3.694%，而株洲市（7.747%）、湘潭市（5.907%）都远超长沙市财政科学技术支出占财政预算支出比重。株洲市、湘潭市两市 2013~2020 年财政科学技术支出占财政预算支出比重涨幅最为明显。株洲市 2013 年财政科学技术支出占财政预算支出比重仅有 1.481%，到 2020 年达到 7.747%，增加了 6.2个百分点。湘潭市 2013 年财政科学技术支出占财政预算支出比重为 1.707%，到 2020 年比重上涨到了 5.907%，增长了 4.2 个百分点。到 2020 年，财政科学技术支出占财政预算支出比重前十名城市有合肥市、芜湖市、株洲市、武汉市、湘潭市、铜陵市、蚌埠市、太原市、马鞍山市和宣城市，均在4.4%以上，最高的是合肥市，约为14.03%（见表4-6）。

表4-6　　　　　中部六省财政科学技术支出占财政预算
支出比重前十名城市　　　　　　　　单位：%

城市	2013 年	2020 年	增减量
合肥市	4.12	14.03	9.90
芜湖市	8.24	11.22	2.98
株洲市	1.48	7.75	6.27
武汉市	2.81	6.34	3.53
湘潭市	1.71	5.91	4.20
铜陵市	4.83	5.65	0.82
蚌埠市	3.78	5.40	1.62
太原市	3.54	5.38	1.84
马鞍山市	3.01	4.54	1.54
宣城市	3.32	4.47	1.14

资料来源：《中国城市统计年鉴》。

（四）财政教育支出占财政预算支出比重

教育是兴国之本，教育水平和质量与其国民素质和综合国力密切相关，只有教育事业搞好了，国家才能繁荣富强，对于地方来说也有相同的道理。从山西省2013年财政教育支出占财政预算支出比重来看，运城市财政教育支出占财政预算支出比重排名第一，达到了22.662%，而比重最低的长治市也有16.775%。到2020年，运城市财政教育支出占财政预算支出比重仍位居第一，忻州市相对排名最低且财政教育支出占财政预算支出比重低于全省平均水平。安徽省各市财政教育支出占财政预算支出比重普遍略微下降，个别市有上升。合肥市2013年财政教育支出占财政预算支出比重为16.560%，2020年为16.966%，与2013年相对持平。六安市2013年财政教育支出占财政预算支出比重为20.296%，到2020年比重下降为18.05%。淮南市2013年财政教育支出占财政预算支出比重为13.351%，到2020年该比重上升为16.766%。江西省2013年财政教育支出占财政预算支出比重最高的是上饶市，达到了23.267%，而到2020年上饶市该比重下降为17.921%，下降了将近5个百分点。江西省内各市2020年财政教育支出占财政预算支出比重普遍低于20%，赣州市2013年财政教育支出占财政预算支出比重为21.107%，到2020年该比重仍大于20%，为22.529%，相比于2013年该比重略微上升。河南省各市2013年财政教育支出占财政预算支出比重基本高于20%，最高的周口市甚至达到了26.191%，而到了2020年周口市财政教育支出占财政预算支出比重只有18.835%，下降了7.4%，是河南省这一比重值下降最多的市。郑州市2013年财政教育支出占财政预算支出比重为16.304%，而2020年比重值为13.992%，下降了2.3个百分点。湖北省各市2020年财政教育支出占财政预算支出比重都低于20%，除黄石市（16.178%）、鄂州市（16.988%）高于15%之外，其他各市财政教育支出占财政预算支出比重都低于15%，2020年财政教育支出占财政预算支出比重最低的荆门市仅有11.824%。湖南省会城市长沙财政教育支出占财政预算支出比重从2013年（16.919%）到2020年（15.391%）下降了将近2个百分点。2013年和2020年永州市财政教育支出占财政预算支出比重都居于湖南省首位，2013年该比重超越财政预算支出的1/5，达到20.055%，到2020年财政教育支出占财政预算支出比重下降至19.241%。到2020年，财政教育支出占财政预算支出比重前十名城市有赣州市、南阳市、信阳市、亳州市、濮阳市、平顶山市、许昌市、吉安市、安阳市和永州市，均在19.5%以上，最高的是赣州市，约为22.53%（见表4-7）。

表4-7　　　　　中部六省财政教育支出占财政预算
支出比重前十名城市　　　　　　　　　　　　单位：%

城市	2013年	2020年	增减量
赣州市	21.11	22.53	1.42
南阳市	22.07	22.24	0.16
信阳市	24.40	21.09	-3.31
亳州市	18.44	20.54	2.09
濮阳市	23.36	20.14	-3.21
平顶山市	20.09	19.78	-0.30
许昌市	23.53	19.67	-3.87
吉安市	21.68	19.50	-2.19
安阳市	22.96	19.48	-3.48
永州市	20.06	19.24	-0.81

资料来源：《中国城市统计年鉴》。

三、创新产出

（一）每万人三类专利授权数

从每万人三类专利授权数来看，在统计时期内，其特点为：数量大幅上升，区域分布趋向平衡，但没有实现规律增长，波动幅度较大。

一是基于统计时间及专利授权数城市排名进行如下分析：在统计初期即 2013 年，每万人三类专利授权数指标中，安徽省芜湖市以 26.84 件的数量排名第一，铜陵市以 26.71 件的数量紧随其后，其次分别为武汉市（19.68）、马鞍山市（17.00）、合肥市（16.26）、长沙市（16.01）、郑州市（11.50）、蚌埠市（9.90）、太原市（9.39）、宣城市（8.91），这些城市每万人三类专利授权数都低于 20 件。可以发现，城市排名前十位中有六个城市属于安徽省，其余省份皆不超过一个市。2020 年每万人三类专利授权数指标中，武汉市以 47.69 件的数量位居首位，其次分别为合肥市（43.84）、郑州市（39.82）、芜湖市（36.07）、马鞍山市（36.05）、长沙市（32.74）、南昌市（28.52）、太原市（22.74）、滁州市（21.63）、宣城市（21.22）。从数量来看，整体大幅上升，与 2013 年相比相同位次下，其数目增长了近 1 倍甚至更多，且城市分布更趋于平衡，中部六省都至少有一城市位居前十。从数段分布来看，较 2013 年，2020 年数值上限有所上升，相同位次下，区域分布的变化情况并不明显（见表 4-8）。

表 4-8　　　中部六省每万人三类专利授权数前十名城市

城市	2013 年	2020 年	增长倍数
武汉市	19.68	47.69	1.42
合肥市	16.26	43.84	1.70
郑州市	11.50	39.82	2.46
芜湖市	26.84	36.07	0.34
马鞍山市	17.00	36.05	1.12
长沙市	16.01	32.74	1.04
南昌市	6.64	28.52	3.30

续表

城市	2013 年	2020 年	增长倍数
太原市	9.39	22.74	1.42
滁州市	7.01	21.63	2.09
宣城市	8.91	21.22	1.38

资料来源：《中国城市统计年鉴》、中国研究数据服务平台（CNRDS）。

二是基于增长率、增长倍数及其城市排名进行如下分析：总体而言，中部六省每万人三类专利授权数在 2013～2020 年呈现持续上升的趋势，由 2013 年的 3.94 件增加至 2020 年的 15.02 件。从 2013～2020 年年均增长率来看，抚州市以超 45% 的增长率位居首位，上饶市以 44.46% 的增长率位居第二。其余前十名依次为吉安市（43.39%）、九江市（42.21%）、咸宁市（41.42%）、赣州市（40.05%）、鹰潭市（40.04%）、宜春市（38.88%）、周口市（36.52%）、信阳市（33.72%），且其间差距大多不超过 1 个百分位，没有出现断层现象。此外，仅有铜陵市的专利授权数在统计时期内年均增长率呈负值。

从每万人三类专利授权数同比增长率来看：部分城市在 2014～2016 年间为正值，但在 2017～2020 年同比增长率为负值，其专利授权数有所降低。如太原市在 2013～2020 年其同比增长率分别为 53.94%、15.10%、7.76%、−12.44%、−23.87%、−0.90% 和 −20.58%，后四年平均专利授权数大幅降低。而部分城市的情况却截然相反，前几年为负值，后几年大幅上升。如鹰潭市在 2013～2020 年其同比增长率分别为 −70.73%、−9.04%、−18.82%、148.63%、−65.39%、39.09% 和 94.06%。剩余城市从数量上来说并没呈现出规律增长。此现象可能与当地的创新政策、初期"红利"效应及其他制约因素有关。

从每万人三类专利授权数增长倍数来看：2020 年与 2013 年相比，其增长倍数前十名城市依次为抚州市（12.73）、上饶市（12.13）、吉安市（11.46）、九江市（10.77）、咸宁市（10.31）、赣州市（9.57）、鹰潭市（9.57）、宜春市（8.97）、周口市（7.84）、信阳市（6.65）。在中部六省 80 个城市中，有 72 个城市实现了翻倍增长，其所占比例高达 90%，在数量上实现了较大突破。其中只有铜陵市为负增长，增长倍数为 −0.36。

三是基于省会城市排名及其数据表征进行如下分析：从每万人三类

专利授权数来看，太原市从 2013 年的 9.40 件增加至 2020 年的 22.74 件，其增长倍数为 1.42 倍，在省会城市中居第五位；合肥市从 2013 年的 16.26 件增长至 2020 年的 43.84 件，其增长倍数达 1.70 倍，居第三位；南昌市从 2013 年的 6.64 件增加至 2020 年的 28.51 件，增长倍数高达 3.30 倍，居第一位；郑州市从 2013 年的 11.50 件增加至 2020 年的 39.82 件，增长倍数达 2.46 倍，居第二位；武汉市从 2013 年的 19.68 件增加至 2020 年的 47.69 件，增长倍数达 1.42 倍，居第四位；长沙市由 2013 年的 16.01 件增加至 2020 年的 32.74 件，增长倍数为 1.04 倍，居第六位。虽然南昌市增长倍数最高，但其每万人三类专利授权数峰值为 28.51 件，依然与较发达城市差距较大。

四是基于发明专利、实用新型专利、外观设计专利授权数目及省份排名进行如下分析：从六省总体数据来看，2013 年发明专利授权数、实用新型专利授权数、外观设计专利授权数及三项专利授权数依次为 17747 件、102839 件、30664 件、151250 件；2020 年发明专利授权数、实用新型专利授权数、外观设计专利授权数及三项专利授权数依次为 66778 件、378530 件、87003 件、532311 件。其增长倍数分别为 2.76、2.68、1.84、2.52。从增长幅度来看，外观设计专利授权数增幅相对较小，发明专利增幅最大，但终期数量仍然处在较低水平。实用新型专利授权数与三项专利授权总数几乎同比例正向增长；从省际比较来看，2013 年三项专利授权数排名依次为安徽省（50362）、河南省（29653）、湖北省（28173）、湖南省（24675）、江西省（9853）、山西省（8544）。2020 年三项专利授权数排名依次为河南省（121891）、安徽省（119394）、湖北省（106411）、江西省（79878）、湖南省（77527）、山西省（27210）。从排名来看，第一与第二省份、第四与第五省份发生了更替，其余两省（湖北省、山西省）名次保持不变。从数量来看，六省三类专利授权数量皆大幅上升，但山西省终期数值仍然处于较低水平，其余省份均达 50000 以上。从增长倍数来看，其省份排名依次为江西省（7.11）、河南省（3.11）、湖北省（2.78）、山西省（2.18）、湖南省（2.14）、安徽省（1.37）。值得注意的是，江西省增长幅度远超其他省份。虽然安徽省基值较高，但后期增长略显乏力，其增幅在六省中处于末尾位置。

（二）发明专利授权数占专利总授权数比重

从每万人三类专利授权数来看，在统计时期内，其特点为：发明专利占比略有上升，但并无结构性改变，且近几年增速多有所降低。

一是基于统计时间及发明专利授权数占专利总授权数比重城市排名进行如下分析：在统计初期 2013 年，前十名依次为太原市（27.20%）、张家界市（23.40%）、长沙市（22.49%）、武汉市（20.25%）、洛阳市（17.28%）、南昌市（14.02%）、合肥市（13.98%）、怀化市（13.63%）、孝感市（13.50%）、濮阳市（12.67%）；2020 年，前十名依次为宿州市（24.97%）、武汉市（24.92%）、芜湖市（22.92%）、阜阳市（21.93%）、长沙市（21.58%）、马鞍山市（21.11%）、亳州市（19.84%）、湘潭市（19.36%）、太原市（18.67%）、合肥市（18.49%）。较 2013 年，2020 年相同位次下发明专利授权数占专利总授权数的比重大都有所上升，但基本只上升了一个百分点，且末尾城市比重依旧小于 10%。从总体来看，并无结构性的改变。从数段分布来看，较 2013 年，2020 年发明专利授权数占专利总授权数比重总体有所上升，具体表现为基值上升，且数段间距基本相等的情况下，前列城市数目有所增加（见表 4 – 9）。

表 4 – 9　　中部六省发明专利授权数占专利总授权数比重前十名城市　　单位：%

城市	2013 年	2020 年	增减量
宿州市	3.85	24.97	5.49
武汉市	20.25	24.91	0.23
芜湖市	7.50	22.92	2.06
阜阳市	7.18	21.93	2.06
长沙市	22.49	21.58	− 0.04
马鞍山市	7.29	21.11	1.90
亳州市	9.98	19.84	0.99
湘潭市	10.20	19.36	0.90
太原市	27.20	18.66	− 0.31
合肥市	13.98	18.49	0.32

资料来源：《中国城市统计年鉴》、中国研究数据服务平台（CNRDS）。

二是基于发明专利授权数占专利总授权数比重的同比增长率城市排名进行如下分析：2013 ~ 2020 年同比增长率前十名依次为安庆市

（191.48%，2015）、宣城市（190.36%，2015）、铜陵市（155.52%，2016）、淮北市（154.39%，2015）、鹰潭市（148.63%，2017）、滁州市（140.96%，2015）、阜阳市（138.73%，2014）、芜湖市（121.68%，2015）、周口市（121.43%，2016）、宣城市（118.77%，2016）。多数城市同比增长率峰值集中于统计中期，近几年增长速度有所降低，且其中有较多城市同比增长率为负值。

三是基于省会城市排名及其数据表征进行如下分析：2013年中部地区省会城市发明专利占专利总授权数比重排名依次为太原市（27.20%）、长沙市（22.49%）、武汉市（20.25%）、南昌市（14.02%）、合肥市（13.98%）、郑州市（11.71%）。到2020年，其比重排名依次为武汉市（24.92%）、长沙市（21.58%）、太原市（18.66%）、合肥市（18.49%）、南昌市（9.35%）、郑州市（8.45%）。其中，从排位变动来看：太原市下降了两个位次；武汉市上升了两个位次，位居首位，但相比于2013年首位的太原市（27.20%）来说，比重有所下降；长沙市排名不变；南昌市下降了一个位次；合肥市上升了一个位次；郑州市位次保持不变，位居末尾，且发明专利比重有所下降，约下降了3.3个百分点。

从同比增长率来看，中部地区各省会城市2020年发明专利占专利授权数比重的同比增长率皆为负值，依次为南昌市（-0.11%）、郑州市（-1.80%）、合肥市（-6.21%）、长沙市（-7.26%）、武汉市（-17.04%）、太原市（-20.58%）。中部六省省会城市发明专利授权数占专利总授权数比重同比增长率在2014~2016年基本都为正值，但2017~2020年大都为负值。如太原市2014~2020年同比增长率依次为5.39%、15.10%、7.76%、-12.44%、-23.89%、-0.90%，太原市近几年发明专利比重呈连续下降的趋势，创新质量有所降低。

第二节　中部地区创新发展指数测度结果与分析

一、基于省际层面的中部地区创新发展指数比较分析

基于中部六省2013~2020年各省份按GDP加权测算得出的创新发展指数（见图4-4），总体来看各省创新发展指数均呈上升趋势，湖北省创

新发展指数总体水平最高，表明湖北省总体创新发展水平较高，这得益于湖北全省科教资源丰富、创新投入力度大、产业创新提升明显以及创新生态活跃等因素；安徽省创新发展指数2013～2016年逐年上升，曲线较陡，增长速度较快，2016～2017年出现短暂下降，之后继续平稳上升；山西省2013～2015年创新发展指数增长较快，2015年之后曲线平缓，创新发展指数几乎没有增长并保持在平稳状态；江西省虽然创新发展指数总体水平较低，但逐年上升，且在2017年超过山西，发展态势较好；河南省创新发展指数总体情况与江西省相似，也逐年上升，但2020年位居江西省之后；湖南省创新发展指数保持平稳增长状态，曲线几乎与湖北省、河南省呈平行态势，表明这三省的创新发展指数增长速度不相上下。

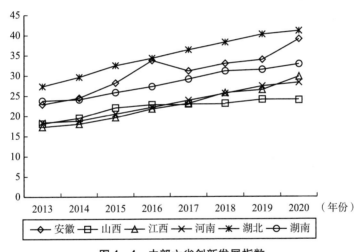

图4-4　中部六省创新发展指数

资料来源：根据测度结果整理计算得到。

就总体排名及其影响因素来看，全样本期内，湖北省创新发展指数始终排名第一，这与湖北省深入实施创新驱动发展战略，持续加强科技创新体系和科技创新能力建设有关，表明科技强省建设成势见效。2013～2020年，安徽、山西、江西、河南、湖北、湖南创新发展指数分别介于22～40、18～25、17～30、18～29、27～42和23～33。总体上，湖北省创新发展指数始终高于其他省份，江西省与河南省创新发展指数始终较低。根据包括全员劳动生产率、资本生产率、全要素生产率、科学研究与技术服务从业人员数占从业人员比重、每万人在校大学生人数、财政科学技术支出占财政预算支出比重、财政教育支出占财政预算支出比重、每万人三类专利授权数及发明专利授权数占专利总授权数比重等在内的九个主要指标，得出 2013～2020 年各省份各指标的均值，从中大概可以看出，湖北省财政科学技术支出占财政预算支出比重及每万人三类专利授权数这两个指标可能对于总体创新发展指数的贡献度较大。2013 年，各省创新发展指数排名依次为湖北、湖南、安徽、河南、山西、江西，到 2020 年，创新发展指数排名依次为湖北、安徽、湖南、江西、河南、山西，湖北创新发展指数由 27.35 增至 41.05，保持第一名；湖南创新发展指数由 23.79 增至 32.81，由第二名降至第三名；安徽创新发展指数由 22.89 增至 39.03，由第三名升至第二名；河南创新发展指数由 18.39 增至 28.26，由第三名降至第五名；山西创新发展指数由 18.1 增至 23.95，由第五名降至第六名；江西创新发展指数由 17.29 增至 29.75，由第六名升至第四名（见表 4－10）。

表 4－10   2013～2020 年中部六省创新发展指数

省份	2013 年	2014 年	2015 年	2016 年	2017 年	2018 年	2019 年	2020 年
安徽	22.89	24.50	28.18	33.70	31.11	32.94	33.90	39.03
山西	18.10	19.51	22.06	22.80	22.96	23.11	24.08	23.95
江西	17.29	18.04	19.63	21.75	23.09	25.73	26.46	29.75
河南	18.39	18.82	20.52	22.14	23.88	25.56	27.38	28.26
湖北	27.35	29.63	32.49	34.27	36.36	38.23	40.18	41.05
湖南	23.79	24.09	25.85	27.27	29.12	31.09	31.44	32.81

资料来源：根据测度结果整理计算得到。

就增长倍数来看，2013～2020 年，安徽、山西、江西、河南、湖北、湖南创新发展指数分别增长了 1.7 倍、1.32 倍、1.72 倍、1.54 倍、1.5 倍和 1.38 倍。中部地区各省创新发展指数的增长倍数排名依次为江西、安徽、河南、湖北、湖南、山西。其中，江西省创新发展指数的增长倍数最大，表明江西省 2013～2020 年创新发展水平有较大幅度增长，近年来，江西省聚焦创新资源集聚、核心技术攻关、创新高地建设、创新生态营造、扩大开放合作等方面，积蓄了江西科技创新的动力，在很大程度上促进了创新发展水平的提高；山西省创新发展指数的增长倍数最小，这与山西省样本期内创新发展水平都较低有关。

　　就同比增长率来看，在样本期内，中部六省除安徽2017年创新发展指数的同比增长率及山西2020年的同比增长率为负，其余省份样本期的同比增长率都为正，安徽创新发展指数的同比增长率介于-8%~20%，2016年的同比增长率最高，为19.58%，2017年的同比增长率最低，为-7.69%；山西创新发展指数的同比增长率介于-0.6%~14%，2015年的同比增长率最高，为13.11%，2020年的同比增长率最低，为-0.58%；江西创新发展指数的同比增长率介于2%~13%，2020年的同比增长率最高，为12.45%，2019年的同比增长率最低，为2.83%；河南创新发展指数的同比增长率介于2%~10%，2015年的同比增长率最高，为9.05%，2014年的同比增长率最低，为2.34%；湖北创新发展指数的同比增长率介于2%~10%，2015年的同比增长率最高，为9.64%，2020年的同比增长率最低，为2.16%；湖南创新发展指数的同比增长率介于1%~8%，2015年的同比增长率最高，为7.28%，2019年的同比增长率最低，为1.13%；安徽是样本期内同比增长率变化最大的省份，其他省份各年同比增长率变化较小，江西整体同比增长率高于湖南（见图4-5）。

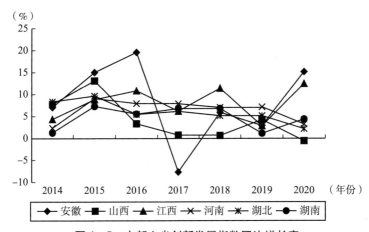

图4-5　中部六省创新发展指数同比增长率

资料来源：根据测度结果整理计算得到。

　　就年均增长率来看，安徽创新发展指数由22.89增至39.03，年均增长率为7.92%；山西创新发展指数由18.1增至23.95，年均增长率为4.08%；江西创新发展指数由17.29增至29.75，年均增长率为8.06%；河南创新发展指数由18.39增至28.26，年均增长率为6.33%；湖北创新发展指数由 27.35 增至 41.05，年均增长率为 5.97%；湖南创新发展指数由 23.79 增至 32.81，年均增长率为 4.7%。中部六省创新发展指数的年均增长率排名依次为江西、安徽、河南、湖北、湖南、山西，其中，江西省和安徽省创新发展指数的年均增长率最高，分别为 8.06% 和 7.92%，表明该省创新投入力度不断加大，创新产出稳步增加，创新能力和科技实力持续增强；而山西省创新发展指数的年均增长率最小，为 4.08%，表明山西创新水平还有很大的发展空间。

二、基于城市层面的中部地区创新发展指数比较分析

（一）中部地区省会城市创新指数的比较

从中部六省各省会创新指数来看（见表 4-11），2013 年武汉的创新指数最高，达到了 51.51，其次是太原（47.05）、长沙（46.86）。郑州、合肥、南昌三个省会的创新指数差距不大，都在 35 上下浮动。从 2020 年创新指数来看，排名第一的是武汉（69.44），合肥（65.59）紧随其后，其他四个省会城市创新指数均低于 60，依次是郑州（56.16）、长沙（55.22）、太原（53.59）和南昌（52.76），七年间太原市下降 10.25%，而合肥市增长 6.1%。

表 4-11　　　　　2013~2020 年中部地区各省会创新发展指数

省会	2013 年	2014 年	2015 年	2016 年	2017 年	2018 年	2019 年	2020 年
太原	47.05	49.26	51.57	52.14	55.53	56.83	59.71	53.59
合肥	34.90	38.32	44.05	55.00	50.23	55.45	61.82	65.59
南昌	35.46	37.64	39.91	43.71	46.30	49.60	51.38	52.76
郑州	35.72	36.03	43.74	46.41	49.85	55.25	60.75	56.16
武汉	51.51	55.45	60.15	62.95	66.42	69.38	75.35	69.44
长沙	46.86	47.12	49.90	51.98	54.10	58.48	59.25	55.22

资料来源：根据测度结果整理计算得到。

分指标来看，2013 年科学研究与技术服务从业人员数占从业人员比重这一指标，中部六省省会城市中排名第一的是长沙，也是上述省会城市中唯一一个科学研究与技术服务从业人员数占从业人员比重超过 4% 的城市。2020 年科学研究与技术服务从业人员数占从业人员比重中部这一

指标，六省省会中最高的是武汉市（4.83%），南昌市（2.86%）最低，中间四个省会排名分别为长沙市（4.17%）、郑州市（4.11%）、太原市（3.78%）、合肥市（3.37%）。从每万人在校大学生人数来看，2013年六省省会中排名第一的是武汉（1176），接近于合肥（623）的2倍。到2020年，南昌（1099）每万人在校大学生人数最多，而合肥（626）依旧最少，二者相差473人，郑州（919）排名第二，太原（906）排名第三，武汉（866）排名第四，长沙（693）排名第五。从财政科学技术支出占财政预算支出比重来看，2013年占比最高的是合肥（4.12%），太原（3.54%）次之，长沙（2.88%）、武汉（2.81%）再次之，而河南（2.12%）、南昌（1.29%）相对落后。2020年占比最高的依旧是合肥，达到了14.03%，相较2013年增长近10个百分点，占比排名第二至第六位依次为武汉（6.34%）、太原（5.38%）、南昌（4.44%）、郑州（4.02%）、长沙（3.69%）。从财政教育支出占财政预算支出比重来看，2013~2020年比重变化不大。2013年，六省省会按财政科学技术支出占财政预算支出比重排序依次为南昌（17.51%）、太原（17.15%）、长沙（16.92%）、合肥（16.56%）、郑州（16.30%）、武汉（12.23%）。2020年排名依次为合肥（16.97%）、南昌（16.12%）、长沙（15.39%）、太原（14.14%）、郑州（13.99%）、武汉（12.17%），与2013年总体差异极小。

从省会城市各指标2013~2020年的年均增长率来看（见表4-12），中部地区各省会创新指数年均增长率均大于1%。其中，城市创新指数年均增长率最高的是合肥，达到了9.43%，其次是郑州为6.68%，南昌、武汉分别位列第三、第四。长沙和太原年均增长率最低，仅为2%左右。从创新指数的分量指标来看，中部地区各省会城市的科学研究与技术服务从业人员数占从业人员比重、财政科学技术支出占财政预算支出比重年均增长率都大于1%。武汉、长沙、太原三市每万人在校大学生人数年均增长率小于1%，长沙、太原、南昌、郑州四市财政教育支出占财政预算支出比重年均增长率小于1%。

表4-12　　中部地区各省会2013~2020年创新发展指数增长情况　　单位：%

指标	太原	合肥	南昌	郑州	武汉	长沙
年均增长率	1.87	9.43	5.84	6.68	4.36	2.37
2020年同比增长率	-10.26	6.10	2.70	-7.56	-7.85	-6.79

资料来源：根据测度结果整理计算得到。

从省会城市各指标 2019~2020 年同比增长率来看（见表 4-3），中部六省省会城市创新指数同比增长率从大到小依次是合肥（6.10%）、南昌（2.70%）、长沙（-6.79%）、郑州（-7.56%）、武汉（-7.85%）、太原（-10.26%）。其中仅有合肥、南昌的同比增长率为正。从创新指数的分量指标来看，科学研究与技术服务从业人员数占从业人员比重的同比增长率最高的是合肥和南昌，二者都为 9%。郑州在六省省会城市中位列第三，同比增长 2%。武汉、长沙、太原 2020 年科学研究与技术服务从业人员数占从业人员比重的同比增长率为负值。2020 年武汉市每万人在校大学生人数同比增长 28%，其他五个省会城市同比增长率均为负值，其中，2020 年太原市每万人在校大学生人数相较上年减少了 31 个百分点。2020 年各省会财政科学技术支出占财政预算支出比重较上年均有所上升，同比增长率由大到小依次为太原、武汉、郑州、合肥、南昌、长沙，其中太原同比增长率达 42%，合肥、郑州二者均为 21%，而长沙仅为 7%。2020 年各省会财政教育支出占财政预算支出比重同比增长率为负的仅有合肥，长沙与太原同比增长率均为 4%，郑州为 8%，与最低的合肥相差 10%。

（二）中部地区城市创新发展指数的城市比较

除了基于省级层面及省会城市的创新指数分析外，中部六省各城市的创新发展指数分析也存在其必要性。通过微观角度的分析，可以加深对中部六省城市创新水平的认识，更细致地关注到城市的创新水平变化，从而更清晰地把握中部六省的创新水平演变进程。[①]

一是基于增长率、增长倍数及城市排名进行整体分析：2020 年中部地区各城市的创新发展指数相较于 2013 年的增长倍数排名依次为鹰潭市（1.56）、六安市（1.41）、赣州市（1.24）、宿州市（1.24）、襄阳市（1.19）、株洲市（1.11）、荆门市（1.10）、新余市（1.03）、上饶市（1.01）、萍乡市（1.01）。据统计，增长倍数超一倍的城市个数为 11 个，所占比例约为 14%；增长倍数大于等于 0.5 倍的城市个数为 34 个，所占比例约为 43%；增长倍数大于 0 小于 0.5 倍的城市个数为 34 个，所占比例约为 43%；仅有铜陵市为负增长，增长倍数为 -0.07 倍。中部六省中约 86% 的城市增长倍数小于 1 倍，整体创新发展指数增幅较小，未实现

---

① 资料来源：《中国城市统计年鉴》。

指数突破。从年均增长率来看，前十名城市依次为鹰潭市（14.37%）、六安市（13.40%）、赣州市（12.19%）、宿州市（12.18%）、襄阳市（11.87%）、株洲市（11.24%）、荆门市（11.19%）、新余市（10.68%）、上饶市（10.51%）、萍乡市（10.49%）。其中有五个城市属江西省，表明江西省创新指数增长较快。中部六省中绝大多数城市年均增长率皆在10%以下，其中安徽铜陵市年均增长率呈负值，为−1.04%。

二是基于统计时间与创新发展指数城市排名进行分布分析：在统计初期2013年，创新发展指数前十名的城市依次为武汉市（51.51）、太原市（47.05）、长沙市（47.05）、芜湖市（38.25）、郑州市（35.72）、南昌市（35.46）、合肥市（34.90）、铜陵市（33.72）、马鞍山市（24.62）、洛阳市（23.16）。从城市分布来看，各省进入前十名的城市频数排名依次为安徽省（4）、河南省（2）、湖北省（1）、山西省（1）、湖南省（1）、江西省（1）。可看出六省皆至少有一城市排名前十，各省进入前十名的城市频数所占比例按降序依次为安徽省（40%）、河南省（20%）、湖北省（10%）、山西省（10%）、湖南省（10%）、江西省（10%）。第十一名到第二十名城市依次为蚌埠市（23.08）、湘潭市（21.46）、株洲市（18.27）、淮南市（18.18）、焦作市（17.85）、宜昌市（17.54）、晋中市（17.42）、张家界市（16.47）、岳阳市（16.33）、常德市（16.24），各省城市频数排名依次为安徽省（6）、湖南省（6）、河南省（3）、山西省（2）、湖北省（2）、江西省（1）。第二十一名到第三十名城市依次为池州市（16.18）、新余市（16.09）、新乡市（15.80）、怀化市（15.10）、襄阳市（14.70）、景德镇市（14.55）、开封市（14.32）、滁州市（14.31）、黄山市（13.78）、许昌市（13.49），各省城市频数排名依次为安徽省（9）、湖南省（7）、河南省（6）、湖北省（3）、江西省（3）、山西省（2）。

到2020年，创新发展指数前十名城市依次为武汉市（69.44）、合肥市（65.59）、郑州市（56.16）、芜湖市（55.62）、长沙市（55.22）、太原市（53.59）、南昌市（52.76）、马鞍山市（42.91）、湘潭市（38.53）、株洲市（38.51）。从城市分布来看，各省进入前十名的城市频数排名依次为安徽省（3）、湖南省（3）、湖北省（1）、河南省（1）、江西省（1）、山西省（1）。创新发展指数第十一名到第二十名依次为新余市（32.72）、襄阳市（32.23）、铜陵市（31.35）、鹰潭市（30.77）、宜昌市（30.76）、洛阳市（29.76）、蚌埠市（28.72）、滁州市（27.67）、九江市（26.49）、新乡市（25.64），各省城市频数排名依次为安徽省（6）、江西省（4）、湖北省（3）、湖南省（3）、河南省（3）、山西省（1）。创新发展指数第二十一名到第三十名城市排名依次为晋中市（25.48）、宣城市（25.37）、赣州市（25.10）、许昌市（24.50）、池州市（24.46）、常德市（24.36）、黄山市（24.14）、焦作市（24.00）、安庆市（23.76）、萍乡市（23.64），各省城市频数排名依次为安徽省（10）、江西省（6）、河南省（5）、湖南省（4）、湖北省（3）、山西省（2）。

基于2013年与2020年的创新发展指数排名靠前城市的省际分布情况的对比分析：创新发展指数排名前十的城市省份分布变化情况如下：安徽省（-1）、湖南省（+2）、湖北省（0）、河南省（-1）、江西省（0）、山西省（0）；创新发展指数排名前二十的城市省份分布变化情况如下：安徽省（0）、江西省（+3）、湖北省（+1）、湖南省（-3）、河南省（0）、山西省（-1）。创新发展指数排名前三十的城市省份分布变化情况如下：安徽省（+1）、江西省（+3）、河南省（-1）、湖南省（-3）、湖北省（0）、山西省（0），总体来说城市数排名分布变化不大。

三是基于多数据区间进行统计时期的比较分析：根据数据特征，将2013年中部六省城市创新指数分为五个数值区间：0~10.00、10.00~13.00、13.00~18.00、18.00~24.00、24.00~51.51，其分布情况为：2013年中部六省城市创新指数居于0~10.00之间的城市有9个：宿州市（9.98）、六安市（9.68）、晋城市（9.68）、大同市（9.60）、朔州市（9.50）、忻州市（8.74）、随州市（8.66）、上饶市（8.05）、邵阳市（7.38）。六省城市频数依次为安徽省（2）、山西省（4）、湖北省（1）、江西省（1）、湖南省（1）、河南省（0）；居于10.00~13.00之间的城市有37个，居此数段区间的城市个数占六省城市的比重高达46.25%，为所含城市个数最密集的数段区间。其中，六省城市频数依次为安徽省（3）、山西省（5）、湖北省（8）、江西省（6）、湖南省（5）、河南省（10）；居于13.00~18.00之间的有20个城市，居此数段区间的城市个数占六省城市比重达25%。其中，六省城市频数依次为安徽省（5）、山西省（1）、湖北省（2）、江西省（3）、湖南省（4）、河南省（5）；居于18.00~24.00之间的城市个数为5，依次为洛阳市（23.16）、蚌埠市（23.08）、湘潭市（21.46）、株洲市（18.27）、淮南市（18.18）。其中，六省城市频数依次为安徽省（2）、山西省（0）、湖北省（0）、江西省（0）、湖南省（2）、河南省（1）；居于24.00～51.51之间的城市个数为9，六省城市频数依次为安徽省（4）、山西省（1）、湖北省（1）、江西省（1）、湖南省（1）、河南省（1）。根据数据特征，将2020年中部六省城市创新指数分为五个数值区间：0～16.00、16.00～21.00、21.00～28.00、28.00～42.00、42.00～69.44，其分布情况为：2020年中部六省城市创新指数居于0～16.00之间的城市有17个，居此数段区间的城市个数占六省城市比重达21.25%，六省城市频数依次为安徽省（0）、山西省（9）、湖北省（2）、江西省（0）、湖南省（2）、河南省（4）；居于16.00～21.00之间的城市有21个，居此数段区间的城市个数占六省城市比重达26.25%。其中，六省城市频数依次为安徽省（2）、山西省（0）、湖北省（4）、江西省（3）、湖南省（5）、河南省（7）；居于21.00～28.00之间的城市有25个，居此数段区间的城市个数占六省城市比重达31.25%。其中，六省城市频数依次为安徽省（9）、山西省（1）、湖北省（3）、江西省（5）、湖南省（3）、河南省（4）；居于28.00～42.00之间的城市个数为9，依次为湘潭市（38.53）、株洲市（38.51）、新余市（32.72）、襄阳市（32.23）、铜陵市（31.35）、鹰潭市（30.77）、宜昌市（30.76）、洛阳市（29.76）、蚌埠市（28.72）。其中，六省城市频数依次为安徽省（2）、山西省（0）、湖北省（2）、江西省（2）、湖南省（2）、河南省（1）；居于42.00～69.44之间的城市个数为8，六省城市频数依次为安徽省（3）、山西省（1）、湖北省（1）、江西省（1）、湖南省（1）、河南省（1）。

第三节　案例分析：武汉市推动创新引领经济高质量发展的经验

一、创新对经济高质量发展的作用机理及政策响应

新发展阶段，科技创新这一"关键变量"已然成为经济高质量发展的"最大增量"。科技创新不仅为新兴产业成长开辟崭新道路，也为传统产业改造拓展生命空间，特别是高新技术应用成为高质量发展的新引擎，在产业升级中扮演极其重要的角色。科技创新与产业升级交互影响加速

区域高质量发展进程。高质量发展是一个演进过程，技术要素是推动演进的直接要件，然而要真正发挥技术创新的动能，必须嫁接于产业升级的基础。高质量发展倒逼产业升级，而产业升级又倒逼技术创新能力提高，反向推动产业结构调整和地区高质量发展，由此形成相互制约、相互支持的关系。从我国科技创新与产业升级对经济增长的贡献率分析可以看出（见图4-6），党的十八大以来科技创新与产业升级加快，对于经济增长的贡献率已超过50%，并呈更高拉动态势（周唯杰，2022）。为此，我国各省均高度重视创新的发展。

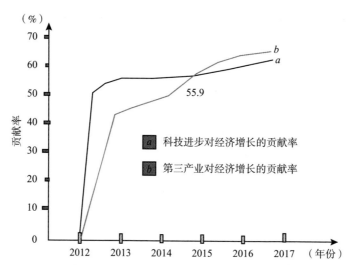

图4-6　科技创新与产业升级交互性影响对高质量发展的拉动

资料来源：周唯杰. 技术创新与产业升级对区域经济高质量发展的作用机理探讨［J］. 商业经济研究，2022（2）：170-172.

在"惜字如金"的政府工作报告中，中部六省十分强调"创新"。湖北提出坚定不移实施创新驱动发展战略，打造产教研成果转化联动体，技术市场成交额达到2500亿元以上。河南提出重建重振省科学院，与中原科技城、国家技术转移郑州中心融合发展，打造全省科技创新策源地；新建20家中原学者工作站，培育中原学者、中原领军人才150人，新设博士后流动站不少于20个。湖南提出加快创新型省份建设，构建以长株潭国家自主创新示范区为引领、以郴州国家可持续发展议程创新示范区和创新型城市、创新型县市、"科创中国"试点城市为依托的区域创新体系。安徽提出要优化"揭榜挂帅"攻关机制，启动"科大硅谷"建设，努力打造科技体制改革的"试验田"和高科技企业成长的"高产田"。江西提出要打好关键核心技术攻坚战，深入摸排"2 + 6 + N"产业"卡脖子"问题，实施十大重大科技创新项目；实现全社会研发经费支出占GDP 比重 1.9% 以上。山西提出布局建设 3 ~ 5 个省实验室，力争省重点实验室达到 140 个；争创煤气化国家技术创新中心，新建 30 个省技术创新中心[①]。

二、武汉市创新发展现状评述

《中国区域创新能力评价报告（2021）》显示，2021 年中部六省综合科技创新水平指数由大到小依次为湖北 > 安徽 > 湖南 > 江西 > 河南 > 山西。《中国城市科技创新发展报告（2021）》显示，2021 年全国城市创新环境指数得分前十名的城市中，中部六省仅有武汉这一座城市入榜。从《中国新一线城市创新力报告（2021）》发布结果来看，中部六省中也仅有武汉综合发展指数位居前十位。可见，湖北省尤其是其省会武汉市具有相对较强的创新能力和水平。具体从如下三个方面来看（谭芳，2022）：

（一）武汉市战略性新兴产业发展位居全国前列

武汉市 2020 年规模以上高新技术产业增加值达 4023.10 亿元，占GDP 比重 25.8%。在战略性新兴产业发展方面卓有成效。一是建有四大国家级产业基地。2017 ~ 2021 年，湖北省大力实施战略性新兴产业倍增计划，存储器、航天产业、网络安全与创新、新能源与智能网联汽车等四大国家级产业基地在汉加快建设，武汉市以东湖高新区为核心承载区，集成电路、新型显示器件、下一代信息网络、生物医药等 4 个产业集群入选国家首批战略性新兴产业集群，数量与北京、上海并列第一，新兴产业规模和能级持续提升，日益成为引领工业经济高质量发展的新引擎。二是智能网联车路协同技术全国领先。湖北省形成了以武汉为核心，以"汉孝随襄十"汽车走廊为重点，宜昌、荆州、荆门、黄冈等地协同发展的产业布局。其中，武汉入选国家首批智慧城市基础设施和智能网联汽车协同发展试点城市，车路协同技术全国领先；国家工业互联网顶级节点落户武汉；全国首个"星火·链网"超级节点在汉建成上线；武汉获

---

① 孙科：《中部六省纷纷打出"创新牌"　各省的发力点是什么》，载于《河南商报》2022年 2 月 11 日。

批中国软件名城、国家新一代人工智能创新发展试验区；在汉的格创东智公司智能平台入选国家级工业互联网双跨平台，实现零的突破。三是科技型中小企业快速增长。光谷科创大走廊加快建设，信息光电子、数字化设计与制造创新中心成功创建为国家级制造业创新中心且中心都在武汉。以东湖高新区为例，湖北东湖科学城建设全面启动，5大湖北实验室挂牌运营，5个重大科技基础设施、5个国家创新中心获批，国家级人类遗传资源库、武汉人工智能计算中心建成运营，武汉产业创新发展研究院、武汉量子技术研究院揭牌成立，已形成覆盖基础研究、前沿技术、产业关键核心技术和科技成果转化的全链条创新体系①。

（二）武汉市高校教育资源丰富

据教育部统计结果显示，武汉市高校数量（83所）位列全国第二，仅次于北京市（92所），且高校种类齐全，含本科院校46所，专科院校37所，其中军事类院校7所，双一流大学7所。2020年，武汉市普通高等学校在校学生数达1067206万人，仅次于广州市和郑州市，是在校大学生数量排名全国第三、中部六省第二的城市；普通高等学校专任教师数达61599人，在中部六省中位居首位，超出第二名郑州市2261人；普通高等学校平均每一专任教师负担学生17.33人，较2013年（21.83）降低了20.61%。不断推动科教优势转化为创新发展优势，是武汉市找准科技创新突破口和发力点，加快塑造武汉竞争新优势的关键所在②。

（三）武汉市科学技术成果斐然

2020年，武汉市有地区科技研究机构101个，国家重点实验室27个，国家工程实验室3个，国家级工程技术研究中心19个。拥有中国科学院院士29人，中国工程院院士41人。全年技术合同认定登记23835项；技术合同成交额942.30亿元。全年专利申请量93950件，授权量58923件，发明专利申请量34635件③，授权量14667件。每万人发明专利拥有量达51.87件。国际PCT专利申请量1389件。根据《湖北省人民政府关于2021年度湖北省科学技术奖励的决定》，授予300项（人）省

---

① 谭芳：《引领工业经济高质量发展新引擎，武汉国家首批战略性新兴产业集群数量居前列》，载于《长江日报》2022年5月30日。
② 资料来源：中华人民共和国教育部、《中国城市统计年鉴2021》和《中国城市统计年鉴2014》。
③ 资料来源：《2020年武汉市国民经济和社会发展统计公报》。

科学技术奖励，获奖项目具有三大特点：一是创新策源能力提升，与2020年相比，自然科学奖项目数占比从12.3%增加到14.3%，技术发明奖项目数占比从9.2%增加到13.3%，不断向创新链上游迈进。二是协同创新成效明显。获奖的应用研究类项目中，高校院所与企业合作完成的项目数占比达85.8%。三是重点领域成果涌现，尤其是在"光芯屏端网"、智能制造、生物医药等重点产业领域。

三、创新驱动武汉经济高质量发展的实证研究和典型经验

从创新维度指数和经济高质量发展指数来看（见表4-12），2013~2020年，武汉市上述两个指标历年在中部地区均位居第一。2013~2020年武汉市创新维度指数依次为51.51、55.46、60.15、62.95、66.42、69.38、75.35和69.44，分别高出同期中部地区创新整体水平29.83、32.67、35.02、35.60、38.11、39.28、43.93和36.22，除2020年外，武汉市创新指数呈逐年上升趋势且与中部地区创新整体水平之间的差距呈扩大之势。可见，武汉市创新水平居中部地区首位且创新优势日益凸显。具体来看，武汉市在人均专利授权数（2020年武汉市在中部地区的位次为1/80）、发明专利授权占比（2/80）、科学研究与技术服务从业人员占比（2/80）方面具有绝对优势，在财政科学技术支出占比（4/80）、万人在校大学生人数（4/80）、资本生产率（6/80）和全要素生产率（7/80）方面也表现优异。此外，尽管武汉市协调水平弱于太原市，绿色水平弱于江西省和湖南省部分城市（2020年武汉市绿色指数位次为14/80），开放水平弱于郑州市，但在创新战略驱动下，武汉市经济高质量发展总指数历年均居中部地区首位，中部地区经济高质量总指数整体水平仅相当于武汉市的42.28%~53.64%。因此，武汉市具有相对更为优越的创新条件，由此驱动经济实现高质量发展。

表4-13　　　　2013~2020年武汉市和中部地区各指数情况

年份	创新		协调		绿色		开放		共享		总指数	
	武汉市	中部平均	武汉市	中部平均	武汉市	中部平均	武汉市	中部平均	武汉市	中部平均	武汉市	中部平均
2013	51.51	21.68	69.98	22.27	72.01	64.23	37.49	13.50	63.67	29.94	74.88	31.66
2014	55.46	22.79	64.14	23.48	72.49	66.24	41.96	14.62	66.13	30.90	76.60	34.01
2015	60.15	25.14	65.60	24.43	75.50	67.48	46.15	15.67	64.08	30.57	80.83	35.89

续表

年份	创新		协调		绿色		开放		共享		总指数	
	武汉市	中部平均	武汉市	中部平均	武汉市	中部平均	武汉市	中部平均	武汉市	中部平均	武汉市	中部平均
2016	62.95	27.34	65.02	25.55	76.83	71.17	47.30	16.20	69.40	31.62	83.89	39.26
2017	66.42	28.31	68.50	26.59	73.01	72.79	51.66	17.91	76.82	33.10	87.18	41.63
2018	69.38	30.10	51.67	25.98	75.25	73.50	56.05	19.46	79.92	34.51	86.42	43.20
2019	75.35	31.42	53.44	27.72	75.07	74.22	60.92	20.33	81.65	35.54	90.60	45.03
2020	69.44	33.22	42.76	27.23	76.72	74.08	57.88	21.66	84.36	37.61	86.27	46.28

资料来源：根据测度结果整理计算得到。

高新技术企业既是创新活动的核心参与主体，也是城市创新空间发展的重要载体，代表了城市的创新发展水平，对其分布和演化特征的刻画能够最大限度地反映城市创新空间活动的发展逻辑和规律。唐永伟等（2021）基于武汉市 2827 家高新技术企业微观数据，尝试透视城市创新活动的时空演进轨迹，探讨其背后的内在生成逻辑。首先根据公布的高新技术企业名录，通过 Python 语言编程技术，在网络上获取武汉市行政区边界、主要道路网数据和企业工商注册数据。然后根据企业地址文本信息通过地理反编码技术，获得企业的地理空间位置信息（经纬度地址），从而实现企业的批量地理定位。在此基础上利用 ArcGIS10.2 软件平台，将企业地理位置信息、工商注册数据信息与武汉市行政区边界、主要道路网数据集成，并建立结构化数据。最后用核密度估算法，识别不同类型、不同时空尺度下高新技术企业的创新活动特征。

通过对武汉市高新技术企业的空间发展进行分析，从静态和动态两个维度阐释城市创新空间活动的时空演进特征并揭示其内在生成逻辑，发现：①从城市创新空间发展的静态特征来看，武汉市创新空间格局整体表现为"一核三轴多中心"；城市创新活动主体以中小微企业为主且兼具行业集聚性；创新活动空间组织呈"多层次、网络化、特色化"。②从城市创新空间发展的动态演进特征来看，创新空间格局表现出基于竞租能力差异的圈层式衍生特征；创新主体培育呈现出与国家政策同步进阶发展的特性；创新空间组织呈"分散—集聚—极化—扩散"的演变态势。③从城市创新空间发展时空演进的内在生成逻辑来看，"政府＋市场"双轮驱动、创新活动分工带动创新主体多元化集群发展、创新要素需求敏感性和差异化加速创新活动空间重构是城市创新空间时空演进的内在生成逻辑。

对此，提出如下经验建议：政府应当充分把握城市创新活动空间的演变特征和规律，为城市创新发展创造良好环境。第一，主动作为，做好高品质创新空间的营造，通过优化创新空间布局，促进创新活动的发生。特别是要转变创新空间营造理念和营造方式，适应创新空间发展的开放性、协同性需求，以创新空间设计服务创新空间生长。第二，加强城市创新要素资源的精准投放，培育壮大城市创新主体。既要重视资金、土地、交通、设备等创新要素的投放，又要重视创新主体所需要的人文、生态、医疗、教育等软环境的供给，贯彻以人为本理念引领城市创新空间发展。第三，优化创新要素市场化配置体制机制，引导多元主体参与到城市创新空间发展中来，形成多主体参与、多元共生的协同创新发展格局。

参考文献

［1］关成华，赵峥，刘杨．中国城市科技创新发展报告（2021）［M］．科学技术文献出版社，2022．

［2］聂长飞，简新华．中国高质量发展的测度及省际现状的分析比较［J］．数量经济技术经济研究，2020（2）．

［3］孙科．中部六省纷纷打出"创新"牌　各省的发力点是什么［J］．河南商报，2022.2.11．

［4］谭芳．引领工业经济高质量发展新引擎，武汉国家首批战略性新兴产业集群数量居前列［J］．长江日报，2022.5.30．

［5］唐永伟，唐将伟，熊建华．城市创新空间发展的时空演进特征与内生逻辑——基于武汉市 2827 家高新技术企业数据的分析［J］．经济地理，2021（1）．

［6］王圣云，李汝资，向云波．长江经济带创新发展报告（2021）［M］．经济科学出版社，2021．

［7］王圣云，王振翰，姚行仁．中国区域创新能力测度与协同创新网络结构分析［J］．长江流域资源与环境，2021（10）．

［8］中国科技发展战略研究小组，中国科学院大学中国创新创业管理研究中心．中国区域创新能力评价报告（2021）［M］．科学技术文献出版社，2022．

第五章

中部地区协调发展评价

党的十八届五中全会提出"创新、协调、绿色、开放、共享"五大发展理念,为"十三五"及未来较长一段时期我国经济社会发展的方向、原则、路径和目标等,做出清晰坚定的规划。五大发展理念之中的"协调"发展理念,要求统筹城乡发展、统筹区域发展、统筹经济社会发展、统筹人与自然和谐发展、统筹国内发展和对外开放,要求推进生产力和生产关系、经济基础和上层建筑相协调,推进经济、政治、文化建设的各个环节、各个方面相协调。

社会经济发展需要内部的有机协调。在国家内部存在各个区域,一个经济体内也有纵横旁侧的相关部分,彼此相互联系影响,需要在协调机制下协作。国内和国际是动态演化的有机体,彼此发展融合需要协调。我国国民经济和整个社会也是一个相互联系的统一整体,我们需要认识彼此真实联系,探究其内在逻辑并依据内在联系改善其运行和发展状态,尝试尊重客观规律基础上拓展和建立新的最佳联系,从而实现有利于发展目标的协调发展路径。从发展的眼光看,协调发展就是牢牢把握中国特色社会主义事业总体布局,正确处理发展中的重大关系,促进全社会的整体良性发展。

聚焦于国内的区域经济协调发展层面,我国大经济区域如长三角、珠三角、京津冀、中西部、长江带、东北区和"一带一路"等,这些貌似不同的区域间及其内部,本质都是国内循环圈内有着广泛交互共生和各种联系的有机体,既需要内部不断推进技术发展和经济增长,区域间也需要协调发展。本书对中部地区高质量发展的分析框架,选择"创新、协调、绿色、开放、共享"五大发展新理念作为五个研究维度。本章主要基于"协调"维度,选择中部地区六个省份 80 个城市于 2013~2020 年的相关统计信息开展分析研究。

第一节 中部地区协调发展单指标特征分析

在本书的分析框架中，针对"协调"维度的测度评价，分解为五个二级指标，分别为"城乡协调""产业结构""消费结构""金融结构""财政收支结构"。对应相应的五个二级指标，设立六个三级指标进行量化分析，分别是城镇化水平、城乡居民收入差距、产业结构高级化、消费率、金融深化指数以及财政自给率六个指标。现结合 80 个城市于 2013 ~ 2020 年相应数据进行说明。

一、城乡协调

《中华人民共和国国民经济和社会发展第十四个五年规划和 2035 年远景目标纲要》在提出"十四五"时期经济社会发展主要目标时强调，"农业基础更加稳固，城乡区域发展协调性明显增强"。"十四五"以及未来一段时期，我们必然需要在推动城乡融合发展方面花更多心思、做更多努力、有更多尝试，才可能实现更高的发展要求。城市与乡村是一个有机体，二者相互依存、相互融合、互促共荣。增强城乡发展协调性，要从乡村和城镇两方面着力，健全城乡融合发展体制机制。在这个思路下，城乡协调发展涵盖了丰富的内容。总体来说，必然包含全面实施乡村振兴战略、完善新型城镇化战略、健全城乡融合发展体制机制三大方面。全面实施乡村振兴战略，补齐农业农村短板，是增强城乡发展协调性的内在要求。新型城镇化要充分考虑增强城乡发展协调性的要求，更好推进以人为核心的新型城镇化，使城市更健康、更安全、更宜居，成为人民群众高品质生活空间。健全城乡融合发展体制机制。这是实现乡村振兴的必然要求，也是实现工业反哺农业、城市支持农村的重要保障。"十四五"时期促进城乡融合发展，应健全有利于城乡要素合理配置的体制机制，坚决破除妨碍城乡要素自由流动和平等交换的体制机制壁垒，促进各类要素更多向乡村流动。

基于以上分析思路，在对二级指标"城乡协调"的量化分析中，根据数据可得性、现有研究成果和研究目标，我们选择了"城镇化水平"和"城乡居民收入差距"两个三级指标。

（一）城镇化水平

城镇化（urbanization level）具有较典型汉语语境，在英文里为 urbanization 或 urbanisation，更多翻译为城市化。它的出现和推广是以工业化（industrialization）为契机，既内含生产力演进特征，也描述人口空间分布的特点。城镇化通常指某个区域或地理空间的农业人口转化为非农业人口、农业地域转化为非农业地域、农业活动转化为非农业活动的过程。它包含三层意思：一是反映一个地区、一个国家或全世界居住在大、中、小城镇中的人口占城乡总人口的比例；二是集聚程度达到称为"城镇"的居民点的数目；三是单个城市的人口和用地规模。城镇化水平是区域经济发展程度的重要标志。

本书对城镇化水平指标选择的表征值是城市的常住人口城镇化率。在我国对于城镇化水平通常选择两个视角，其一是户籍人口城镇化率，其二是常住人口城镇化率。我国的户籍制度捆绑着相对应的社会福利制度，户籍制度改革也尚在推进之中，因此户籍人口在当前社会经济发展背景下，不能准确反映人口流动的真实情况。当前城乡人口流动主要以常住人口形式体现，这是我们采取常住人口城镇化率表征不同城市城镇化水平的原因。

表 5-1 是对 2013~2020 年省级层面常住人口城镇化率的一个归类整理。显然，工业化推进较早的省份如山西和湖北，在第一个数据点 2013 年就超过 50%；在最后一个数据点 2020 年，中部六省的常住人口城镇化率都超过 50%，山西和湖北已经接近，都处于 62.5%~63% 区间。

表 5-1　　　　　中部六省常住人口城镇化率（2013~2020）　　　　单位：%

省份	2013 年	2014 年	2015 年	2016 年	2017 年	2018 年	2019 年	2020 年
山西	52.87	54.31	55.87	57.26	58.60	59.85	61.28	62.52
安徽	47.86	49.31	50.97	52.63	54.28	55.65	57.03	58.33
江西	49.04	50.56	52.31	53.98	55.71	57.35	59.08	60.43
河南	45.39	47.29	49.17	50.83	52.43	54.22	55.65	56.12
湖北	54.50	55.73	57.18	58.57	59.87	60.99	61.84	62.89
湖南	47.64	48.98	50.79	52.69	54.62	56.10	57.45	58.77

资料来源：根据历年各省统计年鉴整理、汇总得到。

相比山西和湖北，江西、河南、湖南和安徽的城镇化率较低。我国的城镇化加速主要是进入 21 世纪之后，其中的加速阶段主要在 2010 年后。从表 5－1 的城镇化率并不能直观看到增长速度，因此基于表 5－1 的数据，以环比增长率形式为内容的表 5－2 反映中部六省的城镇化率增长速度。

表 5－2　　　中部六省常住人口城镇化率增长率（2014～2020）　　　单位：%

省份	2014 年	2015 年	2016 年	2017 年	2018 年	2019 年	2020 年
山西	2.72	2.87	2.49	2.35	2.13	2.39	2.02
安徽	3.02	3.38	3.24	3.15	2.51	2.48	2.29
江西	3.10	3.46	3.20	3.20	2.94	3.02	2.29
河南	4.19	3.98	3.37	3.14	3.42	2.64	0.84
湖北	2.25	2.61	2.44	2.22	1.87	1.38	1.70
湖南	2.82	3.71	3.74	3.66	2.70	2.42	2.28

资料来源：根据历年各省统计年鉴整理、汇总得到。

从省际层面的人口城镇化率增长情况看，进入接近 60% 时增速会开始下降。中部地区城镇化水平较低的省份如河南和安徽，其增长率也相对较快。河南 2014 年的增长率达到 4.19%，随后几年也都在 3% 以上。安徽情况类似，基本呈现了较快的城镇化增速。

从省际层面城镇化率深入到具体城市城镇化率来看，各省的省会和经济发达城市之间存在较大的差异。选择中部六省具有一定规模的 80 个城市，对其中历年城镇化率最高的 10 个城市进行排列。限于规模，表 5－3 选取 2016～2020 年中部六省的城镇化率 TOP 10。

表 5－3　　　中部 6 省城市常住人口城镇化率 TOP 10（2016～2020）　　　单位：%

序号	2016 年		2017 年		2018 年		2019 年		2020 年	
1	太原市	86.66	太原市	87.21	太原市	87.73	太原市	88.50	太原市	89.06
2	武汉市	79.77	武汉市	80.04	武汉市	83.29	武汉市	83.84	武汉市	84.31
3	长沙市	75.99	长沙市	77.59	长沙市	79.12	长沙市	79.56	长沙市	82.60
4	南昌市	73.50	南昌市	74.83	南昌市	76.09	南昌市	77.52	合肥市	82.28
5	合肥市	72.05	合肥市	73.75	合肥市	74.97	合肥市	76.33	郑州市	78.40
6	郑州市	71.02	新余市	72.27	郑州市	73.38	郑州市	74.58	南昌市	78.08

序号	2016 年		2017 年		2018 年		2019 年		2020 年	
7	新余市	70.79	郑州市	72.23	新余市	72.47	新余市	72.67	新余市	73.59
8	马鞍山市	67.50	马鞍山市	69.10	马鞍山市	69.70	大同市	71.05	大同市	72.69
9	阳泉市	67.13	阳泉市	68.13	株洲市	69.38	马鞍山市	70.70	芜湖市	72.31
10	大同市	65.80	大同市	67.53	大同市	69.15	株洲市	70.62	马鞍山市	71.69

资料来源：《中国城市统计年鉴》、各省统计年鉴、各市国民经济和社会发展统计公报、EPS 数据库。

表 5 - 3 中排名前三的城市相对稳定，分别为太原、武汉和长沙，三个城市分别是山西、湖北和湖南的省会城市。在 2020 年，城镇化率最高的城市太原已经接近 90%，排名第 6 的南昌也超过 78%。从这些城市的城镇化进程中，可以看到其他城市未来城镇化率提升的趋势。

（二）城乡居民收入差距

我国城乡二元体制下，尤其是从农业国进入工业化并转向工业化国家的过程中，农业、农民、农村为社会发展和经济转型承担很多。一个突出的表现是，长期以来农产品和工业品的剪刀差导致不同产业间收入差距较大，同时表现为城乡居民收入差距较大。党的十八大以来，我国经济实力持续跃升，人民生活水平全面提高，居民收入分配格局逐步改善。虽然存在贫富差距，城乡、地区和不同群体居民收入差距总体上趋于缩小。从区域收入的差距来看，东部、西部、东部地区和中部地区差距明显；中部地区六省之间，收入差距也客观存在。城乡收入差距是诸多收入差距中的一个方面。

基尼系数是衡量居民收入差距的常用指标。基尼系数通常用居民收入来计算，也用消费支出来计算，世界银行对这两种指标都进行了计算。按居民收入计算，近十几年我国基尼系数总体呈波动下降态势。全国居民人均可支配收入基尼系数在 2008 年达到最高点 0.491 后，2009 年至今呈现波动下降态势，2020 年降至 0.468，累计下降 0.023。同时居民收入分配调节在加大。中国社会科学院农村发展研究所、中国社会科学出版社 2022 年 7 月在北京联合举行了《中国农村发展报告 2022》发布会，提出未来城乡居民收入差距将呈现明显下降趋势，2035 年城乡收入比降至 1.8，2050 年进一步下降到 1.2，而城乡消费差距将在 2035 年下降至

1.3，2050 年城乡消费水平将无明显差距。

中国城乡居民收入差距主要源于工资性收入差距，目前占全部城乡居民收入差距的比例达到 70% 以上[①]，而城乡居民人力资本差异与非农就业率差异是导致城乡居民工资性收入差距的主要原因。课题组选择"城市居民人均可支配收入/农村居民人均可支配收入"表征中部六省城乡居民收入差距，以其比值作为城乡协调维度的重要参考指标，具体如表 5 - 4所示。

表 5 - 4　　　　　中部六省城乡居民收入比（2013～2020）

年份	山西	江西	湖南	湖北	河南	安徽
2013	2.800	2.434	2.697	2.339	2.424	2.575
2014	2.732	2.403	2.641	2.291	2.375	2.505
2015	2.732	2.379	2.623	2.284	2.357	2.489
2016	2.713	2.362	2.622	2.309	2.328	2.488
2017	2.701	2.356	2.624	2.309	2.324	2.480
2018	2.641	2.339	2.604	2.300	2.305	2.457
2019	2.578	2.314	2.588	2.294	2.255	2.435
2020	2.507	2.271	2.514	2.251	2.157	2.373

资料来源：根据历年各省统计年鉴、各市国民经济和社会发展统计公报整理汇总。

总体来看，各省之间相同年份的城乡居民收入比具有显著差距；时间序列下各省的城乡差距比不断缩小趋势，与城乡区域协调发展目标具有一致性。在表 5 - 4 初始年份 2013 年，山西的城乡收入差距达到 2.80，湖北以 2.339 处于中部城乡收入差距最小省份。2020 年中部六省中城乡居民收入差距最大的是湖南，达到 2.514，山西仍以 2.507 位于湖南之后。收入差距比最小的是河南，城乡居民收入差距比为 2.157，江西以2.271 排在第 5 位。纵向来看，每个省的城乡居民收入比都在下降，下降幅度最大的无疑是山西，初始差距较大是重要原因。湖南在近几年的城乡居民收入差距改善幅度有限。

聚焦到中部六省的各个城市，城乡居民收入比呈现更大的差异。逻

---

① 魏后凯，杜志雄. 中国农村发展报告（2022）——促进农民农村共同富裕 [M]. 中国社会科学出版社，2022.

辑上也容易理解，省级层面相比市级层面，包容性和平衡性更强；市级层面容量较小，区域差异因而更加显著。表 5 - 5 是对中部 80 个城市在2016～2020 年城乡收入比排序后选取的 TOP 10，具体如表 5 - 5 所示。

表 5 - 5　　中部六省城乡居民收入比 TOP 10 城市（2016 - 2020）

序号	2016 年		2017 年		2018 年		2019 年		2020 年	
1	忻州市	3.557	忻州市	3.497	忻州市	3.414	忻州市	3.308	忻州市	3.216
2	大同市	3.197	大同市	3.157	大同市	3.080	大同市	3.007	大同市	2.924
3	吕梁市	3.163	吕梁市	3.122	吕梁市	3.025	十堰市	2.951	吕梁市	2.851
4	赣州市	3.103	赣州市	3.043	十堰市	2.989	吕梁市	2.929	赣州市	2.841
5	十堰市	3.057	十堰市	3.043	赣州市	2.983	赣州市	2.917	十堰市	2.794
6	怀化市	2.833	怀化市	2.774	怀化市	2.722	怀化市	2.678	怀化市	2.529
7	运城市	2.738	运城市	2.732	运城市	2.666	运城市	2.604	运城市	2.528
8	临汾市	2.707	临汾市	2.688	临汾市	2.639	洛阳市	2.580	临汾市	2.497
9	张家界市	2.695	洛阳市	2.660	洛阳市	2.635	临汾市	2.568	上饶市	2.495
10	洛阳市	2.684	张家界市	2.640	商丘市	2.607	张家界市	2.558	洛阳市	2.471

资料来源：各市统计年鉴、国民经济和社会发展统计公报、EPS 数据库。

对比表 5 - 4 和表 5 - 5，发现城市间的城乡收入比差距显著大于省际差异。2016 年忻州市的城乡居民收入比达到 3.557，同年份中部六省城乡居民收入比差距最大的是山西的 2.713。表 5 - 5 反映中部六省主要城市的城乡居民收入比发展趋势与省际趋势趋同，其一是差距逐渐缩小，这也是协调发展、可持续发展和和谐发展的应有之义。无论是从每年的城乡收入比极值，还是具体城市在时间序列下的发展，都呈现出逐渐收敛的趋势；其二，个别城市的城乡收入比差距大持续性较强。以表 5 - 5 中的各年份的前三位城市为例，除 2019 年十堰市的例外情况，其他城市基本固定。即使把相关范围扩大到前五或前十，城乡居民收入差距较大的城市也基本是这些城市。

二、产　业　结　构

产业结构通常是指农业、工业和服务业在一国经济结构中所占的比重。社会生产的产业结构是在一般分工和特殊分工的基础上产生和发展起来的。从部门来看，主要是农业、轻工业、重工业、建筑业、商业、服务业等部门之间的关系，以及各产业部门的内部关系。产业结构是经济结构的重要部分，是经济协调发展的重要内容。课题组在协调维度的重要模块产业结构部分，选择产业结构高级化作为测度和评价产业结构协调的落脚点。

产业结构高级化也称为产业结构高度化。通常指一国经济发展重点或产业结构重心由第一产业向第二产业和第三产业逐次转移的过程，标志着一国经济发展水平的高低和发展阶段、方向。产业结构高级化具体体现在各产业部门之间产值、就业人员、国民收入比例变动的过程上。产业结构高度化以产业结构合理化为基础，也就是现状、发展和整体应该具有合理性、协调性和前瞻性。脱离合理化的高级化只能是一种"虚高度化"的空中楼阁。推进产业结构演化，尤其是从农业化到工业化，从工业化初级阶段到后工业化，这个产业结构高级化和合理化的过程中，使结构效益不断提高，进而推动产业结构向高度化发展。合理化和高度化是构成产业结构优化的两个基点。现实中，通常是以工业化程度、服务业发达程度等来表述产业结构的部分特征，课题组选择"第三产业产值/第二产业产值"作为表征产业结构高级化的指标。表 5 - 6 基于中部六省 2013～2020 年第三产业增加值与第二产业增加值数据形成产值比，反映对应年份中部六省的产业结构高级化演化发展情况。

表 5 - 6　　　　中部六省产业结构高级化指数（2013～2020）

年份	山西	安徽	江西	河南	湖北	湖南
2013	0.688977	0.799091	0.665331	0.738334	0.898844	0.920143
2014	0.780834	0.841524	0.704273	0.784553	0.940399	0.962794
2015	1.128530	0.979558	0.800556	0.842478	1.007008	1.036259
2016	1.194555	1.067982	0.900307	0.905826	1.061439	1.158700
2017	1.074518	1.136538	0.945611	0.942932	1.144988	1.290499
2018	1.151031	1.225907	1.067141	1.070225	1.189261	1.391056
2019	1.161218	1.266501	1.089554	1.130706	1.222901	1.353435
2020	1.163906	1.292025	1.119041	1.200874	1.439556	1.338794

资料来源：根据《中国城市统计年鉴》、各省统计年鉴、各市统计年鉴整理、汇总得到。

从表 5 - 6 的数据中能够发现，基于第三产业与第二产业产值比为基础的产业结构高级化比较情况，中部六省之间存在较大差异。2013年山西的高级化指数为0.688977，湖南却达到0.920143，二者相差近50%，考虑到两省经济规模差距，必然形成区域经济发展的鸿沟。同样地，该表数据中的极大值出现在2020年的湖北，其产业结构高级化指数达到1.439556。结合纵向数据看，湖北在2013年的产业结构高级化指数为0.898844，若干年间其第三产业发展的速度极快。客观上，整个中部地区在过去几年都实现第三产业产值的快速增加，这也是表5-6反映的整体情况，即中部六省都在时间序列下呈现出产业结构高级化的正向提高。

从中部六省的省际产业结构高级化演进比较推进至中部六省各城市的产业结构高级化比较，我们选择80个中部城市在2016~2020年第三产业产值和第二产业产值数据，按年份和指数大小排序，生成表5-7。

表5-7　中部六省产业结构高级化指数 TOP 10 城市（2016~2020）

序号	2016 年		2017 年		2018 年		2019 年		2020 年	
1	张家界	3.1700	张家界	3.4067	张家界	4.0705	张家界	4.9322	张家界	4.4473
2	太原	1.7323	怀化	1.6506	怀化	1.8720	怀化	2.1057	怀化	1.9538
3	大同	1.5786	太原	1.6270	太原	1.6707	邵阳	2.0238	太原	1.7401
4	黄山	1.3211	大同	1.5634	衡阳	1.6467	衡阳	1.7417	武汉	1.7373
5	运城	1.2999	黄山	1.4978	黄山	1.6249	合肥	1.6694	合肥	1.7132
6	永州	1.2719	永州	1.3839	大同	1.5991	黄山	1.6692	黄山	1.6540
7	怀化	1.2414	衡阳	1.3320	永州	1.4820	永州	1.6626	邵阳	1.6483
8	邵阳	1.2133	邵阳	1.3265	朔州	1.4727	武汉	1.6454	衡阳	1.6461
9	武汉	1.2042	运城	1.3074	邵阳	1.3720	太原	1.6248	南阳	1.5962
10	朔州	1.1805	朔州	1.3069	常德	1.3694	南阳	1.5600	大同	1.5639

资料来源：根据历年《中国城市统计年鉴》整理、汇总得到。

表5-7反映的信息和表5-6聚焦于省际产业结构高级化指数差异较大。2016~2020年，产业结构高级化指数最高城市无一例外都是张家界，这是一个以景区命名的著名城市。极值出现在2019年，达到4.9322；2020年的下滑也是因为疫情对旅游观光等行业的较大冲击。总体上除去2020年的异常冲击因素，TOP 10城市第三产业产值与第二产业产值比持

续上升，基本沿着产业结构高级化的方向演进。观察 2016~2020 年的
TOP 10 城市还可以发现，产业结构高级化城市中旅游风景型城市不少，
如张家界、怀化、黄山等，这些城市旅游业相关的产业都属于服务业，
本身工业产值不大，总体经济规模也有限，这些因素导致其产业结构高
级化指数较高，如张家界，最高达到接近 5，是排名第 2 城市的 2~3 倍。
从 2020 年数据看，TOP 10 城市中太原、武汉、合肥等都是省会城市，具
有较大经济体量的城市获得较高的产业结构高级化指数，这个成长过程
离不开其产业结构动态演进的艰难攀登。

三、消　费　结　构

消费结构是指各类消费支出在总费用支出中所占的比重，是宏观经
济发展的一个重要维度，能够反映一国文化、经济和社会习俗。发达国
家消费结构中，基本生活必需品支出在家庭总费用支出中所占比重很小，
服装、交通、娱乐、卫生保健、旅游、教育等支出在家庭总费用支出中
占较大比重。发展中国家消费结构就有所不同，基本生活必需品在家庭
总费用支出中占有较大比重。这是我们将消费结构纳入协调发展评价的
一个重要原因。

我国总体消费结构具有发展中国家一般特征的同时，市场消费已呈
现出多层次多形态，少数家庭的消费已达到富裕型，此外也有小康型、
温饱型和贫困型等。

合理的消费结构是一定的需求结构和供给结构相互作用的产物，同
时也离不开所处经济发展阶段和社会文化形态。一个合理的消费结构模
式是经济良性运行和国民经济发展的需要。我们国家的合理消费结构需
要具备以下特点：消费构成要同社会的人口构成和需求构成相适应；消
费对生产的信息反馈及时，能够促使供给结构同需求结构契合；消费结
构与环境保护、自然资源的合理开发、能源的合理利用以及保持生态系
统平衡相适应等。

基于本课题研究目标和相关数据的统一性与可得性，选择人均全社会
消费品零售总额表征消费率指标，从而体现消费结构这一维度。表 5-8 是
从省际层面对 2013~2020 年各省消费率进行归纳。

表5－8　　　　中部六省人均全社会消费品零售额（2013～2020）　单位：万元/人

年份	山西	安徽	江西	河南	湖北	湖南
2013	1.3024	1.1765	1.2120	1.2790	2.0092	1.3558
2014	1.4431	1.3268	1.3741	1.4285	2.2635	1.5207
2015	1.5189	1.8617	1.4314	1.5953	2.5381	1.6994
2016	1.6219	2.0989	1.6011	1.7667	2.8211	1.8868
2017	1.7261	2.3657	1.7996	1.9625	3.1368	2.0796
2018	1.8627	2.6590	2.0044	2.1561	3.4812	2.2810
2019	2.0104	2.9321	2.2294	2.3711	3.8337	2.5126
2020	1.9328	3.0032	2.2949	2.2636	3.1306	2.4466

资料来源：根据历年《中国统计年鉴》整理、汇总得到。

表5－8是基于省级人口规模的人均社会消费品零售额数据。从消费规模上看，中部地区人均社会消费品零售额不高，2013～2020年年均消费限定在1.17万～3.84万元每人。这个是省人均水平，囊括了城乡差异、职业差异和性别差异等。从省际差异看，安徽的人均消费初始较低，但近年增长迅速。山西则体现出增速较慢的特征，2020年甚至低于2019年。总体上来看，各省的人均社会消费品零售额都保持增加，其中增长较快的是安徽和湖北。湖北也是中部地区人均社会消费品零售额最高的省份。

省际人均社会消费品零售额覆盖全省常住人口，涵盖了不同发展程度的区域，彼此消费能力差异较大，通常小于以城市为单位的人均消费数据。表5－9将研究重点聚焦于中部六省主要城市的人均社会消费品零售额，并对人均额进行从高到低排序。各省都有消费能力较高的城市，也有消费能力相对较低的乡村。表5－9选择中部六省人均社会消费品零售额TOP 10城市进行整理。

表5－9　　　中部六省人均社会消费品零售额TOP 10城市（2016～2020）

单位：万元/人

序号	2016年		2017年		2018年		2019年		2020年	
1	武汉	12.9359	武汉	14.0280	武汉	7.7420	武汉	8.5811	武汉	4.9877
2	太原	10.5655	太原	9.6088	长沙	6.5364	长沙	7.1098	合肥	4.8172
3	郑州	7.5677	阳泉	7.4346	郑州	4.9399	郑州	6.0363	长沙	4.4431

序号	2016 年		2017 年		2018 年		2019 年		2020 年	
4	长沙	6.2372	长沙	6.7819	太原	4.8061	合肥	5.6860	芜湖	4.3407
5	阳泉	6.2058	郑州	6.7117	南昌	4.0068	太原	5.0854	郑州	4.0224
6	合肥	5.7552	合肥	6.4604	合肥	3.9271	南昌	4.4204	南昌	3.9181
7	大同	5.3424	株洲	5.7045	宜昌	3.7857	宜昌	4.2583	马鞍山	3.6842
8	南昌	3.8946	大同	5.2516	鄂州	3.4148	芜湖	3.9718	蚌埠	3.6439
9	宜昌	2.9661	南昌	4.3522	黄石	2.9424	鄂州	3.7666	宜昌	3.4865
10	黄石	2.9401	黄石	3.2299	洛阳	2.9121	十堰	3.4480	黄山	3.4760

对比表 5 - 9 和表 5 - 8，省级和市级的人均社会消费品零售额相差极大。表 5 - 9 中极值出现在 2017 年的武汉，达到人均 14.0280 万元每年，远超第二位的太原，接近第 10 位城市黄石的 5 倍。湖北的省会城市武汉一直保持着中部人均社会消费品零售额第一的位置。在 2020 年，中部排位 TOP 10 的城市人均社会消费品零售额差异不再夸张，呈现出趋同趋势。

与本章设定的高质量发展体系其他维度的测度指标不同，表 5 - 9 呈现出的中部各省市人均社会消费品零售额，并未因时间序列推进呈现出增加趋势，反而在 TOP 级城市中出现显著的下降，最终呈现各城市间的发展趋同。在排名靠后的城市中，其逐渐放大的趋势相当清晰。此外，各省的省会城市表现出较强的资源聚集效应，从 2016 ~ 2020 年，中部六个省会城市排名都在 TOP 10。

四、金融结构

金融结构通常是指构成金融总体的各个组成部分的分布、存在、相对规模、相互关系与配合的状态。具体形态包含有金融各业（银行、证券、保险、信托、租赁等）、金融市场、各种信用方式下的融资活动、各种金融活动所形成的金融资产。金融结构本质是经济结构的一部分，是嵌入在产业结构中的高级部分，是具有整合、提升和放大产业资本、经济效能和运行效率的一系列经济与财务安排。

协调发展必然包括社会、经济、文化等各个方面，因此，作为经济结构重要内容的金融结构亦不例外。通常认为，形成一个国家或地区金融结构的基础性条件主要是经济发展的商品化和货币化程度、商品经济的发展程度、信用关系的发展程度、经济主体行为的理性化程度、文化、传统、习俗与偏好等。

本章测度和评价主题是"高质量发展"，聚焦于中部地区的社会经济发展，因此评价金融结构维度，不把焦点置于金融组织、金融工具、金融商品价格、金融业务活动等的组合。因为金融结构属于经济结构的范畴，资金价值和信用更适于衡量所在区域经济和社会的结构。选择金融机构存贷款余额与 GDP 之比作为所在区域的金融深化指数，以此表征该地区的金融结构特征，是一个简洁而高效的指标选择。

基于此思路，选择中部六省相关指标数据，获得该区域省级金融深化指数。表 5-10 是中部六省金融深化指数信息。

表 5-10　　　　　中部六省金融深化指数（2013~2020）

年份	山西	安徽	江西	河南	湖北	湖南
2013	3.44487	2.18699	2.26488	1.93166	2.10548	1.91194
2014	3.59681	2.26641	2.36178	1.98420	2.13842	1.97203
2015	3.98908	2.53628	2.57037	2.13198	2.28168	2.11792
2016	4.28795	2.64292	2.75252	2.24796	2.45302	2.25353
2017	3.82613	2.64789	2.87161	2.24902	2.45144	2.32290
2018	3.79721	2.51258	2.88019	2.23692	2.37285	2.35221
2019	3.92067	2.58039	3.01802	2.33010	2.43042	2.38320
2020	4.10067	2.81951	3.29755	2.56753	2.95391	2.58325

资料来源：根据历年《中国统计年鉴》整理、汇总得到。

从表 5-10 中数据可以发现，总体上中部六省都呈现出金融不断深化的事实，根据指标算法，即存贷款余额与所在地区 GDP 的比值逐渐放大，市场的金融化程度不断提高。金融深化相伴随的另外一个概念是金融广化，限于研究框架暂不展开。提出金融深化和金融广化的主要意义在于，金融深化的同时面临着金融风险。本章金融社会指数选取的是区域存贷款额与 GDP 比值，其风险敞口贷款额所占的比值有限。

表 5-10 中山西的金融深化指数显著高于其他省份，无论是 2013年还是 2020 年，山西的金融化程度都较突出。2016 年的山西以金融深化指数 4.28795 达到表 5-10 的极大值，其他省份基本上总体小于 3。江西自 2019 年之后金融深化指数突破 3，从时间序列看也呈现显著的

逐年放大趋势。结合经济体量看，中部地区经济体量最小的省份正是山西和江西。

理论上省级层面的金融深化指数要小于城市级，因为城市的商业活动和市场行为更加频繁，客观上需要更强的金融深化与广化去放大资本的杠杠效应，从而推动区域经济发展。表 5 – 11 沿用金融深化指数的计算方式，对中部六省 80 个主要城市进行测度，形成 2016 ~ 2020 年深化指数最高的 TOP 10 城市。

表 5 – 11　　中部六省城市金融深化指数 TOP 10 （2016 ~ 2020）

序号	2016 年		2017 年		2018 年		2019 年		2020 年	
1	太原	7.1638	太原	6.7890	太原	6.3100	太原	6.5450	太原	6.9915
2	郑州	4.2425	郑州	4.1704	南昌	4.2763	南昌	4.6176	南昌	5.1064
3	南昌	4.1579	南昌	4.0416	郑州	4.2362	郑州	4.2036	郑州	4.4513
4	合肥	3.9369	合肥	3.8194	阜阳	3.8059	阳泉	3.9887	武汉	4.2150
5	大同	3.7579	阜阳	3.5368	合肥	3.7052	长沙	3.6185	阳泉	4.1090
6	忻州	3.5468	阳泉	3.5173	阳泉	3.5548	武汉	3.6091	大同	3.8847
7	武汉	3.4568	大同	3.5138	武汉	3.5400	大同	3.5871	长沙	3.8794
8	晋中	3.4289	武汉	3.4694	六安	3.5151	晋中	3.4335	晋中	3.7056
9	阳泉	3.3777	六安	3.3955	长沙	3.3621	忻州	3.3974	忻州	3.6058
10	阜阳	3.2591	长沙	3.2406	大同	3.3473	合肥	3.3436	合肥	3.5811

资料来源：根据历年《中国城市统计年鉴》整理、汇总得到。

表 5 – 11 中城市级金融深化指数普遍要大于表 5 – 10 的省级指数。历年金融深化指数的前三位城市都是中部省会城市，其中山西省会太原的排名始终居于首位，这与省级指数中山西始终居于首位居于逻辑一致性。与省级金融深化指数类似，总体上各城市指数也随时间不断放大，但增幅相对有限。太原与中部众多城市金融深化的总体趋势有所不同，在最近几年都呈现相对稳定的趋势。可能的原因是，太原经济增速相对稳定，前期金融深化的程度较高，综合多种因素的作用，其发展趋势相比其他城市更为平缓。

从 2016 ~ 2020 年的中部金融深化指数 TOP 10 城市来看，城市间相对排名也比较稳定。总体上来看，中部六省的省会城市常驻其中，其他城市如大同、阳泉、晋中、忻州等，却并非经济特别发达的城市。上述山西城市具有较高的金融深化指数，主要来源于其存贷款额相对 GDP 较大，对实体经济发展的具体作用需更多其他指标进行分析。

五、财政收支结构

财政收支结构一般指政府预算收支结构，是财政收入和支出的相互联系及其数量关系。根据政府规模和层级不同，财政收支结构的评价和测度也有所区别。从平衡财政的观点出发，一个家庭、企业、政府或其他经济组织，财务收支平衡是个基本目标。在现代金融体系加持下，平衡财政有时会被认为过于保守。

以政府为单位，财政收入取自国民经济各部门、各地区、各企事业单位。财政收支对国民收入分配起着重要的激励和制约作用。我国的社会主义公有制性质，决定了我们的财政收支风格，通常是对发达部门、地区和企业实行高税、高利政策，对制约整个国民经济发展的瓶颈环节和老、少、边、穷地区实行减税让利，并配合以亏损补贴、调剂补助等扶植照顾方法，调整国民经济部门结构和地区生产力布局。这种情况下，经济发达地区财政实力较强，就会通过国家财政体系适度地补贴经济欠发达地区。现代的财政收支结构，是一个多侧面、多层次构成的统一有机整体。财政支出结构的主要监督指标，应该重视维持性支出和发展性支出与积累性支出和消费性支出的比例关系，以及部门、地区、产业等结构比例。

财政收支结构的协调发展，从可持续发展的角度，首先应该做到财政收支平衡。但在我国国民经济发展的宏观大背景下，发达地区与欠发达地区都需要通过国家财政体系进行调节，因此长期发展视野下，短期的财政盈余或赤字也可接受。

虽然如此，我们仍需考核区域的财政自给率状况，即选择"地方一般公共预算收入/地方一般公共预算支出"衡量不依靠外在力量前提下，该区域在可持续发展语境下的财政发展情况。

表 5-12 基于"地方一般公共预算收入/地方一般公共预算支出"的计算方法，根据中部六省省级财政收支数据，生成中部六省财政自给率表，时间跨度为 2013~2020 年。

表 5 - 12　　　　　　中部六省财政自给率（2013～2020）

年份	山西	安徽	江西	河南	湖北	湖南
2013	0.5616	0.4771	0.4672	0.4327	0.5012	0.4329
2014	0.5901	0.4756	0.4847	0.4544	0.5202	0.4510
2015	0.4798	0.4685	0.4908	0.4436	0.4901	0.4391
2016	0.4541	0.4839	0.4659	0.4231	0.4830	0.4256
2017	0.4970	0.4533	0.4396	0.4147	0.4776	0.4015
2018	0.5352	0.4639	0.4187	0.4086	0.4556	0.3825
2019	0.4984	0.4305	0.3895	0.3977	0.4252	0.3743
2020	0.4494	0.4303	0.3757	0.4019	0.2975	0.3580

资料来源：根据历年《中国统计年鉴》整理、汇总得到。

表 5 - 12 中反映了中部六省整体的财政自给率情况并不乐观。省级财政自给率最大值低于 0.6，其中最小值跌破 0.3。当然，湖北 2020 年的财政自给率如此低也并非常态，突如其来的疫情冲击是造成此异常值的重要原因。从时间序列看，各省的财政自给率呈现下降趋势。2013 年中部财政自给率最高的省份是山西，达到 0.5616，到了 2020 年却下降到了 0.4494，下降幅度极大。类似情况也出现在其他中部省份，如江西在 2013 年财政自给率尚达到 0.4672，到了 2020 年却下降到了 0.3757。整体看来，中部六省近年财政自给率都呈现下滑趋势。

把统计单元从省级缩小至市级，表 5 - 13 对中部六省主要城市的财政自给率进行计算和排序，选择 2016～2020 年的财政自给率 TOP 10 城市。

表 5 - 13　　　　中部六省城市财政自给率 TOP 10（2016～2020）

序号	2016 年		2017 年		2018 年		2019 年		2020 年	
1	武汉	0.8671	武汉	0.8117	武汉	0.7924	武汉	0.6992	长沙	0.7328
2	株洲	0.7719	湘潭	0.7167	合肥	0.7090	长沙	0.6664	郑州	0.7320
3	岳阳	0.7674	郑州	0.6975	芜湖	0.6960	合肥	0.6645	芜湖	0.6823
4	郑州	0.7652	合肥	0.6795	太原	0.6880	芜湖	0.6404	合肥	0.6552
5	芜湖	0.7296	长沙	0.6768	长沙	0.6763	郑州	0.6398	马鞍山	0.6402
6	合肥	0.7151	芜湖	0.6718	马鞍山	0.6666	太原	0.6332	太原	0.5846

序号	2016 年		2017 年		2018 年		2019 年		2020 年	
7	长沙	0.7141	太原	0.6510	郑州	0.6533	马鞍山	0.6251	南昌	0.5773
8	南昌	0.6895	岳阳	0.6504	南昌	0.6137	南昌	0.5719	洛阳	0.5571
9	湘潭	0.6841	南昌	0.6386	鹰潭	0.5752	洛阳	0.5710	宣城	0.5185
10	太原	0.6666	马鞍山	0.6076	洛阳	0.5735	鹰潭	0.5669	晋城	0.5115

资料来源：根据历年《中国城市统计年鉴》整理、汇总得到。

表 5 - 13 中最小的财政自给率是 2020 年的晋城，达到 0.5115。这个自给率已经超过表 5 - 12 中绝大部分省份。当然，区域空间、行政层级和发展程度不同，财政收支体系所承担的社会功能也不一样，用单纯的财政自给率做全局性判断过于狭隘和局限。从数据反映的趋势看，虽然城市级财政自给率高于省级，但时间序列下各城市自给率也呈下降趋势。以 TOP 1 的武汉为例，2016 年财政自给率达到 0.8671，随后逐年下降，2019 年跌破 0.7。2020 年武汉由于疫情冲击，其财政收支情况异常，跌出了 TOP 10。从中部地区近年来财政自给率较高的城市构成来看，与之前诸多单指标数据类似，表中 TOP 10 城市特征表现为"省会＋其他城市"模式。其中原因主要因为省会城市经济实力显著，财政收支具有较强的护城河。中部六省都偏重于省会发展，具有"省会独大"型发展特征，目前暂无类似广东、福建、江苏等省的"双子星"式区域发展模式。

第二节　中部地区协调发展指数测度结果与分析

本章根据研究目标建立了中部高质量发展的量化体系，对中部地区协调发展的评价选择了五个维度，即城乡协调、产业结构、消费结构、金融结构和财政收支结构。依次对五个维度对应的相关三级指标做了介绍、梳理和测度后，我们将对中部地区协调发展的综合指数测度，并对其结果、区域排名及相关因素做简单说明。为保障研究的信度和效度，指数的测算和城市排序，都来源于国家统计机关公布的相关数据。

一、基于省际层面的中部地区协调发展指数比较分析

中部六省虽然都地处中部，但长期以来的经济、社会、人口和产业

等维度，发展程度与形态存在较大差异。以湖北为例，省会城市武汉自清末时便是洋务运动重镇，随后进入民国时期，是全国少数具有较好工业基础的城市。相对应的区域如江西、河南和安徽等，显然发展基础不如湖北。类似各种差异必然导致，中部六省在发展过程中实现收敛和趋同需要一段较长时间且可能迂回曲折，绝不可能一蹴而就。

表5－14为本章基于官方统计数据测算的中部六省协调发展指数，时间跨度从2013~2020年。

表 5 – 14　　　　　中部六省协调发展指数 （2013~2020）

年份	山西	安徽	江西	河南	湖北	湖南
2013	28.787	20.293	17.285	15.545	35.210	19.476
2014	32.017	21.358	18.549	17.278	34.567	21.070
2015	30.583	22.549	19.365	18.920	35.554	22.214
2016	30.117	24.004	20.386	20.997	35.729	23.645
2017	30.412	25.232	21.062	20.994	37.239	25.816
2018	26.898	24.810	22.807	21.982	33.101	26.316
2019	27.897	27.533	23.970	23.873	34.522	28.026
2020	27.004	29.320	25.679	24.560	29.968	27.157

资料来源：根据测度结果整理计算得到。

表5－14数据提供的信息是基于多维度多指标综合的结果，数值具有正向意义，较大数值呈现了较高的协调发展度。从方法论上看，数值的绝对意义弱于相对意义，换句话说，即省某年协调发展指数的绝对值本身意义不大，其研究分析的价值在于与参照对象间的比较。为比较参考更简洁，对表5－14数据进行简单的描述性统计，具体如表5－15所示。

表 5 – 15　　　　中部六省协调发展指数描述性统计 （2013~2020）

变量	山西	安徽	江西	河南	湖北	湖南
均值	29.214	24.387	21.138	20.519	34.486	24.215
极大值	32.017	29.320	25.679	24.560	37.239	28.026
极小值	27.004	20.293	17.285	15.545	29.968	19.476

资料来源：根据测度结果整理计算得到。

描述性统计中各省均值存在较大差异，其中最大均值是湖北的 34.486，最小均值为河南 20.519。从 2013～2020 年的所有省级协调发展指数来看，极大值为 2017 年的湖北，达到 37.239；极小值为 2013 年河南的 15.545。可见，纵观整体省级协调发展指数，湖北和河南表现为两个不同方向的显著，湖北是中部六省中历年协调发展指数最大、均值最高、表现最稳定的省份；河南的表现则相对要弱势。

为了更加综合观察省际协调发展指数的变化情况，选择雷达图将中部六省重点年份的协调发展指数进行表现，变化能够更加直观，具体如图 5-1 所示。

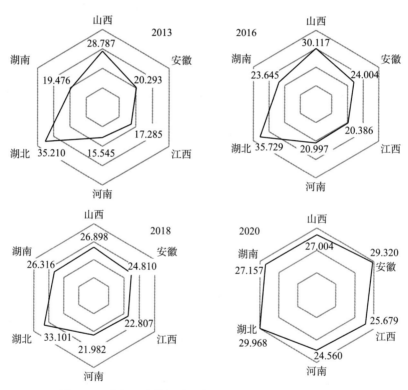

图 5-1 中部六省协调发展指数雷达图（2013～2020 年）

资料来源：根据测度结果整理计算得到。

选取了中部六省 4 个年份的协调发展指数，即 2013 年、2016 年、2018 年和 2020 年，共同构成图 5-1 的 4 个小图。从图形上可以看出，省与省之间早期的协调发展程度差异极大，如左上角 2013 年，雷达图中湖北尖角突出，对比之下，湖南、河南和江西相对平顺，协调发展指数较低。中部地区之间差距很大。随着时间推移，右上角的 2016 年雷达图可知，中部六省的协调发展指数关系对比强度逐渐缓和，虽然湖北仍以较大锐角凸起，代表较高程度的协调发展程度，但其他几个角，如河南，相比 2013 年提升显著，从 15.545 增加到 20.997，提升近 40%。整体上来看，中部六省的省与省之间，协调发展指数逐渐趋同，差异渐渐缩小，但仍有差距。从图右下方的 2020 年可以看出，雷达图中六省的协调发展指数差距缩小。一直处于尖角位置的湖北，由于其他省份的协调发展指数增长，差距缩小后尖角也逐渐平缓。以右角的安徽为例，2020 年其协调发展指数达到 29.320，与湖北的 29.968 差距很小。图 5-1 的 4 个图很好地反映出六个中部地区省份近年协调发展指数的省际差异动态缩小趋缓过程。

二、基于省级层面的中部地区协调发展指数比较分析

从省际视角切换到各省自身发展变化，选择协调发展指数进行考察，也是一个有效的纵向参考维度。各省在发展基础、经济形态、支柱产业、贸易环境和发展方面等各有不同，客观的经济体量、人口规模与区域禀赋也存在差异，这些因素决定了各省发展路径差异的必然性。基于各省在发展过程中资源约束、发展目标偏好以及外生因素等导致的发展目标优先排序等，都将综合反映在协调发展指数的差距。图 5-2 以折线图组合形式反映 2013~2020 年中部六省协调发展指数的动态演化趋势，目的是直观地体现各省自身发展变化和六省之间的相对发展情况。

图 5-2 中处于最高位置的协调发展指数曲线是湖北。湖北发展趋势相对其他五个省份显得更平稳，在图中每一个对应年份都处于协调发展指数的最高位。虽然如此，湖北在 2017 年达到极大值之后，开始出现了下降趋势。在 2020 年虽然仍处于第 1 的位置，但与第 2 位的安徽已非常接近。湖北从开始就处于较高的协调发展层次，具有较强的先发优势。但从增速和发展趋势上看，相对其他省份较为平缓。需要注意的是，湖北是一个经济强省，其经济体量 2013 年突破 2.5 万亿元，2021 年超过 5 万亿元。因此，包括协调发展指数等维度的评价数据，不能只聚焦增速，结合其规模等多种指标综合比较会更全面。

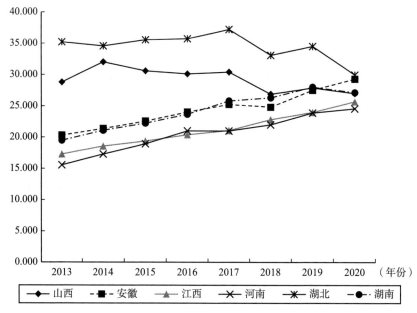

图 5 - 2　中部六省协调发展指数趋势（2013 ~ 2020）

资料来源：根据测度结果整理计算得到。

图 5 - 2 中部六省之中协调发展指数处于相对地位的省份是河南和江西。两个省份初始区间较低，但后期发展速度较快。两个省份在中部地区都很有特色，河南是人口大省，江西人口规模略大于山西位列第五。从经济体量上来说，河南是中部第一大经济体，江西略高于山西，且大概是河南的 50%。两个在经济规模和人口规模差异都较大的省份，其协调发展指数几乎接近。从 2013 ~ 2020 年相差微弱，且发展速度也非常接近。在最近几年，河南和江西两省是中部地区协调发展指数增长第一梯队。

安徽的经济转型与高速发展，尤其在科创突破方面，在中部六省乃至全国都有重要的影响力。从农业经济、农业人口、农村问题的起点，发展到今天以精准投资、科创并行和引资高效闻名，其间协调发展的探索与转型功不可没。从图 5 - 2 中看到，安徽协调发展指数处于中部六省的中间位置。起始阶段比河南和江西的基础要高，增速也较快，但其持续加速能力较强，在 2020 年已经和最高的湖北接近于持平。安徽的经济规模强于江西和山西但弱于湖北、湖南，人口规模大于湖北、江西和山西。总量和个量上，安徽与湖北的差距客观存在。但从协调发展指数后期的快速提升，可以预见保持这种发展趋势，安徽在下一阶段将具有更强势发展成果。

湖南经济体量略小于湖北，但湖南人口规模长期以来要高出湖北近千万人。近年由于人口流动与聚集等原因，两省人口规模差距有所缩小，但仍有 800 万人左右缺口。湖南与中部地区龙头省份湖北、长沙也和龙头城市武汉，目前显然不具备直接统计数据的竞争，但其发展潜力不容忽视。从协调发展指数来看，图 5 - 2 显示其初始水平高于第三梯队的江西与河南，与安徽并列于第二梯队。2013 ~ 2017 年，湖南和安徽的协调发展指数几乎保持了同步。随后虽有差异，但整体仍在一个区间；2020 年湖南略有下降，安徽则延续之前的增速并与湖北保持相近的协调发展状态。从趋势上看，湖南需要及时调整相关维度，从波动下降切换至稳定上升通道。

山西无论是经济体量还是人口规模，在中部六省中都排最后。人口规模目前 3000 多万人，是河南的 1/3；经济规模 2021 年已超过 2 万亿元，与其他省份也有较大差距。但是，山西的人均收入水平和人均 GDP 在中部较强，同时也是中部地区较早进入工业化且城镇化水平最高的地区。这些因素综合起来，体现在山西的协调发展指数上一直较高，相比湖北也较接近。近年来山西协调发展指数呈现下降趋势。从图 5 - 2 可以看到，2014 年、2015 年山西协调发展指数接近湖北，在 2019 年之前也超出中部其他省份，仅低于湖北。2020 年则被持续快速增长的安徽超过。山西 2022 年经济增速较快，能否在协调发展指数上扭转向下的趋势仍需密切观察。

三、基于城市层面的中部地区协调发展指数比较分析

从中部地区省级层面的协调发展质量考察进一步深入，我们把研究对象扩张至中部六省所有地市。根据研究对象的特点和性质，选择了中部地区经济规模、发展水平和人口密度等排名靠前的 80 个城市，并依据研究框架和分析逻辑计算各市的协调发展指数。市级层面分析我们分三个部分，分别是中部地区主要城市协调发展指数比较、中部地区省会城市协调发展指数比较和中部地区各省城市协调发展指数比较。

（一）中部地区主要城市协调发展指数比较

表 5 - 16 将中部六省 80 个城市视为一体，测算其协调发展指数并对

其进行排序，选出所在年份的协调发展指数 TOP 20。

表 5 - 16   中部六省协调发展指数 TOP 20 城市（2013～2016）

序号	2013 年		2014 年		2015 年		2016 年	
1	武汉	69.98	太原	71.90	太原	68.91	太原	66.48
2	太原	68.80	武汉	64.14	武汉	65.60	武汉	65.02
3	阳泉	40.44	阳泉	42.64	郑州	42.87	郑州	48.35
4	长沙	37.92	长沙	40.12	长沙	40.52	长沙	42.93
5	合肥	36.29	郑州	39.13	合肥	39.02	合肥	41.34
6	郑州	35.66	合肥	37.72	阳泉	38.34	阳泉	37.28
7	南昌	32.32	南昌	34.07	南昌	34.31	南昌	35.91
8	大同	27.50	大同	32.55	大同	34.09	大同	34.01
9	马鞍山	27.29	铜陵	26.57	马鞍山	27.86	芜湖	27.26
10	长治	26.52	长治	25.97	芜湖	24.81	马鞍山	24.23
11	铜陵	24.88	芜湖	24.33	长治	23.14	株洲	23.73
12	淮南	21.81	运城	23.62	株洲	22.77	黄石	23.40
13	晋城	21.22	马鞍山	22.57	宜昌	22.64	宜昌	22.80
14	芜湖	21.11	晋城	21.71	黄石	22.10	新余	21.55
15	晋中	20.60	宜昌	21.54	新余	21.01	长治	21.39
16	新余	19.66	淮南	21.27	湘潭	20.22	湘潭	20.38
17	朔州	19.56	新余	20.57	朔州	20.14	鄂州	20.35
18	株洲	18.42	湘潭	20.40	鄂州	19.87	洛阳	20.17
19	宜昌	17.72	黄石	20.27	岳阳	19.08	晋城	20.06
20	黄石	17.03	晋中	19.52	淮南	19.07	晋中	19.80

资料来源：根据测度结果整理计算得到。

表 5 - 16 的排序年份是 2013～2016 年。前 1～2 位的城市比较稳定，基本在武汉和太原之间。可以看到表 5 - 17 的前 2 位城市依然如此。注意到城市间协调发展指数的阶梯性变动，如太原和武汉在 2013～2017 年，与第三及之后的城市差距显著，差额相差近 20。从后期排序来看，20 的差距可以提升排名几十位。对比第一位与 TOP 20 的最后一位可以发现，城市之间在协调发展指数之间有较大差异。表 5 - 17 呈现的是中部六省协

调发展指数 TOP 20 城市最近几年的排序结果。

表 5 - 17　　中部六省协调发展指数 TOP 20 城市（2017 ~ 2020）

序号	2017 年		2018 年		2019 年		2020 年	
1	武汉	68.50	武汉	51.67	武汉	53.44	太原	44.99
2	太原	62.74	太原	49.01	太原	49.71	武汉	42.76
3	郑州	45.68	长沙	45.41	长沙	48.20	长沙	42.57
4	长沙	44.90	郑州	40.70	郑州	44.57	合肥	42.30
5	合肥	43.43	合肥	37.55	合肥	42.81	郑州	41.43
6	阳泉	41.74	南昌	36.56	南昌	38.64	南昌	38.49
7	南昌	36.72	阳泉	28.63	芜湖	31.37	芜湖	34.70
8	大同	33.96	马鞍山	27.94	马鞍山	29.80	马鞍山	31.76
9	株洲	33.49	芜湖	27.92	阳泉	28.86	黄山	28.75
10	芜湖	28.44	大同	25.96	张家界	27.91	新余	28.64
11	马鞍山	24.72	新余	25.61	大同	27.30	阳泉	28.36
12	黄石	24.42	宜昌	25.54	宜昌	26.96	大同	27.61
13	长治	22.45	株洲	25.22	鄂州	26.93	洛阳	26.98
14	朔州	22.13	鄂州	25.13	新余	26.92	张家界	26.61
15	湘潭	21.85	洛阳	24.65	洛阳	25.77	景德镇	26.56
16	新余	21.53	黄山	24.36	黄山	25.72	铜陵	26.42
17	晋城	21.46	张家界	23.76	株洲	25.55	蚌埠	26.41
18	宜昌	21.45	朔州	23.53	蚌埠	25.16	株洲	26.10
19	鹤壁	21.40	黄石	23.46	黄石	24.92	鹰潭	25.04
20	鄂州	20.96	晋城	23.29	晋城	24.28	鄂州	24.94

资料来源：根据测度结果整理计算得到。

比较分析中部六省近几年城市协调发展的 TOP 20，总体上各省城市分布比较均衡，各省城市数量分布动态调整，基本在 3 ~ 5 个城市。在排名靠前的五个城市中，武汉、太原、郑州、长沙与合肥位次相对稳定。相比之下，江西的省会南昌协调发展指数的排序靠后一些，在两表中位次最高为 2018 ~ 2020 年的第 6。第 10 ~ 20 名城市间调整比较频繁，既有一定发展的稳定性，也体现了城市动态发展过程中的竞争性。

（二）中部地区省会城市协调发展指数比较

同样是城市，但通常来说，省会城市在发展过程中能获得更多的偏向性资源，在发展契机上也占有更多权重，这点对于中部六省的省会而言更加突出。广东在省会广州之外，还有经济发达的深圳；福建的省会福州之外，也有经济发达的城市厦门等。类似一个省份拥有 2 个或以上较发达城市的省市发展结构，省会聚集资源的同时并不会形成过于偏向的资源集中，也不过度虹吸其他地市的机会。表 5 - 18 对 2013 ~ 2020 年中部六个省会城市的协调发展指数排序，能够直接对相应年份各省会城市协调发展的状态和省会之间差距进行比较。

表 5 - 18　　　　　中部六省省会协调发展指数（2013 ~ 2020）

年份	太原	合肥	南昌	郑州	武汉	长沙
2013	68.80	36.29	32.32	35.66	69.98	37.92
2014	71.90	37.72	34.07	39.13	64.14	40.12
2015	68.91	39.02	34.31	42.87	65.60	40.52
2016	66.48	41.34	35.91	48.35	65.02	42.93
2017	62.74	43.43	36.72	45.68	68.50	44.90
2018	49.01	37.55	36.56	40.70	51.67	45.41
2019	49.71	42.81	38.64	44.57	53.44	48.20
2020	44.99	42.30	38.49	41.43	42.76	42.57

资料来源：根据测度结果整理计算得到。

表 5 - 18 实际上是表 5 - 16 和表 5 - 17 中六个中部省会信息截取而成，目的是从省会发展视角对其协调发展进行比较和评价。从 2013 ~ 2020 年，太原和武汉排名在前 2 位。在 2020 年，中部六个省会的差距已经非常接近，但太原和武汉仍然具有前 2。根据表 5 - 18 绘图形成图 5 - 3，整体非常清晰反映六个省会城市在所在年份的协调发展指数大小及其相互位置关系。

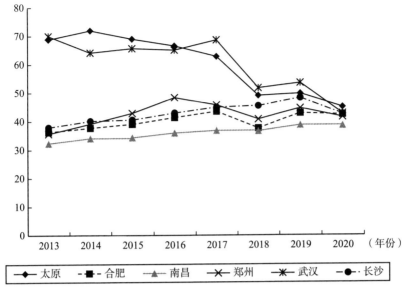

图 5 – 3 中部省会城市协调发展指数趋势（2013～2020）

资料来源：根据测度结果整理计算得到。

折线图中六省协调发展的分层现象显而易见。太原和武汉与其他四个城市差异显著。当然，随着时间推进，各市协调发展能力的提升，从 2018 年开始这种协调和趋同趋势得到了强化。虽然从图形上看，似乎是太原和武汉的协调发展能力下降；事实上指数的形成是多维因素共同作用，既有自身绝对的经济发展指标，也包含整体考察对象部分指标的相对变化。下降的协调指数也内涵了城市间发展差距的缩小和发展趋势的趋同。在 2020 年，南昌仍然处于中部省会协调发展最下方。相比前期，南昌已经大幅缩减与其他城市差距，保持持续上冲的发展趋势。

（三）中部地区各省城市协调发展指数比较

省际发展差异的事实，提醒我们在中部地区对所有城市用一个指标体系排名，虽然能够排出其秩序，但也一定程度忽视了部分城市基于其本省的发展特点，包含优势和劣势。因此，通过采用省内城市协调发展指数的排序方式，明确在本省范围内，相关城市的协调发展质量与趋势成为必要。

表 5 – 19 是安徽省内协调发展指数排名前 10 位的城市，时间跨度为 2013～2016 年。

表 5－19　　　　安徽城市协调发展指数 TOP 10（2013～2016）

序号	2013 年		2014 年		2015 年		2016 年	
1	合肥	36.29	合肥	37.72	合肥	39.02	合肥	41.34
2	马鞍山	27.29	铜陵	26.57	马鞍山	27.86	芜湖	27.26
3	铜陵	24.88	芜湖	24.33	芜湖	24.81	马鞍山	24.23
4	淮南	21.81	马鞍山	22.57	淮南	19.07	淮南	18.95
5	芜湖	21.11	淮南	21.27	池州	17.95	宣城	18.76
6	黄山	15.43	黄山	16.44	黄山	17.89	蚌埠	18.73
7	淮北	15.34	淮北	16.19	宣城	17.30	铜陵	18.56
8	宣城	14.83	宣城	16.05	淮北	17.27	黄山	18.19
9	蚌埠	14.39	池州	15.67	蚌埠	17.00	淮北	17.88
10	池州	14.36	蚌埠	15.45	铜陵	16.67	池州	17.05

资料来源：根据测度结果整理计算得到。

从表 5－19 中的协调发展指数来看，安徽各市的指数值不大。排名第一的城市是省会城市合肥，协调发展指数基本在 40 左右，排名第 2 的城市基本跌破 30，在 2019～2020 年，排名第 2 的城市芜湖才突破 30。可见安徽省内各市在协调发展维度，各市与省会之间差距较大。

关注前 10 的城市之间差异，除了第一位的省会与其他城市差距，其他城市间差异也客观存在。但其发展趋势是趋同化加剧。以 2013 年为例，第 8～10 位的城市，协调发展指数在 14～15；在 2020 年，排名第 10 的滁州也超过 24，与排名第 1 的合肥相比，差距不到 20。这都说明随着经济发展，区域间差距虽然存在，但过去那种固化的巨大差距正逐渐趋同。表 5－20 即为 2017～2020 年安徽主要城市的协调发展指数排名情况。

表 5－20　　　　安徽城市协调发展指数 TOP 10（2017～2020）

序号	2017 年		2018 年		2019 年		2020 年	
1	合肥	43.43	合肥	37.55	合肥	42.81	合肥	42.30
2	芜湖	28.44	马鞍山	27.94	芜湖	31.37	芜湖	34.70
3	马鞍山	24.72	芜湖	27.92	马鞍山	29.80	马鞍山	31.76

序号	2017 年		2018 年		2019 年		2020 年	
4	淮南	20.58	黄山	24.36	黄山	25.72	黄山	28.75
5	宣城	19.39	蚌埠	22.18	蚌埠	25.16	铜陵	26.42
6	淮北	19.11	淮南	21.95	淮南	23.79	蚌埠	26.41
7	黄山	18.08	宣城	21.80	铜陵	23.78	淮北	24.69
8	池州	17.60	铜陵	21.72	淮北	23.33	淮南	24.58
9	铜陵	17.57	淮北	19.96	宣城	22.44	池州	24.45
10	蚌埠	17.29	池州	19.18	池州	21.25	滁州	24.42

资料来源：根据测度结果整理计算得到。

中部六省的人口第一大省河南，城市数量较多，但总体发展过程中协调发展指数得分不高。表 5 – 21 和表 5 – 22 是河南从 2013 ~ 2020 年协调发展指数前 10 位的城市排序，限于篇幅分为两个表格展示。

表 5 – 21　　河南城市协调发展指数 TOP 10（2013 ~ 2016）

序号	2013 年		2014 年		2015 年		2016 年	
1	郑州	35.66	郑州	39.13	郑州	42.87	郑州	48.35
2	洛阳	16.61	洛阳	18.35	洛阳	18.86	洛阳	20.17
3	平顶山	14.55	平顶山	15.34	三门峡	16.35	鹤壁	18.31
4	三门峡	13.68	三门峡	15.28	鹤壁	16.12	焦作	16.70
5	焦作	13.50	鹤壁	15.18	焦作	15.53	许昌	16.69
6	新乡	12.74	焦作	14.82	许昌	15.32	三门峡	16.64
7	鹤壁	12.53	许昌	13.80	平顶山	15.23	平顶山	16.37
8	许昌	12.21	新乡	13.39	新乡	14.23	新乡	14.71
9	安阳	11.49	漯河	12.38	漯河	13.62	漯河	14.67
10	漯河	10.66	安阳	12.14	安阳	12.78	安阳	14.06

资料来源：根据测度结果整理计算得到。

关注其排名第 1 的省会城市郑州，在表内涉及的所有年份，其协调发展指数都排于首位。与安徽城市的协调发展格局类似，河南也存在省会与其他城市发展差距较大的问题。在观察期内，郑州协调发展指数自

2015 年就全部超过 40，位列第 2 的城市洛阳和鹤壁，基本在 20 摇摆，观察期内极差超过 20。协调发展指数 2013 年位列河南第 10 名的城市漯河才刚突破 10。省会郑州与其他城市协调发展差距较大之外，其他城市之间的协调发展指数整体偏低且差距不大。随着经济发展，河南省内各大城市近年协调发展取得快速进步，表现在协调发展指数的大幅提升。表 5－22 提供了 2017～2020 年河南协调发展指数排名前 10 的城市。

表 5－22　　　　河南城市协调发展指数 TOP 10（2017～2020）

序号	2017 年		2018 年		2019 年		2020 年	
1	郑州	45.68	郑州	40.70	郑州	44.57	郑州	41.43
2	鹤壁	21.40	洛阳	24.65	洛阳	25.77	洛阳	26.98
3	洛阳	20.47	焦作	20.97	焦作	22.38	焦作	24.68
4	焦作	18.00	三门峡	19.93	三门峡	20.99	漯河	22.00
5	平顶山	17.39	鹤壁	18.28	漯河	20.29	三门峡	21.75
6	三门峡	16.16	平顶山	18.20	鹤壁	19.52	许昌	21.62
7	漯河	15.98	许昌	17.98	平顶山	19.29	平顶山	20.34
8	许昌	15.88	新乡	17.77	许昌	18.88	鹤壁	20.06
9	新乡	14.87	漯河	17.47	新乡	17.96	新乡	19.47
10	开封	14.60	开封	17.46	安阳	17.91	南阳	19.42

资料来源：根据测度结果整理计算得到。

表 5－22 中能够看到，排名第 10 名的城市虽有变化，但其协调发展指数一直在增长且增速较快。此外，虽然省会郑州与第 2 名的差距在不断缩小，但其差距仍较显著，这是河南与其他省份相对不同的协调发展特征。

湖北和河南是中部地区的两个重量级省份，但论及省会协调发展质量，武汉相比中部其他城市具有较显著优势。武汉的优势不代表湖北其他城市也具有同步的协调发展质量。表 5－23 是湖北省内协调发展指数在 2013～2016 年的前 10 位。其中武汉的协调发展指数远超出其他湖北城市。

表 5 - 23　　　　　湖北城市协调发展指数 TOP 10 （2013 ~ 2016）

序号	2013 年		2014 年		2015 年		2016 年	
1	武汉	69.98	武汉	64.14	武汉	65.60	武汉	65.02
2	宜昌	17.72	宜昌	21.54	宜昌	22.64	黄石	23.40
3	黄石	17.03	黄石	20.27	黄石	22.10	宜昌	22.80
4	襄阳	15.79	襄阳	17.90	鄂州	19.87	鄂州	20.35
5	鄂州	15.61	鄂州	17.31	荆门	16.53	襄阳	17.81
6	荆门	13.98	十堰	15.93	襄阳	16.19	荆门	17.77
7	孝感	13.17	荆门	15.58	十堰	15.83	十堰	16.60
8	咸宁	13.04	咸宁	14.37	咸宁	15.28	随州	15.11
9	十堰	12.97	孝感	14.31	荆州	15.05	荆州	14.88
10	荆州	11.93	随州	13.84	孝感	14.91	孝感	14.74

资料来源：根据测度结果整理计算得到。

　　武汉作为湖北的省会，不仅在湖北协调发展指数排第 1 名，在中部六省城市中也是与太原竞争互争第 1 名。显而易见的差异是，武汉和位列其后的城市宜昌和黄石等差距极大。河南省会城市与其后第 2 名城市极差在 20 左右，而武汉则已经超过了 50。差距极大之外，其他城市发展速度也有限。相比河南而言，武汉协调发展指数前 10 位的城市略有优势。

　　表 5 - 24 是 2017 ~ 2020 年湖北协调发展指数靠前的 10 个城市排名。与其他省份略有不同，武汉作为省会，协调发展指数呈现逐渐走低趋势；排名第 2 的城市协调发展趋势也不明朗。

表 5 - 24　　　　　湖北城市协调发展指数 TOP 10 （2017 ~ 2020）

序号	2017 年		2018 年		2019 年		2020 年	
1	武汉	68.50	武汉	51.67	武汉	53.44	武汉	42.76
2	黄石	24.42	宜昌	25.54	宜昌	26.96	鄂州	24.94
3	宜昌	21.45	鄂州	25.13	鄂州	26.93	宜昌	24.49
4	鄂州	20.96	黄石	23.46	黄石	24.92	黄石	24.10
5	荆门	19.04	襄阳	21.99	荆门	23.42	荆门	22.43
6	襄阳	17.50	荆门	21.46	襄阳	23.23	十堰	22.21

续表

序号	2017 年		2018 年		2019 年		2020 年	
7	随州	15.41	十堰	19.36	十堰	22.96	荆州	21.49
8	十堰	15.38	荆州	19.28	荆州	21.77	襄阳	21.32
9	荆州	15.38	孝感	19.03	孝感	20.43	孝感	20.81
10	孝感	15.03	随州	17.94	随州	19.94	随州	20.44

资料来源：根据测度结果整理计算得到。

从表 5-24 中排名靠后的若干城市间，协调发展指数的总体格局比较稳定，城市间相对的整体发展格局和秩序未被严重冲击，排序位次也没有较大幅度调整。从指数大小来看，第 10 位从 15.03 增长到 20.44，增长了 30% 多。尤其是 2020 年，第 1 名与第 2 名城市的指数差，已经从 2013 年超过 50 缩小至不到 20。湖北省内的城市间协调发展格局日趋形成。

湖南省内各主要城市协调发展指数，整体比湖北与河南略低，这可从省会城市和省内前 10 位城市之间比较印证。在表 5-25 中，湖南的省会城市长沙在历年协调发展指数排名中都居于首位，位列第 2 名和第 3 名为株洲和湘潭；从 2018 年开始，张家界开始强势挤入前 3 名，湘潭随之跌出。

表 5-25 　　　湖南城市协调发展指数 TOP 10 （2013～2016）

序号	2013 年		2014 年		2015 年		2016 年	
1	长沙	37.92	长沙	40.12	长沙	40.52	长沙	42.93
2	株洲	18.42	湘潭	20.40	株洲	22.77	株洲	23.73
3	湘潭	16.12	株洲	19.27	湘潭	20.22	湘潭	20.38
4	郴州	13.75	郴州	16.95	岳阳	19.08	岳阳	19.73
5	张家界	13.57	张家界	15.29	郴州	16.91	郴州	18.68
6	衡阳	12.83	永州	13.31	张家界	16.37	张家界	18.60
7	岳阳	11.85	衡阳	13.25	衡阳	13.57	衡阳	14.53
8	永州	11.25	岳阳	13.14	常德	11.71	邵阳	13.05
9	常德	10.23	常德	10.87	邵阳	11.43	常德	12.87
10	益阳	9.523	益阳	10.11	益阳	10.84	益阳	11.65

资料来源：根据测度结果整理计算得到。

表 5 – 25 反映的湖南各城市之间协调发展指数情况，与其他省份既有相似点，也有其特点。以排名第 10 的城市益阳为例，2013 年协调发展指数为 9.253，是少数几个协调发展指数跌破 10 仍能排进前 10 的省份。另外两个省份是江西和山西，这三个省份协调发展指数都不突出。益阳在随后几年保持着位次的稳定，但整体协调发展指数并未太多增长。在最近几年，益阳已经跌出了湖南协调发展指数的前 10 位。表 5 – 26 将湖南协调发展指数排名前 10 城市的数据扩张至 2020 年。

表 5 – 26　　　　湖南城市协调发展指数 TOP 10（2017 ~ 2020）

序号	2017 年		2018 年		2019 年		2020 年	
1	长沙	44.90	长沙	45.41	长沙	48.20	长沙	42.57
2	株洲	33.49	株洲	25.22	张家界	27.91	张家界	26.61
3	湘潭	21.85	张家界	23.76	株洲	25.55	株洲	26.10
4	张家界	20.77	湘潭	22.24	湘潭	23.21	湘潭	24.06
5	郴州	19.22	衡阳	19.10	岳阳	21.10	岳阳	22.38
6	岳阳	19.04	岳阳	19.03	衡阳	20.50	衡阳	21.89
7	衡阳	15.41	郴州	17.98	郴州	20.16	常德	20.86
8	常德	14.63	常德	17.29	常德	19.33	郴州	20.02
9	邵阳	13.07	益阳	15.14	邵阳	17.70	邵阳	18.61
10	怀化	12.99	邵阳	14.96	永州	15.68	永州	16.64

资料来源：根据测度结果整理计算得到。

湖南的首位城市长沙与随后的第 2 位城市，协调发展指数极差在 20 左右。这个差距并未随着时间发展而缩减，以 2019 ~ 2020 年为例，其中差距并未显著而稳定缩小。后续排位靠前城市的调整过程中，张家界取代湘潭稳定进入前三。在排名前 10 的城市中，协调发展指数也稳步提升，从 2013 年低于 10，在 2020 年已经超过 15，第 10 名的协调发展指数提升超过 50%，提升幅度相比首位城市长沙，进步非常显著。

江西是中部地区协调发展指数相对弱势的省份。从表 5 – 27 中可以看到，南昌作为江西的省会，协调发展指数位列第一，但指数值始终在 30 ~ 40，在中部六省省会中偏低。南昌和紧随其后城市的协调发展指数差距不大，2013 年差距为 13.9，发展至 2020 年后，差距已经小于 10。

江西整体上也存在其他省份类似的发展差距问题，即首位城市与其他城市之间协调发展差距较大且短期难以趋近。相比兄弟省份来说，江西目前阶段的市际发展差距显著小于湖北和湖南等省份。

表5-27　　江西城市协调发展指数 TOP 10（2013~2016）

序号	2013 年		2014 年		2015 年		2016 年	
1	南昌	32.32	南昌	34.07	南昌	34.31	南昌	35.91
2	新余	18.42	新余	20.57	新余	21.01	新余	21.55
3	萍乡	16.12	萍乡	17.08	萍乡	17.50	鹰潭	18.97
4	景德镇	13.75	景德镇	16.22	鹰潭	17.45	萍乡	17.71
5	鹰潭	13.57	鹰潭	16.06	景德镇	16.35	景德镇	17.18
6	九江	12.83	九江	14.02	九江	15.24	九江	16.42
7	宜春	11.85	宜春	13.69	宜春	14.62	宜春	15.96
8	上饶	11.25	上饶	12.17	上饶	13.18	上饶	14.15
9	抚州	10.23	抚州	11.85	赣州	12.68	赣州	13.58
10	赣州	9.523	赣州	11.58	抚州	12.61	抚州	13.17

资料来源：根据测度结果整理计算得到。

从2013年的第10位城市赣州看到，协调发展指数9.253，与湖南2013年的第10位城市益阳类似，都未超过10，可以归入协调发展欠佳范畴。随着经济社会发展，城市发展逐渐加速，以南昌为首的江西城市协调发展也逐渐加速。以 TOP 10 城市中靠后的两个城市赣州和抚州为例，2013年两市的协调发展指数分别为9.523和10.23，在2020年两市仍是TOP 10 的靠后两位，协调发展指数分别是20.41和20.14，增幅差不多接近100%。

表5-28 中也可以关注到时间序列下城市之间在协调发展维度的相对表现比较稳定，并未出现某个城市短期大幅提高或跌落的情况。各城市的提升也呈现出整体化趋势。2013~2015年大部分城市的协调发展指数值震荡在15左右，在2015~2020年，整体提升至20左右。这种发展格局也伴随另外一个特点，就是首位城市南昌对于周围城市的辐射力，相比武汉、长沙和郑州等相对较弱。

表 5 - 28　　　江西城市协调发展指数 TOP 10 （2017 ~ 2020）

序号	2017 年		2018 年		2019 年		2020 年	
1	南昌	36.72	南昌	36.56	南昌	38.64	南昌	38.49
2	新余	21.53	新余	25.61	新余	26.92	新余	28.64
3	鹰潭	19.70	萍乡	22.58	景德镇	23.67	景德镇	26.56
4	萍乡	18.16	景德镇	22.42	萍乡	22.70	鹰潭	25.04
5	景德镇	17.96	鹰潭	21.05	鹰潭	22.10	萍乡	24.07
6	宜春	17.18	九江	19.06	九江	21.43	九江	23.53
7	九江	16.31	宜春	18.16	宜春	19.07	宜春	20.99
8	上饶	14.31	抚州	17.77	赣州	18.48	上饶	20.63
9	赣州	14.30	上饶	16.25	抚州	18.26	赣州	20.41
10	抚州	14.18	赣州	16.12	上饶	17.63	抚州	20.14

资料来源：根据测度结果整理计算得到。

山西是中部地区经济总量和人口规模最小的省份，但在协调发展指数测算中，山西省会太原表现突出，成为与武汉并驾齐驱的城市，在中部地区协调发展指数排序竞争中，二者交替成为榜首城市。一个指数测算特别优秀的省会，却属于一个经济规模和经济增速都不强势的省份，其发展过程必然伴随周边城市发展的相对弱势。从表 5 - 29 的山西协调发展指数 TOP 10 城市中看到，山西协调发展指数的首位城市与其后的第 2 位城阳泉，指数差距非常显著。

表 5 - 29　　　山西城市协调发展指数 TOP 10 （2013 ~ 2016）

序号	2013 年		2014 年		2015 年		2016 年	
1	太原	68.8	太原	71.90	太原	68.91	太原	66.48
2	阳泉	40.44	阳泉	42.64	阳泉	38.34	阳泉	37.28
3	大同	27.50	大同	32.55	大同	34.09	大同	34.01
4	长治	26.52	长治	25.97	长治	23.14	长治	21.39
5	晋城	21.22	运城	23.62	朔州	20.14	晋城	20.06
6	晋中	20.60	晋城	21.71	晋城	19.00	晋中	19.80
7	朔州	19.56	晋中	19.52	晋中	18.73	朔州	15.72

序号	2013 年		2014 年		2015 年		2016 年	
8	临汾	14.48	朔州	18.70	临汾	14.70	临汾	15.12
9	忻州	12.99	临汾	15.82	忻州	13.79	忻州	13.85
10	吕梁	9.73	忻州	14.14	运城	11.85	运城	12.36

资料来源：根据测度结果整理计算得到。

2013 年太原的协调发展指数为 68.8，与第二位的阳泉差距接近 30；聚焦于表中第 10 位城市吕梁，其协调发展指数小于 10，但差距达到了近 60。江西和湖南两省在 2013 年的城市协调发展指数比较中，第 1 和第 10 的差距远小于山西。与湖北类似，两省的省会武汉和太原都属于协调发展指数高企城市，后期也同样面临下降趋势；与此同时，省内其他城市的协调发展指数开始逐渐提升。具体如表 5 - 30 所示。

表 5 - 30　　山西城市协调发展指数 TOP 10（2017 ~ 2020）

序号	2017 年		2018 年		2019 年		2020 年	
1	太原	62.74	太原	49.01	太原	49.71	太原	44.99
2	阳泉	41.74	阳泉	28.63	阳泉	28.86	阳泉	28.36
3	大同	33.96	大同	25.96	大同	27.30	大同	27.61
4	长治	22.45	朔州	23.53	晋城	24.28	晋城	24.51
5	朔州	22.13	晋城	23.29	朔州	23.92	朔州	23.51
6	晋城	21.46	晋中	22.42	晋中	22.91	晋中	23.51
7	晋中	20.76	长治	20.15	长治	20.65	长治	21.31
8	临汾	17.12	临汾	17.48	临汾	19.10	临汾	19.50
9	忻州	13.52	运城	15.38	忻州	16.64	忻州	17.59
10	吕梁	13.04	吕梁	14.87	运城	16.59	运城	16.73

资料来源：根据测度结果整理计算得到。

通过比较几个表可以发现，吕梁、运城、临汾和忻州等长期排名在后几位的城市，随着时间推移，协调发展指数在不断提高，但提高的幅度与其他省份相比，仍存在显著差距。聚焦于 2020 年山西协调发展指数的 TOP 10 城市，其中 7 个指数超过 20，仍有 3 个小于 20。选择与中部地区协调发展水平较低的兄弟省份江西和湖南比较，江西 2020 年的 TOP 10 城市全部超过 20；湖南则有 2 个城市低于 20。由此可见，即使将时间维度拓展至 2020 年，山西除太原之外的其他城市，协调发展指数的提升幅度相对于中部其他省份来说归类为较慢。

第三节　案例分析：重视产业和就业的江西协调发展战略

省会是承载多维发展目标的增长级，也是发展水平、发展阶段和发展潜力的体现。江西近年经济增速高于全国水平，在省级经济增速排名中排位靠前，但多年以来对外的影响力有限、对内省会的辐射力有限。因此，强化省会辐射力成为江西协调发展战略的一个重要内容，希望能够在省内扩大"极"的影响、强化"极"的辐射，能够在中部省会格局中更进一步。

江西传统上是农业生产为主的省份，工业化和城镇化仍在爬坡推进之中。江西发展方式的切换必然需要面对就业类型和就业规模等挑战，疫情冲击加剧当前中小企业发展的困难，同时也给外贸企业扩张升级的契机。我国从高速增长转入"L"型中低速的高质量增长，需要坚持李克强总理强调的"坚持就业优先政策"。就业是贯通宏观发展与微观激励的核心通道，是协调发展中极其重要的基础性要素，因为"协调发展"必然需要"人"的协调发展。就业问题还存在深层次的发展逻辑，即当前我国人口结构变化，对应着就业结构演化。所以，伴随城镇化的人口分布结构、对应就业结构的人口年龄结构、对应消费趋势的家庭结构等因素，都将促使区域协调发展在方向和质量等方面有新的探索。

一、多维挖掘省会发展潜力，以点促面城乡协调发展

2020 年的"七普"显示，中部六省中除河南之外各省人口都在收缩，同时，六个省会人口在增长，省会仍是各省的发展"极"。省会人口来源于自然增长、外省吸入及本省其他地市人口流入。省际竞争和城市竞争中强者恒强，这加剧了各省挖掘省会发展潜力的动力。

省会是省内资源集聚力、产业牵引力和经济辐射力的原因和结果。省会扩张无法脱离经济和人口持续增长的客观基础，二者在发展中的伴

生关系强于因果逻辑。从"六普"到"七普"的10年间，中部的省会城市主要通过虹吸省内其他地区人口实现省会扩张。江西和山西的人口规模较小，"七普"人口出生率两省都已经跌破10‰，从省会人口聚集目标来看，南昌和太原的人口扩张动力难以持续。人口老龄化和少子化加剧存量人口竞争，强者恒强格局将强化。对比之下，中部地区率先跨入和将跨入千万级人口省会将有4个，江西的省会南昌必然面临强者恒强竞争格局。因此，结合人口规模、人口出生率和城市经济结构，太原短期内或已错失崛起的时间窗，南昌也正逐渐逼近临界点。多维挖掘省会的发展潜力，以人口为"点"带动消费、生产和其他行业的"面"；以省会为"点"，带动其他城市，尤其是城乡融合协调发展的面，成为江西的一个发展思路和模式。

经济发展提供就业，是推进人口蓄积的重要基础，是扩张人口与就业的内在动力。江西的经济增速高出全国水平，既有后发者追赶优势，也受益于工业化与城镇化的加速。选择中部省会城市的人口首位度、经济首位度和首位度偏离三个指标，比较六个省会的经济发展绩效与人口聚集度偏差，本质是表达城市的就业吸纳能力、人口集聚能力和经济增长潜力，也考察省会的协调发展能力。表5-31是对中部省会在"十二五""十三五"的10年间，中部六个省会城市重要经济、人口的首位度指标，以及相关变量首位度对比变化情况的信息。信息来源于政府统计部门的权威数据，结果则由笔者根据公布信息进行计算获得。

表5-31　　　　　中部省会经济首位度比较（2010~2020）

指标	武汉	长沙	郑州	合肥	南昌	太原
GDP 2020（亿元）	15616.1	12142.52	12003.04	10045.72	5745.51	4153.25
GDP 首位度（2020）（%）	35.95	28.77	21.82	25.97	22.36	23.53
GDP 首位度（2010）（%）	34.30	29.20	17.66	20.39	23.45	19.97
人口首位度（2020）（%）	21.35	15.13	10.67	15.35	13.84	15.19
首位度偏离（2020）（%）	14.60	13.64	11.15	10.62	8.52	8.34

资料来源：根据历年《中国城市统计年鉴》整理、汇总得到。

表5-31考察期为10年，期间合肥GDP增幅272%，在高新产业与重工业收获巨大，成为省会协调发展崛起的典型案例。合肥和郑州"七

普"数据显示省会首位度提升明显，南昌和长沙的首位度略有下降。武汉和长沙偏离度最高，二者对应千万级人口和 30% 左右的经济首位度。武汉人口首位度超 20%，是目前中部人口聚集率最高的省会，未来仍能以就业机会强势虹吸，强者恒强优势得到巩固。江西和山西人口规模较小，省会"极"优势不显著，人口与经济扩张效率略低。郑州经济首位度虽然较低，但河南人口超亿，从"六普"到"七普"的 10 年间，GDP 实现增幅近 2 倍。

虽然相比其他省会城市，南昌"以点促面"的城镇化和工业化模式，推进协调发展成绩并未显著强于兄弟省会，但纵向比较自己，取得的增长非常显著且夯实。当然，客观上来说，南昌是近年中部唯一经济首位度下降的省会。虽有赣州、宜春等地区发展较快的因素，省会增速增量承压是重要因素。武汉经济首位度基本在 35% 左右；合肥从 20% 已提升到近 26%。南昌提升省会经济将成为江西协调发展进一步提升优化的抓手。

二、重视中小企业发展环境，推进就业创业协调发展

人口、就业和产业是区域协调发展的重要基础。人口提供基本经济活动和社会活动的主体，产业是经济循环和螺旋上升的平台，就业成为家庭和企业契合的中间形式。江西在协调发展过程中，重视就业和产业，尤其对中小企业发展较为重视，各地政府都先后制定具有针对性的措施，激活企业动力、提升企业竞争力、提高工人收益，实现基于企业发展为基础的多方协调发展。

在中小企业发展方面，适时而动的融资促进政策措施有力，工作成效较好。以吉安为例，推进普惠金融，创建"信用园区"试点，加强财政金融政策联动，引导更多金融"活水"流向中小微企业。降低担保费率至全省最低的 0.329%。吉安市加强政府与政策性银行、保险公司、担保公司合作，吸引低成本资金支持当地中小企业发展。

围绕中小企业发展提供互动更新的权益保护，也是实现协调发展的重要保障。成立非公企业维权服务中心和商事纠纷调解专家顾问团，为企业"会诊把脉"、推进"万所联万会"暨法律进商会工作推进会，在各县市设立维权监测点，在直属商会加挂法律服务站牌，为所在地区中小微企业提供法治护航；建立"企业联络特派员"机制，专人对接企业需求。与工商联、公检法司等部门协作，出台《关于开展"法律三进""法

治体检"活动的实施方案》《民商事纠纷调解与仲裁衔接合作协议》等，畅通非公有制企业诉求反映渠道；成立"企业法治体检服务团"走访民营企业，提前化解各种潜在矛盾纠纷。

与此同时，立足中小企业发展诉求和需求，卓有成效开拓市场。以吉安为例，吉安打造"惠企通"政策专区、打通政策落地"最后一公里"、打造具有影响力的"吉事即办"政务服务品牌。把握互联网发展机遇，积极拓展电商市场、海外市场和高端市场。出台《吉安市2021年度商务发展专项资金实施方案》，安排电商发展专项资金，重点支持本地电商主体培育、本地农产品上行、电商扶贫等。到2021年底，全市拥有电商平台71家、省级电子商务示范企业7家、省级电子商务基地3家、电商平台服务企业10485家。提供政策和资金支持企业绿色食品博览会等境内外展示，不断拓展更广阔和高端的市场。

三、逐步提升社会公共服务，优化软硬环境协调发展

相比东部沿海经济发达地区，中部省份江西在社会公共服务的深度、广度和质量等方面，客观上存在较多差距。原因既有政府财政能力的约束，也有主观上对社会公共服务的关注与投入不足有关。从协调发展的角度出发，不管是对于居民或企业，或者引资引才，社会公共服务的数量与质量越来越成为评价区域的重要维度，自然也成为协调发展不可缺失的环节。江西以及省内各市近年来对此投入的关注、资金和服务也不断提高，成为优化软硬环境协调发展的重要助力。

优化公共服务主要聚焦平台建设、人才建设和信用体系建设。以吉安为例，在产业与企业层面，吉安市积极推进产业联盟、电子信息产业研究院、检验检测中心"三驾马车"，出台10余个中小企业公共服务平台奖励文件，2021年服务企业109156家。大量引进高端人才，推进"领航井冈"精英企业家等人才培训活动。建立了企业信用信息平台，包括征集体系、数据库、服务平台、应用机制等。以政府信用为公共事业背书，降低商业行为的交易成本和信用成本。

在人才建设体系方面也积极借鉴东部沿海地区，积极优化相关引进人才的流程与规则。以南昌为例，围绕优势产业和战略性新兴产业，突出"高精尖缺"导向，积极实施创新人才引进和培育相结合的政策。积极引进城市发展所需要的相关高层次人才。全面实施《南昌市职业技能提升行动实施方案（2019～2021年）》，积极推行企业新型学徒制、创新

建立"洪城"系列技能人才培育体系、大力推进技能人才培养载体建设、分门别类开展各项技能提升培训，建立了一支知识型、技能型、创新型产业大军。对市民提供免费或补贴学费的职业技能提升行动等。

社会公共服务包括硬件和软件，软性的社会公共服务包含城市文明建设、城市形象推广以及许多基于城市发展目标的移风易俗活动等。从政府角度看，这些方面的工作需要巨大的财政投入，而且短期转化为经济效益的难度很大。从城市长远发展来看，却是协调发展必不可少的环节。

参考文献

[1] 黄群慧. 改革开放 40 年中国的产业发展与工业化进程 [J]. 中国工业经济，2018，(9)：5 - 23.

[2] 魏敏，李书昊. 新时代中国经济高质量发展水平的测度研究 [J]. 数量经济技术经济研究，2018，35 (11)：3 - 20.

[3] 高培勇，杜创，刘霞辉，袁富华，汤铎铎. 高质量发展背景下的现代化经济体系建设：一个逻辑框架 [J]. 经济研究，2019，54 (4)：4 - 17.

[4] 陈金龙. 五大发展理念的多维审视 [J]. 思想理论教育，2016，(1)：4 - 8.

[5] 陈学云，程长明. 乡村振兴战略的三产融合路径：逻辑必然与实证判定 [J]. 农业经济问题，2018，(11)：91 - 100.

[6] 金碚. 关于"高质量发展"的经济学研究 [J]. 中国工业经济，2018，(4)：5 - 18.

[7] 赵涛，张智，梁上坤. 数字经济、创业活跃度与高质量发展——来自中国城市的经验证据 [J]. 管理世界，2020，36 (10)：65 - 76.

[8] 赵建吉，刘岩，朱亚坤，秦胜利，王艳华，苗长虹. 黄河流域新型城镇化与生态环境耦合的时空格局及影响因素 [J]. 资源科学，2020，42 (1)：159 - 171.

[9] 赵剑波，史丹，邓洲. 高质量发展的内涵研究 [J]. 经济与管理研究，2019，40 (11)：15 - 31.

[10] 贺晓宇，沈坤荣. 现代化经济体系、全要素生产率与高质量发展 [J]. 上海经济研究，2018，(6)：25 - 34.

[11] 蓝庆新，刘昭洁，彭一然. 中国新型城镇化质量评价指标体系

构建及评价方法——基于 2003—2014 年 31 个省市的空间差异研究 ［J］.
南方经济，2017，（1）：111 - 126.

［12］荆文君，孙宝文. 数字经济促进经济高质量发展：一个理论分
析框架 ［J］. 经济学家，2019，（2）：66 - 73.

［13］熊湘辉，徐璋勇. 中国新型城镇化水平及动力因素测度研究
［J］. 数量经济技术经济研究，2018，35（2）：44 - 63.

［14］毕国华，杨庆媛，刘苏. 中国省域生态文明建设与城市化的耦
合协调发展 ［J］. 经济地理，2017，37（1）：50 - 58.

［15］梁云芳，高铁梅，贺书平. 房地产市场与国民经济协调发展的
实证分析 ［J］. 中国社会科学，2006，（3）：74 - 84，205 - 206.

［16］李金昌，史龙梅，徐蔼婷. 高质量发展评价指标体系探讨 ［J］.
统计研究，2019，36（1）：4 - 14.

［17］李梦欣，任保平. 新时代中国高质量发展的综合评价及其路径
选择 ［J］. 财经科学，2019，（5）：26 - 40.

［18］李志龙. 乡村振兴—乡村旅游系统耦合机制与协调发展研
究——以湖南凤凰县为例 ［J］. 地理研究，2019，38（3）：643 - 654.

［19］崔许锋. 民族地区的人口城镇化与土地城镇化：非均衡性与空
间异质性 ［J］. 中国人口·资源与环境，2014，24（8）：63 - 72.

［20］姚士谋，张平宇，余成，李广宇，王成新. 中国新型城镇化理
论与实践问题 ［J］. 地理科学，2014，34（6）：641 - 647.

［21］唐晓华，张欣珏，李阳. 中国制造业与生产性服务业动态协调
发展实证研究 ［J］. 经济研究，2018，53（3）：79 - 93.

［22］周成，冯学钢，唐睿. 区域经济—生态环境—旅游产业耦合协
调发展分析与预测——以长江经济带沿线各省市为例 ［J］. 经济地理，
2016，36（3）：186 - 193.

［23］刘志彪. 理解高质量发展：基本特征、支撑要素与当前重点问
题 ［J］. 学术月刊，2018，50（7）：39 - 45，59.

［24］任保平，张倩. 黄河流域高质量发展的战略设计及其支撑体系
构建 ［J］. 改革，2019，（10）：26 - 34.

［25］于法稳，李萍. 美丽乡村建设中存在的问题及建议 ［J］. 江西
社会科学，2014，34（9）：222 - 227.

［26］中国社会科学院课题组. 努力构建社会主义和谐社会 ［J］. 中
国社会科学，2005，（3）：4 - 16，205.

［27］中华人民共和国国民经济和社会发展第十四个五年规划和2035年远景目标纲要［N］. 人民日报，2021－03－13（001）.

［28］中共中央关于制定国民经济和社会发展第十三个五年规划的建议［N］. 人民日报，2015－11－04（001）.

第六章

中部地区绿色发展评价

2015 年 10 月，党的十八届五中全会在审议通过的《中共中央关于制定国民经济和社会发展第十三个五年规划的建议》中首次提出"创新、协调、绿色、开放、共享"五大发展理念。在此之前，党的十八大报告提出"把生态文明建设放在突出地位，融入经济建设、政治建设、文化建设、社会建设各方面和全过程"，在"四位一体"的基础上加入生态文明建设，拓展成为"五位一体"的中国特色社会主义事业总体布局。

绿色发展理念的提出有着深刻的经济学含义和时代背景。首先，由于生态环境是具有非竞争性和非排他性的公共物品，加之生态产权不明晰，破坏生态环境的负外部性难以使破坏者付出相应的成本，因而在国家工业化的进程中，生态环境被因过度使用而造成"公地的悲剧"，破坏生态环境的行为比比皆是。然而，诸如污水排放等破坏生态环境的行为在提高企业收益的同时，使社会成员共同承担生态环境破坏的成本，对整个社会而言，将在客观上恶化居民的收入分配差距，降低居民的福利水平。此外，生态环境破坏容易，但修复时间长，且成本高昂，即使从成本—收益视角考虑，通过牺牲当前与未来的生态环境以赢得短期高额收益的行为亦是不可取的。

其次，改革开放以来，粗放型、外延式的经济发展方式，以及大规模高强度的生产要素投入是支撑中国长期高速增长的主要驱动力（王一鸣，2020），然而与经济快速发展相伴随的是，水污染、大气污染、土壤污染等环境污染问题日益突出，生态系统功能性紊乱等生态环境问题日趋严重（黄茂兴和叶琪，2017；程钰等，2019；朱东波，2020）。生态环境问题与一国或地区的经济结构、生产方式、技术水平等是高度关联的。我国幅员辽阔，自然资源储量总体丰富，但人口众多，人均占有量远低于世界平均水平（胡鞍钢和周绍杰，2014）。粗放型的经济发展方式不仅使产业结构产生扭曲，而且削弱了技术创新的动力和激励，在造成资源大量浪费和生态环境破坏的同时，直接降低未来经济增长的潜力，对经济的可持续发展和居民福利水平的提高形成负面影响。在耶鲁和哥伦比亚大学联合发布 2022 年环境绩效指数中，中国仅得分 28.4，在 180 个国家和地区中排名第 160 名①，这意味着中国政府在落实环境目标和推动国家可持续发展的政策方面尚有较大的实施空间，而绿色发展理念的提出则是适应新发展阶段，构建新发展格局的必然要求。

最后，党的十九大报告中指出："中国特色社会主义进入新时代，我国社会主要矛盾已经转化为人民日益增长的美好生活需要和不平衡不充分的发展之间的矛盾"。② 党的十九大报告进一步指出："人民美好生活需要日益广泛，不仅对物质文化生活提出了更高要求，而且在民主、法治、公平、正义、安全、环境等方面的要求日益增长"。③ 随着环境污染和生态破坏的加剧，作为人民美好生活需要的重要构成，优美的环境在居民日常生活中已成为越来越稀缺的物品。根据马斯洛的需求层次理论（Maslow，1943），当人们在满足了基本的生理需求之后，其需求层次会上升至安全需求，而环境则是影响安全，尤其是健康安全的不可忽视的重要因素。与此同时，随着经济的发展和居民收入水平的提高，居民消费结构不断升级，从生存型消费转向发展型消费和享受型消费（石奇等，2009；张翼，2016；石明明等，2019）。1978 年城镇居民与农村居民的家庭恩格尔系数分别为 57.5% 和 67.7%，相应地，2021 年全国居民恩格尔系数为 29.8%，其中城镇为 28.6%，农村为 32.7%④。城乡居民恩格尔系数的大幅下降可从侧面证明居民消费结构的升级，而居民消费结构的升级则意味着，人们将追求更高的生活品质，对生存环境要求提高的同时，对绿色有机产品的需求趋于上升。随着环境污染和生态破坏的加剧，作为人民美好生活需要的重要构成，优美的环境在居民日常生活中已成为越来越稀缺的物品。由此可见，坚持绿色发展才能更好地满足人民日益增长的美好生活需要（荆克迪，2021）。

自 2012 年中国共产党第十八次代表大会至今，生态文明建设在政府会议或政策文件中频繁出现，充分表明党和政府将绿色发展放在了经济社会发展的核心地位（见表 6-1）。长期以来，习近平总书记高度重视经

---

① 资料来源：https://baijiahao.baidu.com/s? id=1735108781698539648&wfr=spider&for=pc。
② 《十九大以来重要文献选编（上）》，中央文献出版社 2019 年版，第 8 页。
③ 刘锐：《领导干部法治大讲堂》，人民出版社 2020 年版，第 1 页。
④ 资料来源：《国家统计年鉴》。

济的绿色发展，提出诸如"生态兴则文明兴，生态衰则文明衰"① 等一系列重要论断。

表 6 - 1　　　　十八大以来历次重要会议中绿色发展的相关表述

时间	会议	文件名称	相关表述
2012 年 11 月	中国共产党第十八次全国代表大会	坚定不移沿着中国特色社会主义道路前进　为全面建成小康社会而奋斗	把生态文明建设放在突出地位，融入经济建设、政治建设、文化建设、社会建设各方面和全过程，努力建设美丽中国，实现中华民族永续发展
2013 年 11 月	中国共产党第十八届中央委员会第三次全体会议	中共中央关于全面深化改革若干重大问题的决定	建设生态文明，必须建立系统完整的生态文明制度体系，实行最严格的源头保护制度、损害赔偿制度、责任追究制度，完善环境治理和生态修复制度，用制度保护生态环境
2015 年 11 月	中国共产党第十八届中央委员会第五次全体会议	中共中央关于制定国民经济和社会发展第十三个五年规划的建议	坚持绿色富国、绿色惠民，为人民提供更多优质生态产品，推动形成绿色发展方式和生活方式，协同推进人民富裕、国家富强、中国美丽
2017 年 10 月	中国共产党第十九次全国代表大会	决胜全面建成小康社会　夺取新时代中国特色社会主义伟大胜利	我们要建设的现代化是人与自然和谐共生的现代化，既要创造更多物质财富和精神财富以满足人民日益增长的美好生活需要，也要提供更多优质生态产品以满足人民日益增长的优美生态环境需要
2020 年 10 月	中国共产党第十九届中央委员会第五次全体会议	中共中央关于制定国民经济和社会发展第十四个五年规划和二〇三五年远景目标的建议	坚持绿水青山就是金山银山理念，坚持尊重自然、顺应自然、保护自然，坚持节约优先、保护优先、自然恢复为主，守住自然生态安全边界。深入实施可持续发展战略，完善生态文明领域统筹协调机制，构建生态文明体系，促进经济社会发展全面绿色转型，建设人与自然和谐共生的现代化
2021 年 11 月	中国共产党第十九届中央委员会第六次全体会议	中共中央关于党的百年奋斗重大成就和历史经验的决议	生态文明建设是关乎中华民族永续发展的根本大计，保护生态环境就是保护生产力，改善生态环境就是发展生产力，决不以牺牲环境为代价换取一时的经济增长

资料来源：由笔者整理得到。

① 《习近平谈治国理政（第三卷）》，外文出版社 2020 年版，第 374 页。

中部地区地域广阔、资源丰富，有着承东启西、连南接北、接南进北、吸引四面、辐射八方的区位优势，是国家重要的粮食生产基地、能源原材料基地、现代装备制造及高技术产业基地和综合交通运输枢纽。作为新发展理念的重要内涵之一，绿色发展贯穿于东部、中部、西部和东北地区等各个区域，以及社会经济发展的各领域各环节。中部地区始终坚持以绿色发展理念为导向，才能建设绿色发展的美丽中部，确保中部地区高质量发展。因此，为全面了解和认识中部地区绿色发展的概况，本章将结合能源消耗、工业污染、环境治理、生态禀赋等维度的细分指标，通过分析中部地区以及各省份 2013～2020 年的绿色发展指数，以便对中部地区绿色发展作出评价。

第一节　中部地区创新发展单指标特征分析

为进一步细化绿色发展的衡量指标，本章选取万元地区生产总值能耗变化率和单位 GDP 电耗衡量能源消耗；选取单位产出工业二氧化硫排放量、单位产出工业烟（粉）尘排放量和单位产出工业废水排放量衡量工业污染；选取污水处理厂集中处理率和生活垃圾无害化处理率衡量环境治理；选取建成区绿化覆盖率衡量生态禀赋。在本报告中，2013～2020年各城市的绿色发展指数仅仅是通过熵值法加权计算后的合成值，但无法从中了解各底层指标具体的变动趋势、变动幅度、变动速度等。鉴于报告中的每个指标均涉及中部地区 6 个省份 80 个城市 2013～2020 年的数据，数据数量过大，因此本部分将通过分析 2013 年和 2020 年中部地区各省所辖城市在具体衡量指标上的最大值、最小值、均值和标准差，以此分析同一省份不同城市之间的指标数值差异，以及不同省份在同一指标数值上的不同，而 2013 年和 2020 年不同年份均值的比较则可反映不同年份同一省份在同一指标上的整体变化的概况，同时通过标准差在不同省份同一年份和同一省份不同年份的对比体现省际和市级指标数据的离散程度。此外，一般而言，省会城市是一省的政治经济中心，在经济社会发展中处于领先地位，因此为考察中部地区各省省会城市在各个指标上的发展态势以及相互之间的发展差异，本节将省会城市作为重点考察对象纳入分析的范畴。

一、能源消耗

（一）万元地区生产总值能耗变化率

万元地区生产总值能耗变化率作为衡量能源消耗的重要指标，其值为负意味着万元地区生产总值能耗的降低，而且取值越小表明降低的幅度越大。由表6－2可见，在2013年，除了河南省各城市的最大值为正之外，其他各省城市的最大值均小于零，这意味着中部地区大部分城市的万元地区生产总值能耗都处于下降状态。在最小值方面，各省城市之间相对于最大值而言差距明显，尤其是江西省各城市，万元地区生产总值能耗变化率最小值达到－30.33%，远小于山西省的－4.35%。由此可见，在各城市万元地区生产总值能耗上，无论是最大值还是最小值，江西省各城市均是最低的。由各省城市万元地区生产总值能耗变化率的均值可知，江西省以－17.98%的均值在中部省份中是最低的。因此，结合江西省各城市的最大值和最小值可推断，2013年江西省的万元地区生产总值能耗变化率在中部各省中表现尤为突出。从标准差上来看，山西省各城市万元地区生产总值能耗变化率的标准差最小，而江西省则是标准差最大的省份，这与江西省各城市万元地区生产总值能耗变化率数值的分布区间最大相呼应。从省会城市来看，南昌市万元地区生产总值能耗变化率是江西省各城市的最小值，也是中部地区各省省会城市的最小值，远低于其他省会城市。

表6－2　　2013年中部地区各省城市万元地区生产总值能耗变化率　　单位：%

项目	山西	安徽	江西	河南	湖北	湖南
最大值	－3.51	－3.09	－4.59	5.38	－3.19	－3.50
最小值	－4.35	－6.18	－30.33	－4.87	－6.06	－7.58
均值	－3.74	－4.04	－17.98	－2.94	－4.56	－5.19
标准差	0.29	0.77	8.16	2.28	1.06	1.19
省会	－4.21	－3.36	－30.33	－3.29	－3.51	－4.56

资料来源：各省统计年鉴。

由表6－3可见，相对于2013年，2020年中部地区各省城市万元地区生产总值能耗变化率的最大值均有提升，且相互之间差距较大，例如河南省各城市中的最大值为 24.60%，相比湖南省的 - 0.46%，高出 25.06%。在最小值方面，除了从低到高排在首位的山西省之外，2020 年其他省份城市万元地区生产总值能耗变化率的最小值都有提高，且相对于最大值而言，中部地区各省城市万元地区生产总值能耗变化率相差较小。进一步地，在均值方面，中部地区各省城市万元地区生产总值能耗变化率的均值在 2013 年的基础上均有增加。其中，山西省以 - 3.480% 的最低均值领先于中部地区其他各省，与湖南省、江西省一起成为均值为负值的三个省份。至于标准差，2020 年中部地区各省城市万元地区生产总值能耗变化率的标准差呈现出相反的变动趋势，其中江西省和湖南省各城市的标准差表现为不同程度的下降，而山西省、安徽省、河南省和湖北省各城市的标准差则有一定甚至大幅度的增加，如河南省增加了 6.58。就 2020 年中部地区各省省会城市而言，所有省会城市的万元地区生产总值能耗变化率均为负值，其中最小值是武汉市的 - 5.20%，相反最大值是合肥市的 - 1.97%；而且，除了武汉市万元地区生产总值能耗变化率低于 2013 年外，其他省会城市的变化率均高于 2013 年。

表 6 - 3　　　2020 年中部地区各省城市万元地区生产总值能耗变化率　　单位：%

项目	山西	安徽	江西	河南	湖北	湖南
最大值	- 0.29	22.15	0.30	24.60	6.10	- 0.46
最小值	- 6.24	- 2.94	- 3.85	- 3.88	- 5.20	- 4.68
均值	- 3.48	3.16	- 2.06	3.10	0.16	- 2.32
标准差	1.97	6.71	1.42	8.86	4.26	1.19
省会	- 2.85	- 1.97	- 3.57	- 2.88	- 5.20	- 2.77

资料来源：各省统计年鉴。

（二）单位 GDP 电耗

衡量能源消耗的第二个指标是单位 GDP 电耗，这个指标与万元地区生产总值能耗变化率在大小上的含义是一致的，即单位 GDP 电耗越小，能源消耗越低，生产越有效率，相反则能源消耗越高，生产越缺乏效率。由表 6 - 4 可见，在 2013 年中部地区各省中，山西省各城市单位 GDP 电耗的最大值达到 0.233（千瓦·时/元），超过中部地区其他省份的所有城市。不过，在最小值方面，山西省各城市单位 GDP 电耗的最小值为

0.037（千瓦·时/元），虽然高于湖南省各城市的最小值 0.031（千瓦·时/元），但二者相差不大，而且低于安徽省、江西省、河南省和湖北省各城市的最小值。不过，山西省各城市单位 GDP 电耗的均值在中部地区各省中是最高的，意味着山西省在单位 GDP 电耗上尚有一定的下降空间。从标准差来看，2013 年中部地区各省城市单位 GDP 电耗的标准差尽管大小不一，但标准差最大的山西省，其值仅为 0.057，而最小值为江西省的0.014，两者之间的差距较小，表明中部地区各省城市之间单位 GDP 电耗的离散程度较低，也即各省城市单位 GDP 电耗相对而言较为集中。在省会城市层面，太原市是唯一一个单位 GDP 电耗高于均值的城市，其值为0.103（千瓦·时/元），而单位 GDP 电耗最小的省会城市是长沙市，仅为 0.031，不足太原市的 1/3。此外，在中部地区各省省会城市中，仅有合肥市、南昌市和长沙市的单位 GDP 电耗是相应省份的最小值，而其他省会城市均高于对应省份城市的最小值。

表 6-4　　　　2013 年中部地区各省城市单位 GDP 电耗　　单位：千瓦·时/元

项目	山西	安徽	江西	河南	湖北	湖南
最大值	0.233	0.123	0.092	0.124	0.098	0.112
最小值	0.037	0.046	0.045	0.046	0.044	0.031
均值	0.095	0.078	0.069	0.087	0.071	0.062
标准差	0.057	0.023	0.014	0.026	0.018	0.019
省会	0.103	0.046	0.045	0.081	0.048	0.031

资料来源：《中国城市统计年鉴》、中国经济社会大数据研究平台、各省统计年鉴、各市统计年鉴、各市统计局、各市《国民经济和社会发展统计公报》。由笔者整理计算得到。

由表 6-5 可见，2020 年中部地区各省城市单位 GDP 电耗的最大值，相对于 2013 年而言，均有不同幅度的下降，其中湖南省最大值的下降比重最大，达到 27.32%，其次则是山西省，其最大值的下降比重为20.17%。不过，不同于最大值的变动趋势，2020 年中部地区各省的最小值中，仅有江西省和湖北省的单位 GDP 电耗有所降低，而其他省份的最小值反而都有所上升。而且，在 2020 年中部地区各省城市单位 GDP 电耗的最大值和最小值中，山西省的最大值和最小值均是最大的，而湖南省的最大值和最小值均是最小的。从 2020 年中部地区各省城市单位 GDP 电耗的均值来看，除了高居首位的山西省之外，其他省份在 2020 年均低于

2013 年，因而整体上中部地区单位 GDP 电耗是趋于下降的。就中部地区各省城市单位 GDP 电耗的标准差而言，2020 年中部地区各省仅有安徽省的标准差大致维持不变，其余省份均有下降，表明各省城市单位 GDP 电耗有集中收敛的倾向。从中部地区各省省会城市来看，2020 年各省省会城市单位 GDP 电耗由高到低的排名依次是：太原市、郑州市、合肥市、南昌市、武汉市、长沙市；而且，各省省会城市单位 GDP 电耗的变动趋势不同，其中合肥市和长沙市在 2013 年的基础上略有上升，其他省会城市则均低于 2013 年的水平。

表 6 - 5　　　　　2020 年中部地区各省城市单位 GDP 电耗　单位：千瓦·时/元

项目	山西	安徽	江西	河南	湖北	湖南
最大值	0.186	0.113	0.089	0.115	0.087	0.081
最小值	0.079	0.046	0.044	0.046	0.036	0.033
均值	0.128	0.076	0.067	0.066	0.062	0.048
标准差	0.033	0.023	0.013	0.019	0.016	0.013
省会	0.079	0.046	0.044	0.053	0.041	0.033

资料来源：《中国城市统计年鉴》、中国经济社会大数据研究平台、各省统计年鉴、各市统计年鉴、各市统计局、各市《国民经济和社会发展统计公报》。由笔者整理计算得到。

二、工业污染

(一) 万元产出工业二氧化硫排放量

由表 6 - 6 可见，2013 年中部地区各省城市万元产出工业二氧化硫排放量的最大值相差极大，例如排放量最大值中最低的城市在湖北省，其值是 0.00722（吨/万元），而排放量最大值中最高的城市在山西省，其值为 0.01530（吨/万元），是最低值的 2 倍以上。相对于最大值而言，中部地区各省城市万元产出工业二氧化硫排放量的最小值尽管在绝对值上相差较小，但在倍数上却是差距更大。2013 年山西省各城市万元产出工业二氧化硫排放量的最小值是 0.00368（吨/万元），在中部地区各省城市最小值中是最高的，高出最小值中的最低值，即湖南省各城市的最小值 11 倍以上。就均值而言，中部地区各省城市万元产出工业二氧化硫排放量均值最高的省份依然是山西省，远高于最低省份的安徽省，不过湖北省与安徽省相差极小。而且，从标准差的角度来看，山西省各城市的万元产出工业二氧化硫排放量在所有中部地区各省中的离散程度是最大的，相应地，湖北省各城市则是最小的。由此可知，山西省作为整体而言与中部地区其他省份在万元产出工业二氧化硫排放量上不仅并无任何优势，相反有着很大的差距。另外，从省会城市来看，在中部地区各省省会城市万元产出工业二氧化硫排放量中，山西省、江西省、湖北省和湖南省的省会城市均是各省城市的最小值，但是作为山西省的省会，太原依旧是所有省会城市中最高的，意味着无论是山西省还是太原市有必要采取适当且有力的举措减少二氧化硫排放量，从而降低其对环境的污染。

表6-6　　2013年中部地区各省城市万元产出工业二氧化硫排放量

单位：吨/万元

项目	山西	安徽	江西	河南	湖北	湖南
最大值	0.01530	0.00742	0.01130	0.00881	0.00722	0.00896
最小值	0.00368	0.00068	0.00122	0.00115	0.00108	0.00030
均值	0.00983	0.00283	0.00444	0.00359	0.00284	0.00328
标准差	0.00304	0.00207	0.00282	0.00228	0.00190	0.00230
省会	0.00368	0.00089	0.00122	0.00171	0.00108	0.00030

资料来源：《中国城市统计年鉴》、各省统计年鉴、各市统计年鉴。由笔者整理计算得到。

由表6-7可见，相比于2013年，2020年中部地区各省城市万元产出工业二氧化硫排放量的最大值均有大幅度的下降，其中下降幅度从大到小依次是：山西省、江西省、河南省、湖南省、湖北省和安徽省。不仅是最大值，在中部地区各省城市万元产出工业二氧化硫排放量的最小值上，各省城市的最小值亦呈现相同的变化趋势，而且山西省同样是最小值下降幅度最大的省份，在2013年的基础上降低了92.93%。进一步比较2013年和2020年中部地区各省城市万元产出工业二氧化硫排放量的均值和标准差可知，2020年各省城市万元产出工业二氧化硫排放量的均值和标准差都处于下降状态，一方面这意味着中部地区万元产出工业二氧化硫排放量在整体上改善明显；另一方面表明各省城市的万元产出工业二氧化硫排放量有收敛的趋势。最后，从中部地区各省省会城市来看，2020年太原市万元产出工业二氧化硫排放量在各省省会城市中是最高的，而且其他省会城市之间的差异较小。更重要的是，2020年所有省会城市的万元产出工业二氧化硫排放量不仅比 2013 年有大幅度的下降，而且其下降的比重高于相应省份均值的下降比重。

表 6-7 　　　　　　　2020 年中部地区各省城市万元产出

工业二氧化硫排放量　　　　　　单位：吨/万元

项目	山西	安徽	江西	河南	湖北	湖南
最大值	0.00464	0.00128	0.00084	0.00029	0.00056	0.00052
最小值	0.00026	0.00006	0.00009	0.00004	0.00004	0.00001
均值	0.00121	0.00044	0.00041	0.00012	0.00019	0.00019
标准差	0.00132	0.00038	0.00021	0.00007	0.00015	0.00014
省会	0.00026	0.00006	0.00009	0.00005	0.00007	0.00001

资料来源：《中国城市统计年鉴》、各省统计年鉴、各市统计年鉴。由笔者整理计算得到。

（二）万元产出工业烟（粉）尘排放量

如同万元产出工业二氧化硫排放量，万元产出工业烟（粉）尘排放量对于绿色发展而言同样是一个负向指标，即万元产出工业烟（粉）尘排放量越高，工业污染越重，绿色发展程度越低。如表 6-8 所示，2013年中部地区各省城市万元产出工业烟（粉）尘排放量的最大值出现在山西省，其值为 0.30900（吨/万元），远高于在各省城市最大值中排名第二的河南省城市，相应值为 0.00556（吨/万元），二者之间相差了 54 倍以上。在最小值层面，山西省城市万元产出工业烟（粉）尘排放量的最小值亦远高于其他省份城市的最小值，而其他省份城市的最小值之间则相差较小。山西省在万元产出工业烟（粉）尘排放量上的落后之处不仅体现在各城市的最大值和最小值方面，同样表现在均值方面。2013年中部地区各省城市万元产出工业烟（粉）尘排放量的均值在安徽省、江西省、河南省、湖北省和湖南省之间差距并不明显，但山西省却远高于这些省份。不仅如此，山西省各城市万元产出工业烟（粉）尘排放量的离散程度亦是最高的，其标准差是排名第二的河南省的 58 倍以上。在中部地区各省省会城市的万元产出工业烟（粉）尘排放量中，太原市虽然在山西省各城市中最低，但在所有省会城市中却是最高的，而且合肥市和郑州市的万元产出工业烟（粉）尘排放量并非在相应省份中是最低的。

表6-8　　2013年中部地区各省城市万元产出工业烟（粉）尘排放量

单位：吨/万元

项目	山西	安徽	江西	河南	湖北	湖南
最大值	0.30900	0.00496	0.00497	0.00556	0.00543	0.00382
最小值	0.00153	0.00053	0.00034	0.00053	0.00020	0.00027
均值	0.03470	0.00194	0.00245	0.00176	0.00193	0.00166
标准差	0.09090	0.00125	0.00139	0.00155	0.00143	0.00110
省会	0.00153	0.00091	0.00034	0.00055	0.00020	0.00027

资料来源：《中国城市统计年鉴》、各省统计年鉴、各市统计年鉴。由笔者整理计算得到。

由表6-9中的最大值、最小值和均值可见，相对于2013年，2020年中部地区各省城市万元产出工业烟（粉）尘排放量均有大幅度的下降。其中，在2013~2020年，山西省的万元产出工业烟（粉）尘排放量最大值下降比例最大，下降了97.67%，由0.30900（吨/万元）降到0.00721（吨/万元）；河南省的万元产出工业烟（粉）尘排放量最小值下降比例最大，降低了98.11%，由0.00053（吨/万元）降到0.00001（吨/万元）；而在各省万元产出工业烟（粉）尘排放量的均值方面，下降比例最大的依然是山西省，下降了94.01%，由0.03470（吨/万元）下降到0.00208（吨/万元）。进一步地，由表中数据可知，2020年山西省的最大值、最小值和均值在中部地区各省城市万元产出工业烟（粉）尘排放量中都是最高的，这意味着在万元产出工业烟（粉）尘排放量上，山西省尚未摆脱追赶的态势，其排名如同2013年，仍旧是所有省份中最低的。就标准差而言，尽管山西省的标准差远高于其他各省，但2020年各省城市万元产出工业烟（粉）尘排放量的离散程度在2013年的基础上均有较大的下降，即各省城市万元产出工业烟（粉）尘排放量呈收敛的趋势。类似地，中部地区各省省会城市万元产出工业烟（粉）尘排放量亦有着明显的改善，其中绝对改善幅度最大的是太原市，而改善比例最大的是合肥市。

表6-9　　2020年中部地区各省城市万元产出工业烟（粉）尘排放量

单位：吨/万元

项目	山西	安徽	江西	河南	湖北	湖南
最大值	0.00721	0.00148	0.00115	0.00046	0.00208	0.00137

续表

项目	山西	安徽	江西	河南	湖北	湖南
最小值	0.00034	0.00005	0.00006	0.00001	0.00005	0.00003
均值	0.00208	0.00037	0.00048	0.00012	0.00043	0.00037
标准差	0.00194	0.00035	0.00027	0.00011	0.00064	0.00036
省会	0.00045	0.00005	0.00006	0.00007	0.00005	0.00003

资料来源:《中国城市统计年鉴》、各省统计年鉴、各市统计年鉴。由笔者整理计算得到。

（三）单位产出工业废水排放量

除了工业气体、烟尘之外，工业废水的排放同样是造成工业污染的重要指标。由表 6 – 10 可见，2013 年中部地区各省城市单位产出工业废水排放量最大值之间的差距相对较小，例如排放量最大的是安徽省的城市，其值为 0.00130（吨/元），而排放量最大值中最小的城市是在山西省，相应值为 0.00060（吨/元），二者之间仅仅相差了 1.17 倍。就中部地区各省城市单位产出工业废水排放量的最小值而言，最大值出现在江西省的城市，为 0.00029（吨/元），是中部地区最小值 0.00006（吨/元）的 4.83 倍，高于各省城市最大值之间的倍数。与万元产出工业二氧化硫排放量和万元产出工业烟（粉）尘排放量的排名相反，山西省在单位产出工业废水排放量的均值上与湖北省一起并列最低。不仅如此，山西省各城市单位产出工业废水排放量的标准差在各省之中亦是最小，结合最大值、最小值和均值等数字特征可以发现，2013 年山西省在单位产出工业废水排放量上的表现尤为突出。就中部地区各省省会而言，仅合肥市、武汉市和长沙市的单位产出工业废水排放量是各自省份的最小值，而且最高的省会城市是南昌市，是唯一一个超过 0.00020（吨/元）的省会城市，是相应值最小的长沙市的 5 倍以上。

表 6 – 10　　2013 年中部地区各省城市单位产出工业废水排放量　　单位：吨/元

项目	山西	安徽	江西	河南	湖北	湖南
最大值	0.00060	0.00130	0.00095	0.00074	0.00078	0.00081
最小值	0.00010	0.00013	0.00029	0.00013	0.00016	0.00006
均值	0.00036	0.00046	0.00051	0.00046	0.00036	0.00044

续表

项目	山西	安徽	江西	河南	湖北	湖南
标准差	0.00018	0.00029	0.00020	0.00019	0.00019	0.00020
省会	0.00017	0.00013	0.00032	0.00019	0.00016	0.00006

资料来源：《中国城市统计年鉴》、各省统计年鉴、各市统计年鉴。由笔者整理计算得到。

如表 6 - 11 所示，2020 年中部地区各省城市单位产出工业废水排放量的最大值和最小值相对 2013 年均呈现出明显的下降趋势，且中部地区的最大值和最小值依然分别是安徽省和湖南省的城市。与 2013 年相似，2020 年各省城市单位产出工业废水排放量无论是在最大值，还是在最小值，最高值和最低值之间的倍数并不大，但其绝对值的差别比较明显。从均值来看，2020 年中部地区各省城市单位产出工业废水排放量的均值在 2013 年的基础上有不同幅度的下降，其中下降比例最大的是湖南省，达到 84.09%，这使湖南省单位产出工业废水排放量的均值在中部各省中具有绝对的优势，其值不足均值最高的山西省的 1/2。不仅如此，从标准差来看，湖南省各城市单位产出工业废水排放量的离散程度较其他省份而言更为集中。由此可见，在 2013 ~ 2020 年中，湖南省在降低单位产出工业废水排放量方面整体上成效显著，位于中部地区各省的前列。进一步地，从中部地区各省省会城市来看，2020 年各省省会城市单位产出工业废水排放量均低于 2013 年，其中单位产出工业废水排放量下降幅度最大的是南昌市，达到 0.00026（吨/元）。这使得南昌市由 2013 年省会城市中单位产出工业废水排放量的末尾，成为 2020 年仅次于最小值长沙市的省会城市。

表 6 - 11　　　2020 年中部地区各省城市单位产出工业废水排放量　　单位：吨/元

项目	山西	安徽	江西	河南	湖北	湖南
最大值	0.00035	0.00038	0.00034	0.00026	0.00024	0.00015
最小值	0.00005	0.00006	0.00002	0.00002	0.00003	0.00001
均值	0.00016	0.00014	0.00015	0.00012	0.00014	0.00007
标准差	0.00010	0.00010	0.00009	0.00007	0.00007	0.00004
省会	0.00009	0.00007	0.00006	0.00007	0.00010	0.00003

资料来源：《中国城市统计年鉴》、各省统计年鉴、各市统计年鉴。由笔者整理计算得到。

三、环境治理

（一）污水处理厂集中处理率

不同于之前的负向指标，污水处理厂集中处理率是衡量绿色发展的正向指标，即处理率越高，则对绿色发展的贡献度越大。如表 6 – 12 所示，2013 年中部地区各省城市污水处理厂集中处理率的最大值均在 90% 以上，且处理率最大值是山西省的城市，达到 98.80%。在中部各省城市污水处理厂集中处理率的最小值中，安徽省的最小值在所有省份城市最小值中是最大的，其值为 78.23%，而江西省各城市的最小值则是所有省份城市最小值中最小的，其值仅为 42.20%，二者之间相差 36.03%。从均值上来看，中部地区各省城市污水处理厂集中处理率的均值除了湖南省之外，均高于 85%，最高的河南省达到 87.94%，不过各省的差距并不大。不过，中部地区各省城市污水处理厂集中处理率的标准差却是有着明显的差距，例如江西省各城市的标准差为 15.8，是中部地区各省中最高的，而相应值最低的安徽省仅为 4.24，这意味着各省城市污水处理厂集中处理率的离散程度是大小不一的，江西省和安徽省分别是离散程度最大和最小的两个省份。在中部地区各省省会城市中，除了武汉市和长沙市之外，其他省会城市的污水处理厂集中处理率低于各自省份的最大值。而且，太原市和合肥市的污水处理厂集中处理率不足 90%，不仅低于其他省会城市，甚至低于各自省份均值，在各自省份内部城市中亦是处于落后状态。

表 6 – 12　　　2013 年中部地区各省城市污水处理厂集中处理率　　　单位：%

项目	山西	安徽	江西	河南	湖北	湖南
最大值	98.80	95.81	96.80	97.91	92.50	96.32
最小值	68.11	78.23	42.20	64.15	56.87	71.08
均值	86.86	88.69	82.35	87.94	85.41	83.71
标准差	9.43	4.24	15.80	8.80	11.23	7.45
省会	85.00	87.10	94.20	95.80	92.50	96.32

资料来源：《中国城市统计年鉴》。

由表 6 – 13 可见，2020 年中部地区各省城市污水处理厂集中处理率的最大值均高于 2013 年，其中湖北省的最大值由 2013 年的 92.50% 上升至 2020 年的 99.78%，增加幅度最大。不仅如此，尽管中部地区各省城市污水处理厂集中处理率的最大值均在 97.0% 以上，但河南省是 2020 年中部地区各省最大值中唯一达到 100% 的省份。就最小值而言，与最大值的变动趋势相似，2013～2020 年中部地区各省城市污水处理厂集中处理率的最小值都有不同幅度的提高，不过其提高的幅度远较最大值为高。例如，江西省各城市污水处理厂集中处理率的最小值提高幅度最大，提高了 49.54%，而即使是提高幅度最小的安徽省，亦提高了 16.81%。从均值上看，2013 年中部地区任何省份城市污水处理厂集中处理率的均值都未超过 90%，但到 2020 年，所有省份的均值均未低于 95%，体现了中部地区各省在污水处理上的显著成效。由标准差数据可见，相对于 2013 年，2020 年中部地区各省城市污水处理厂集中处理率趋于收敛，不过省与省之间有所差异，其中离散程度最低的是安徽省，而离散程度最高的则是湖北省，其标准差是安徽省的 6.52 倍。此外，2013～2020 年中部地区各省省会城市污水处理厂集中处理率均呈上升趋势，其中太原市上升幅度最大，其排名从 2013 年的末尾提高至 2020 年的第三名。

表 6－13　　　2020 年中部地区各省城市污水处理厂集中处理率　　　单位：%

项目	山西	安徽	江西	河南	湖北	湖南
最大值	99.8	97.2	98.8	100	99.78	98.68
最小值	85.44	95.04	91.76	95.41	82.89	88.44
均值	95.79	95.91	95.11	97.65	95.85	95.98
标准差	3.75	0.66	2.17	1.21	4.30	2.97
省会	97.37	95.39	95.00	98.60	97.00	98.56

资料来源：《中国城市统计年鉴》。

（二）生活垃圾无害化处理率

与污水处理厂集中处理率相一致，生活垃圾无害化处理率同样是衡量绿色发展的正向指标。由表 6－14 可知，2013 年中部地区各省城市生活垃圾无害化处理率的最大值，除了河南省之外，均达到 100%。不过，较之于最大值，中部地区各省城市生活垃圾无害化处理率的最小值不仅数值较低，而且最小值之间相差极大。例如，在中部地区各省城市生活垃圾无害化处理率的最小值中，湖南省各城市的最小值是最低的，仅仅为 22.39%，相反安徽省各城市的最小值是最高的，为 71.28%，二者之间相差 48.89%。就均值而言，2013 年中部地区各省城市生活垃圾无害化处理率均值最高和最低的省份分别为湖南省和山西省，其中山西省是唯一一个均值低于 80% 的省份，其余省份除河南省之外，均高于 90%。由最大值、最小值和均值的数值可以预见，2013 年中部地区各省城市生活垃圾无害化处理率的离散程度是较高的，这一点从标准差的数值可得以证实，即各城市生活垃圾无害化处理率标准差最低的安徽省已高达10.07，而最高的湖南省更是达到 21.30。在省会城市层面，除了南昌市和郑州市之外，太原市、合肥市、武汉市和长沙市生活垃圾无害化处理率均是各省省份的最大值。南昌市在生活垃圾无害化处理率不仅在中部地区各省省会城市中是最低的，而且低于江西省各城市的均值水平，可见在这一指标上南昌市尚有比较大的上升空间。

表 6 – 14　　　　2013 年中部地区各省城市生活垃圾无害化处理率　　　单位：%

项目	山西	安徽	江西	河南	湖北	湖南
最大值	100	100	100	99	100	100
最小值	42.93	71.28	51.47	49.99	46.35	22.39
均值	70.95	91.79	91.12	86.69	90.22	92.62
标准差	20.15	10.07	17.15	12.3	18.11	21.30
省会	100	100	89.44	89.80	100	100

资料来源：《中国城市统计年鉴》。

从表 6 – 15 中可以看到，2020 年中部地区各省城市生活垃圾无害化处理率最大值的唯一变化是，河南省由 2013 年的 99% 上升到 100%。相对于最大值而言，2020 年中部地区各省城市生活垃圾无害化处理率最小值的变化更为明显，其中变化最大的是湖南省，其最小值由 2013 年的22.39% 提高到 2020 年的 98.04%。在均值方面，较之于 2013 年，2020年中部地区各省城市生活垃圾无害化处理率的均值都有大幅度的提高，其值接近甚至达到 100%。与此同时，2020 年中部地区各省城市生活垃圾无害化处理率标准差所代表的离散程度在 2013 年的基础上有了质的下降。此外，在中部地区各省省会城市中，2020 年南昌市和郑州市的生活垃圾无害化处理率均提高到 100%，达到与太原市、合肥市、武汉市和长沙市相同的水平，即中部地区所有省会城市实现 100% 的生活垃圾的无害化处理。

表6-15　　　2020年中部地区各省城市生活垃圾无害化处理率　　　单位：%

项目	山西	安徽	江西	河南	湖北	湖南
最大值	100	100	100	100	100	100
最小值	99.84	100	100	98.83	100	98.04
均值	99.99	100	100	99.84	100	99.82
标准差	0.0482	0	0	0.313	0	0.544
省会	100	100	100	100	100	100

资料来源：《中国城市统计年鉴》。

四、生态禀赋

在生态禀赋方面，建成区绿化覆盖率是一个重要的衡量指标。当地区或城市建成区绿化覆盖率越大时，该地区或城市的生态禀赋越高。由表6-16可见，在2013年中部地区各省城市建成区绿化覆盖率中，安徽省各城市的最大值达到77.78%，是中部地区各省城市中最高的，而湖南省的相应值则仅为43.42%，在中部地区各省城市最大值中排名最低。不过，尽管湖南省城市建成区绿化覆盖率的最大值在中部地区各省城市最大值中是最小的，但在中部地区各省城市的最小值中，却是排在第三名，高出排在最后的河南省各城市最小值的7.28%。从均值上来看，中部地区各省城市建成区绿化覆盖率的均值之间差距较小，但在整体上偏低，并未有任何一省的均值超过50%，意味着中部地区各省城市在提高建成区的绿化覆盖率上依然有较大的空间。就中部地区各省城市建成区绿化覆盖率的离散程度而言，山西省、江西省、河南省和湖北省各城市的离散程度相差较小，高于湖南省各城市，且低于安徽省各城市。在中部地区各省省会城市建成区绿化覆盖率上，所有省会城市均低于各自省份城市的最大值；不仅如此，南昌市、郑州市和长沙市的建成区绿化覆盖率甚至低于各自省份城市的均值，即使是高于均值的太原市、合肥市和武汉市亦与均值差异不大，其中差距最大的武汉市也仅仅是相差了2.58%。

表 6 - 16　　　　　2013 年中部地区各省城市建成区绿化覆盖率　　　单位：%

项目	山西	安徽	江西	河南	湖北	湖南
最大值	50.05	77.78	56.86	43.76	43.44	43.42
最小值	31.13	33.11	38.65	25.19	27.31	32.47
均值	39.72	43.19	46.56	37.99	36.29	38.27
标准差	5.240	9.861	5.913	5.43	5.595	3.249
省会	39.88	45.31	42.33	33.10	38.87	34.37

资料来源：《中国城市统计年鉴》。

从表 6 - 17 可见，相对于 2013 年，2020 年中部地区各省城市建成区绿化覆盖率的最大值中，仅有湖北省和湖南省各城市的最大值有所上升，且上升幅度较小，其他省份各城市的最大值均呈下降趋势，尤其是安徽省各市的最大值由 2013 年的 77.78% 下降为 48.03%，下降幅度最大。不过，从中部地区各省城市建成区绿化覆盖率的最小值来看，所有省份城市的最小值都有不同幅度的提高，其中河南省各城市最小值的提升幅度最大，上升了 14.68%。就均值而言，除了安徽省略有下降之外，2020 年其他省份城市建成区绿化覆盖率的均值均高于 2013 年。这意味着，尽管 2013 年山西省、安徽省、江西省和河南省建成区绿化覆盖率最大值城市的绿化增长落后，但整体而言，中部地区各省城市建成区的绿化速度高于建成区面积的扩张速度，其生态禀赋在 2013 ~ 2020 年中处于改善或增进状态。进一步地，2020 年中部地区各省城市建成区绿化覆盖率的标准差在 2013 年的基础上有较大幅度的下降，表明中部地区各省城市建成区绿化覆盖率呈收敛趋势。从中部地区各省省会城市来看，除合肥市之外，2020 年其他省会城市的建成区绿化覆盖率均高于 2013 年，但年均增长速度并不高，例如郑州市作为提升幅度最大的省会城市，年均增长率仅仅是 3.28%；而且，除了太原市和武汉市之外，其他省会城市的建成区绿化覆盖率均低于各自省份的均值。

表 6 - 17　　　　　2020 年中部地区各省城市建成区绿化覆盖率　　　单位：%

项目	山西	安徽	江西	河南	湖北	湖南
最大值	46.59	48.03	53.96	46.52	44.27	47.00
最小值	34.74	39.49	44.02	39.87	37.01	37.00

续表

项目	山西	安徽	江西	河南	湖北	湖南
均值	42.77	42.74	49.21	42.71	41.44	41.57
标准差	3.209	2.814	2.53	1.791	1.786	2.8
省会	46.59	41.99	49.04	41.50	42.07	39.46

资料来源：《中国城市统计年鉴》。

第二节　中部地区绿色发展指数测度结果与分析

通过剖析衡量绿色发展的具体指标，本章细致考察了中部地区各省及其省会城市绿色发展的概况。然而，尽管在同一指标上，不同省份或城市可进行横向与纵向的比较，但难以在整体上对比中部地区各省、城市在绿色发展维度上的差异。为此，本节将基于 2013～2020 年绿色发展指数的测度结果综合评价中部地区及各省、市绿色发展的态势与成效。

一、中部地区及各省绿色发展指数比较分析

由表 6－18 可见，2013～2020 年中部地区绿色发展指数除 2020 年略有下降之外，整体呈不断上升的趋势，从 2013 年的 64.23 提高至 2020 年的 74.08，不过其年均增长率仅为 2.06%，远低于中部地区各省 GDP 的年均增长率。从中部地区各省来看，自 2013 年以来，各省的绿色发展指数均有增加，然而增加幅度却大小不一。例如，2013～2020 年绿色发展指数增加幅度最大的省份是山西省，增量为 14.38，而增加幅度最小的省份是安徽省，仅增加 5.36。由于山西省在 2013 年的绿色发展指数与其他各省相差极大，即使其在绿色发展上改善最为显著，但在 2020 年中部地区绿色发展指数排名上依然居于末尾，是唯一一个绿色发展指数不足 70 的省份。相反，与 2013 年相同，2020 年江西省的绿色发展指数依然是中部地区各省中最高的，不过其值仅高于第二名的湖南省 0.24，优势并不明显。

表 6 – 18　　　　　2013～2020 年中部地区及各省绿色发展指数

年份	中部地区	安徽	山西	江西	河南	湖北	湖南
2013	64.23	67.24	54.65	68.04	61.07	66.02	66.86
2014	66.24	67.88	57.53	66.39	64.65	67.20	69.98
2015	67.48	69.49	59.63	66.11	66.74	68.47	69.99
2016	71.17	71.77	62.83	69.52	71.98	72.40	72.80
2017	72.79	73.28	65.24	73.91	73.05	72.55	74.90
2018	73.50	73.53	66.30	74.07	73.82	73.86	75.62
2019	74.22	73.26	67.37	76.25	74.99	73.91	76.09
2020	74.08	72.60	69.03	76.25	73.94	74.52	76.01

资料来源：根据测度结果整理计算得到。

二、中部地区城市绿色发展指数比较分析

由表 6 – 19 可见，相对于 2013 年，2020 年山西省各城市绿色发展指数均有一定幅度的上升，但不同城市之间上升幅度差异明显，其中上升幅度最大的城市是大同市，比 2013 年高出 21.94，同时其亦是年均增长速度最快的城市；相反，朔州市则是上升幅度最小的城市，在 2013～2020 年仅增加了 6.53，其年均增长率为 1.45%，在山西省各城市中排名最末。而且，就 2020 年山西省各城市绿色发展指数而言，所有城市的绿色发展指数均在 60 以上，最大值与最小值之间的差距是 15.38，然而在 2013 年，相应值为 21.49，这意味着 2020 年山西省各城市的绿色发展程度在不断改善的同时，各城市之间的发展水平较之 2013 年更为集中，有收敛的趋势。从 2013 年和 2020 年山西省城市绿色发展指数的高低排序来看，无论是 2013 年还是 2020 年，太原市均是山西省绿色发展程度最高的城市，而且除了居于首位的太原市和末位的运城市，以及排在第三名的长治市没有变动之外，其他城市的排名均发生或上或下的变动。例如，朔州市、吕梁市和临汾市的排名由 2013 年的第二、第四、第七名，分别下降为 2020 年的第六、第十、第九名，相反其他城市的排名均有提高，尤其是阳泉市从 2013 年的第六名一举成为 2020 年仅次于太原市的城市。

表6-19　　　2013年和2020年山西省城市绿色发展指数及其排序

不同年份指数			指数高低排序			
城市	2013年	2020年	城市	2013年	城市	2020年
太原	64.70	75.39	太原	64.70	太原	75.39
大同	46.15	68.09	朔州	61.72	阳泉	72.76
阳泉	53.33	72.76	长治	57.65	长治	71.77
长治	57.65	71.77	吕梁	55.27	晋城	70.86
晋城	53.49	70.86	晋城	53.49	晋中	68.65
朔州	61.72	68.25	阳泉	53.33	朔州	68.25
晋中	50.71	68.65	临汾	51.30	大同	68.09
运城	43.21	60.01	晋中	50.71	忻州	65.93
忻州	47.22	65.93	忻州	47.22	临汾	65.66
临汾	51.30	65.66	大同	46.15	吕梁	62.11
吕梁	55.27	62.11	运城	43.21	运城	60.01

资料来源：根据测度结果整理计算得到。

由表6-20可见，在2020年安徽省各城市中，宣城市绿色发展指数是唯一低于2013年的城市，除此之外，其他城市在2013年的基础上均有所提高，但提高幅度相差较大。例如，2020年淮南市绿色发展指数比2013年提高了17.14，而合肥市在2013～2020年仅增加了0.86。不过，从绿色发展指数的分布区间来看，2013年安徽省各城市绿色发展指数的最大值和最小值分别是78.92和46.96，二者之间相差31.96，而2020年的最大值和最小值则分别是77.44和64.10，二者之间相差13.34，在区间长度上远低于2013年，这意味着2020年安徽省各城市绿色发展指数之间的差距趋于缩小，分布更为集中，更加均匀。从安徽省城市绿色发展指数的高低排序来看，一方面无论是2013年还是2020年，省会城市合肥市均不是安徽省绿色发展程度最高的城市，不过其排名由2013年的第三名上升到2020年的第二名，而且有必要指出的是，2020年绿色发展指数最高的黄山市在数值上反而低于2013年居于首位的宣城市；另一方面，在安徽省的各城市中，尽管淮南市在2013～2020年上升幅度最大，但在排名上并未提高，依然排在所有城市的末尾。此外，除淮南市之外，在其余城市中，宣城市、亳州市、芜湖市、六安市、滁州市和阜阳市的排名是下降的，尤其是宣城市由 2013 年的第一名下降到 2020 年的第十三名。

表 6-20　　2013 年和 2020 年安徽省城市绿色发展指数及其排序

不同年份指数			指数高低排序			
城市	2013 年	2020 年	城市	2013 年	城市	2020 年
合肥	74.85	75.71	宣城	78.92	黄山	77.44
芜湖	67.75	73.26	黄山	75.33	合肥	75.71
蚌埠	64.12	74.66	合肥	74.85	蚌埠	74.66
淮南	46.96	64.10	亳州	69.90	安庆	73.98
马鞍山	60.56	69.89	安庆	68.84	淮北	73.96
淮北	65.10	73.96	芜湖	67.75	宿州	73.49
铜陵	58.40	70.21	六安	66.37	亳州	73.40
安庆	68.84	73.98	淮北	65.10	芜湖	73.26
黄山	75.33	77.44	蚌埠	64.12	六安	71.64
滁州	63.59	68.66	滁州	63.59	铜陵	70.21
阜阳	60.92	69.30	宿州	63.51	马鞍山	69.89
宿州	63.51	73.49	阜阳	60.92	池州	69.57
六安	66.37	71.64	马鞍山	60.56	宣城	69.34
亳州	69.90	73.40	池州	60.10	阜阳	69.30
池州	60.10	69.57	铜陵	58.40	滁州	68.66
宣城	78.92	69.34	淮南	46.96	淮南	64.10

资料来源：根据测度结果整理计算得到。

　　由表 6-21 可见，2020 年江西省城市绿色发展指数均高于 2013 年，其中赣州市由 2013 年的 52.76 上升到 2020 年的 75.39，在所有各城市中提升幅度最大，相对而言抚州市、上饶市、南昌市和吉安市仅分别增加了 1.85、2.49、3.39 和 3.58，在提升幅度上远低于赣州市。不过，进一步考察 2020 年江西省各城市绿色发展指数的数值可以发现，所有城市的绿色发展指数均在 70 以上，且小于 80，而在 2013 年，只有南昌市、抚州市、上饶市和吉安市高于 70，甚至赣州市的绿色发展指数仅略高于 50，这意味着绿色发展指数越低的城市，增长速度越快，相反绿色发展指数越高的城市，增长速度越慢，由此带来的结果是所有城市之间的离散程度趋于下降。在江西省城市绿色发展指数高低排序方面，省会城市南昌市在2013年和2020年中均居于首位，不过与排名第二的抚州市和萍乡市差距不大，分别相差了0.22和0.94。除了南昌市之外，鹰潭市是唯一一个维持排名稳定的城市，其余城市中，抚州市、上饶市、吉安市、宜春市和九江市的排名均呈下降趋势，尤其是上饶市从2013年的第三名直接降到2020年的倒数第二名；不过，在排名上升的城市中，萍乡市的表现尤为显著，从2013年的倒数第二名一举提高到仅次于南昌市的第二名。

表6-21　　2013年和2020年江西省城市绿色发展指数及其排序

不同年份指数			指数高低排序			
城市	2013年	2020年	城市	2013年	城市	2020年
南昌	76.00	79.39	南昌	76.00	南昌	79.39
景德镇	64.38	78.39	抚州	75.78	萍乡	78.45
萍乡	61.45	78.45	上饶	71.74	景德镇	78.39
九江	65.75	73.49	吉安	71.61	抚州	77.63
新余	64.67	77.09	宜春	66.42	新余	77.09
鹰潭	66.18	75.90	鹰潭	66.18	鹰潭	75.90
赣州	52.76	75.39	九江	65.75	赣州	75.39
吉安	71.61	75.19	新余	64.67	吉安	75.19
宜春	66.42	74.35	景德镇	64.38	宜春	74.35
抚州	75.78	77.63	萍乡	61.45	上饶	74.23
上饶	71.74	74.23	赣州	52.76	九江	73.49

资料来源：根据测度结果整理计算得到。

如表6-22所示，2013年河南省各城市绿色发展指数均在70以下，而且最小值甚至刚刚过50，然而至2020年，除了焦作市为63.68之外，其他城市的绿色发展指数都高于70。因此，2013～2020年，河南省各城市在绿色发展上有了长足的进步，其中绿色发展指数提高幅度最大的是南阳市，上升了21.34，其次是开封市，上升了20.91，两者是仅有的提高幅度超过20的城市，相反提高幅度最小的城市是漯河市，仅上升了3.27，不足南阳市提高幅度的1/6。从2013年和2020年河南省城市绿色发展指数的最大值和最小值来看，2020年河南省各城市最大值与最小值之差为 13.56，低于 2013 年的 18.29，这意味着河南省各城市在绿色发展程度上有收敛的趋势。就河南省城市绿色发展指数高低排序而言，除了洛阳市的排名未变之外，其他城市的排名均发生或上或下的变动，其中漯河市、周口市、许昌市、濮阳市、新乡市、商丘市和焦作市的排名下降。进一步地，在河南省城市绿色发展指数的排名中，2013 年排在首位的是漯河市，至 2020 年则为绿色发展指数值更高的信阳市所代替；相应地，2013 年排在末尾的是开封市，由于 2013～2020 年开封市绿色发展指数提升幅度远高于焦作市，因而 2020 年焦作市代替开封市成为排名最末的城市。此外，作为河南的省会城市，郑州市的绿色发展指数在 2013 年与 2020 年均未进入前三名，分别排在第六名和第四名。

表 6－22　　　　2013 年和 2020 年河南省城市绿色发展指数及其排序

不同年份指数			指数高低排序			
城市	2013 年	2020 年	城市	2013 年	城市	2020 年
郑州	65.10	75.64	漯河	68.75	信阳	77.24
开封	50.46	71.37	周口	68.30	驻马店	76.91
洛阳	60.76	74.43	许昌	67.97	三门峡	76.40
平顶山	56.71	72.74	驻马店	66.41	郑州	75.64
安阳	53.54	72.47	信阳	66.21	许昌	75.41
鹤壁	58.04	73.70	郑州	65.10	南阳	74.66
新乡	58.30	70.01	濮阳	63.13	周口	74.66
焦作	57.51	63.68	洛阳	60.76	洛阳	74.43
濮阳	63.13	73.85	新乡	58.30	濮阳	73.85
许昌	67.97	75.41	商丘	58.21	鹤壁	73.70
漯河	68.75	72.02	鹤壁	58.04	平顶山	72.74
三门峡	57.16	76.40	焦作	57.51	安阳	72.47
南阳	53.32	74.66	三门峡	57.16	商丘	72.18
商丘	58.21	72.18	平顶山	56.71	漯河	72.02
信阳	66.21	77.24	安阳	53.54	开封	71.37
周口	68.30	74.66	南阳	53.32	新乡	70.01
驻马店	66.41	76.91	开封	50.46	焦作	63.68

资料来源：根据测度结果整理计算得到。

由表6－23可见，相对于2013年，2020年湖北省各城市绿色发展指数均有不同幅度的提高。在2013年，除了武汉市和随州市以外，其他城市的绿色发展指数均低于70，而且黄石市、鄂州市、孝感市、荆州市、黄冈市低于60，甚至仅略高于50，然而至2020年，除了黄石市和荆州市，其他城市的绿色发展指数均高于70，这意味着湖北省各城市在绿色发展上有所趋同。2013～2020年，湖北省各城市绿色发展指数提高幅度最大的是荆州市，而提高幅度最小的是随州市，二者之间在提高幅度上相差13.27。在湖北省城市绿色发展指数的排序上，2013年排名居首的是省会城市武汉市，然而至2020年，襄阳市超越武汉市成为绿色发展指数最高的城市，而武汉市则排名第二；相对于排名第一的城市而言，绿色发展指数排名最末的城市并未发生改变，依然是荆州市。此外，就2013～2020年湖北省城市绿色发展指数排名的上下变动而言，十堰市、鄂州市、孝感市和荆州市的排名维持不变；武汉市、随州市、咸宁市、荆门市、黄石市的排名均有所下降；而襄阳市、宜昌市、黄冈市的排名则有明显的上升，尤其是襄阳市，从2013年的第六名上升为2020年的第一名。

表6－23　　　　2013年和2020年湖北省城市绿色发展指数及其排序

不同年份指数			指数高低排序			
城市	2013年	2020年	城市	2013年	城市	2013年
武汉	72.01	76.72	武汉	72.01	襄阳	77.69
黄石	56.08	69.02	随州	71.40	武汉	76.72
十堰	69.87	76.10	十堰	69.87	十堰	76.10
宜昌	64.10	72.91	咸宁	67.39	随州	75.88
襄阳	66.64	77.69	荆门	66.71	宜昌	72.91
鄂州	59.36	72.11	襄阳	66.64	咸宁	72.84
荆门	66.71	72.47	宜昌	64.10	荆门	72.47
孝感	59.21	71.90	鄂州	59.36	鄂州	72.11
荆州	50.91	68.66	孝感	59.21	孝感	71.90
黄冈	53.99	70.41	黄石	56.08	黄冈	70.41
咸宁	67.39	72.84	黄冈	53.99	黄石	69.02
随州	71.40	75.88	荆州	50.91	荆州	68.66

资料来源：根据测度结果整理计算得到。

由表 6-24 可知，2020 年湖南省各城市绿色发展指数在 2013 年的基础上均有不同幅度的提高，其中张家界市提高幅度最大，其值为 19.27；长沙市提高幅度最小，仅提高了 2.75。进一步地，从表中数据可见，2020 年湖南省各城市绿色发展指数均在 70 以上，最高的城市甚至接近 80，为 78.69，即使是最低的城市亦达到 71.89，二者之间仅相差 6.8；而在 2013 年，湖南省各城市绿色发展指数中仅有长沙市超过 70，其余省份均在 70 以下，甚至低于 60，最高值与最低值之差为 20.71，意味着相对于 2020 年，2013 年湖南省各城市在绿色发展程度上有着更大的差异。通过考察 2013 年和 2020 年湖南省城市绿色发展指数排序的变化可以发现：其一，2020 年湖南省各城市绿色发展指数高于 2013 年，但并非同一城市，常德市在 2020 年代替 2013 年的长沙市，成为绿色发展指数最高的城市；其二，娄底市绿色发展指数在 2013 年和 2020 年一直排在湖南省各城市的末尾，同时亦是唯一一个排名未发生变化的城市；其三，除了娄底市之外，长沙市、岳阳市、湘潭市、永州市和怀化市绿色发展指数的排名均有所下降，尤其是长沙市，从 2013 年的第一名下降至 2020 年的第五名。不过，尽管如此，2020 年长沙市绿色发展指数的值与排名第一的常德市差距不大，仅仅相差了 2.01。

表 6-24　　　2013 年和 2020 年湖南省城市绿色发展指数及其排序

不同年份指数			指数高低排序			
城市	2013 年	2020 年	城市	2013 年	城市	2020 年
长沙	73.93	76.68	长沙	73.93	常德	78.69
株洲	65.97	77.31	岳阳	68.49	株洲	77.31
湘潭	66.77	74.86	常德	68.34	衡阳	76.82
衡阳	60.88	76.82	湘潭	66.77	郴州	76.75
邵阳	60.83	75.47	株洲	65.97	长沙	76.68
岳阳	68.49	75.14	永州	65.51	邵阳	75.47
常德	68.34	78.69	郴州	65.09	益阳	75.31
张家界	54.95	74.22	益阳	63.92	岳阳	75.14
益阳	63.92	75.31	衡阳	60.88	湘潭	74.86
郴州	65.09	76.75	邵阳	60.83	张家界	74.22

不同年份指数			指数高低排序			
永州	65.51	73.94	怀化	59.10	永州	73.94
怀化	59.10	72.58	张家界	54.95	怀化	72.58
娄底	53.22	71.89	娄底	53.22	娄底	71.89

资料来源：根据测度结果整理计算得到。

三、中部地区各省省会城市绿色发展指数比较分析

由表 6-25 可知，相对于 2013 年，2020 年中部地区各省省会城市的绿色发展指数均有所上升，不过在 2013~2020 年，各省省会城市的变动趋势却有着极大的差异。例如，太原市绿色发展指数在 2013~2020 年呈单调上升的趋势，而合肥市则在 2015 年达到最大值 76.88 之后大致呈下降趋势；至于其他各城市，虽然整体上呈上升趋势，但在考察期间内均有不同幅度的波动。就增长速度而言，太原市是 2013~2020 年增长速度最快的省会城市，年均增长率为 2.21%，其后依次是郑州市（2.17%）、武汉市（0.91%）、南昌市（0.63%）、长沙市（0.52%）、合肥市（0.16%）。而从离散程度上来看，2013 年太原市和郑州市的绿色发展指数均低于 70，其中最低的太原市与最高的南昌市之间相差 11.3；至 2020 年，所有省会城市的绿色发展指数均在 75 以上，且最高与最低的城市依然是南昌市与太原市，不过二者之间仅相差 4。这意味着，一方面 2020 年中部地区各省省会城市绿色发展指数相对于 2013 年更为集中，有收敛的趋势；另一方面相对于绿色发展指数较高的城市而言，绿色发展指数较低的城市在绿色发展程度上改善更大，例如作为 2013 年排名最低的两个省会城市，太原市和郑州市尽管在 2020 年的排名未变，但与其他省会城市的差距却是有大幅度的缩小。

表 6-25　　　2013~2020 年中部地区各省省会城市绿色发展指数

城市	2013 年	2014 年	2015 年	2016 年	2017 年	2018 年	2019 年	2020 年
太原	64.70	67.26	69.24	71.66	72.23	73.46	74.75	75.39
合肥	74.85	75.74	76.88	75.99	76.81	76.64	76.38	75.71
南昌	76.00	73.45	73.66	74.22	77.32	77.54	78.21	79.39

续表

城市	2013 年	2014 年	2015 年	2016 年	2017 年	2018 年	2019 年	2020 年
郑州	65.10	70.35	71.30	75.54	74.20	75.36	76.26	75.64
武汉	72.01	72.49	75.50	76.83	73.01	75.25	75.07	76.72
长沙	73.93	75.26	74.68	74.90	76.25	77.66	77.90	76.68

资料来源：根据测度结果整理计算得到。

第三节　案例分析：江西省国家生态文明试验区建设推动经济高质量发展的经验

　　江西省绿色发展指数在 2016 年仅略高于山西省，在中部地区各省中排名倒数第二。至 2020 年，江西省绿色发展指数在中部地区各省中高居首位，成为中部地区绿色发展程度最高的省份。2016 年 8 月 22 日，中共中央办公厅、国务院办公厅印发《关于设立统一规范的国家生态文明试验区的意见》。江西省作为生态基础较好、资源环境承载能力较强的省份之一，被设立为首批统一规范的国家生态文明试验区，为完善生态文明制度体系探索路径、积累经验。自列入国家生态文明试验区以来，江西省在生态文明建设上深化改革创新，大胆先行先试，成效显著。对此，2020 年中部地区各省绿色发展指数的排名可提供有力的证明。

一、推进能源资源清洁高效利用

　　能源消耗是既影响"绿色"又影响"发展"的关键指标。江西省通过实施制度或政策规制，升级传统产业和培育新兴产业，以及增加可再生能源供给等措施，在提高能源资源利用效率的同时，减少污染物的排放。一是全面建立"两高"（高耗能和高排放）项目管理清单，出台严格"两高"项目准入管理实施意见，落实高耗能行业能效标准，遏制"两高"项目盲目发展势头。二是坚持和完善能耗双控制度，加强能耗指标统筹，全力保障优质重大项目用能。2021 年江西省 281 家重点用能单位建成能耗在线监测系统，200 余家重点企业完成节能诊断，省市县节能监察体系加快健全。三是推动传统产业优化升级，加快培育壮大新兴产业。2021 年江西省工业技改投资增长 24.5%，新增绿色园区 14 家、绿色工厂 40 家、绿色技术创新企业 20 家；战略性新兴产业、高新技术产业增加值占规上工业比重分别达 23.2%、38.5%。四是增加清洁可再生能源的供给，优化能源的消费结构。2021 年江西省可再生能源装机容量增量达到 2150 万千瓦、占全口径装机 46.3%，可再生能源电力消纳量达到 510 亿千瓦时。总体而言，2021 年，全省规上工业增加值能耗同比下降 7.5%，能耗双控实现序时目标①。

二、推进生态环境综合治理保护

环境治理是生态破坏和环境污染的事后补救行为，是推动绿色发展的必然要求。江西省通过长江经济带环境治理，空气、水和土壤污染治理，以及系统性生态修复等推进生态环境综合治理保护。一是推进长江经济带"共抓大保护"。江西省深入实施生态环境污染治理"4＋1"工程和十大攻坚行动，141 座非法码头整治基本完成，关闭退出化工企业 89 家，港口码头垃圾接收设施实现全覆盖。二是强化重点领域污染治理。江西省深入开展空气质量提升行动，实施"控煤、减排、管车、降尘"等专项整治，全省 PM2.5 浓度降至 29 微克/立方米，中部地区最优；深入开展水环境质量提升行动，全面完成 117 座城镇污水处理设施提标改造，累计建成污水管网 2.1 万千米；深入开展土壤环境质量提升行动，建成垃圾焚烧处理设施 33 座、日处理能力 2.85 万吨，危废、医废年处置能力分别提高到 59 万吨、5.6 万吨。三是加强系统性生态修复。江西省全面实施国土绿化五年行动，完成人工造林 104 万亩、低产低效林改造 181 万亩、森林抚育 584 万亩；持续开展森林督查、湿地保护、野生动植物资源保护等专项行动，完成湿地综合治理 5.7 万亩、矿山生态修复 5.2 万亩、水土流失综合治理 1388 平方千米②。

三、发掘生态禀赋的价值优势

生态禀赋是衡量绿色发展不可忽视的重要指标。基于自身的初始自然禀赋优势，以及各级政府的共同努力，江西省形成了良好的生态禀赋基础。例如，2021 年江西森林覆盖率 63.1%，居全国第二；空气优良天数比率 96.1%，是中部地区最高的省份；国考断面水质优良比例 95.5%，长江江西段和赣江干流 33 个断面水质全部达到 Ⅱ 类标准。"绿水青山"作为生态要素，将蕴含的价值优势转化为"金山银山"，实现"绿水青山"与"金山银山"二者的可持续是推动绿色发展的题中之义。一是建

---

①② 资料来源：《中国城市统计年鉴》。

立健全生态产品价值实现机制。江西省在全国率先出台生态产品价值实现机制实施方案，制定实施生态系统生产总值核算技术规范、"两山"运行管理规范等省级地方标准，积极打造"江西绿色生态"区域公用品牌。二是加快推进生态产业化。江西省大力发展生态农业，新建高标准农田317万亩，完成高效节水灌溉改造31.7万亩；高标准打造现代林业产业示范省，林业经济总产值突破5500亿元；大力发展中医药、大健康、生态旅游等产业，加快推进中国（南昌）中医药科创城、宜春"生态＋"大健康试点、上饶国家中医药旅游示范区建设，全省旅游接待总人次、总收入分别增长32.9%、10.7%[①]。

参考文献

［1］程钰，王晶晶，王亚平，等．中国绿色发展时空演变轨迹与影响机理研究［J］．地理研究，2019，38（11）：2745－2765.

［2］胡鞍钢，周绍杰．绿色发展：功能界定、机制分析与发展战略［J］．中国人口、资源和环境，2014，24（1）：14－20.

［3］黄茂兴，叶琪．马克思主义绿色发展观与当代中国的绿色发展——兼评环境与发展不相容论［J］．经济研究，2017，52（6）：17－30.

［4］荆克迪．在全面建设社会主义现代化国家中坚定不移地深入贯彻绿色发展理念［J］．政治经济学评论，2021，12（2）：82－96.

［5］石明明，江舟，周小焱．消费升级还是消费降级［J］．中国工业经济，2019（7）：42－60.

［6］石奇，尹敬东，吕磷．消费升级对中国产业结构的影响［J］．产业经济研究，2009（6）：7－12.

［7］王一鸣．百年大变局、高质量发展与构建新发展格局［J］．管理世界，2020，36（12）：1－12.

［8］张翼．当前中国社会各阶层的消费倾向——从生存性消费到发展性消费［J］．社会学研究，2016，31（4）：74－97.

［9］朱东波．近平绿色发展理念：思想基础、内涵体系与时代价值［J］．经济学家，2020，（3）：5－15.

［10］Maslow, A H. A theory of human motivation［J］. Psychological Review, 1943, 50（4）: 370－396.

---

① 资料来源：《中国城市统计年鉴》。

第七章

中部地区开放发展评价

开放发展是"十四五"阶段中国经济发展的重要发展目标,评估中部地区的区域开放水平和开放经济高质量水平,可为中部六省在今后制定合理的区域开放政策提供科学依据。我国中部地区应依托自己的发展优势,借助国家"一带一路"、内陆开放发展等政策,培育特色经济,从构建开放体系、实施开放战略、建立对内及对外的开放环境等方面着手,从根本上加强中部地区的开放,促进中部快速发展。

第一节　中部地区开放发展概述

一、开放发展的逐步提出

1978 年,党的十一届三中全会中党中央就提出了"改革开放"的发展政策,对外开放成了中国的基本国策。为增强对外贸易、优化投资环境、完善金融信息服务,从 1980～2010 年,我国先后成立了深圳（1980）、珠海（1980）、厦门（1980）、汕头（1984）、海南岛（1988）、喀什（2010）6 大经济特区。当前,我国的对外开放格局已经从沿海开放向内陆开放过渡,力争形成一个全方位、多层次、宽领域的对外开放格局。党的十八届五中全会党中央提出的五大发展理念再次包含了"开放发展",这也证明了开放发展是顺应经济社会发展趋势,符合我国发展国情的战略思路。当前,随着我国发展形势、开放格局的变化,发展理念也被给予了新的内涵、新的思路和新的战略。

开放发展是顺应时代要求与我国具体发展情况提出来的发展理念。目前,我国对外开放的外部环境和内部环境都发生了巨大改变。从国际形势来看,经济增长速度放缓,以金砖国家为代表的发展中国家崛起,使得全球经济普遍进入结构升级和调整期，各国在应对发展中存在的问题，如环境问题、协调发展以及经济全球化等领域，需要合作解决，同时，各国也存在抢占创新点、抢占市场份额、重构国际经贸规则的激烈竞争。我国对外开放虽然取得了很大成就，但仍然存在质量不高、结构不优和开放水平偏低等现实问题。只有顺应国际社会经济发展潮流，以和平、发展、合作、共赢的理念为引导，发展质量更高结构更优的高层次开放型经济，才能实现开放大发展。当前，我国面临着经济增长速度放缓、经济结构亟待提升、经济动力亟待转变三大问题，调整经济结构保证经济增长质量和速度是当前经济新常态阶段的重要问题。这就要求我们用高水平开放推动经济社会发展。立足我国实情，发挥自有优势，利用好外部市场，通过开放促进改革开放，优化经济发展。

开放发展是在对经济发展规律认识进一步深化的基础上形成的科学理念。在过去 30 年，我国积极推行改革开放的国策，经济发展实现了质的飞跃，成了仅次于美国的世界第二代经济体，最大的货物贸易国。而这一切成绩的获得正是由于我国顺应了开放作为推动经济发展重要支撑的发展规律。在新常态时期我们更应该坚持开放发展不动摇，积极且深入地融入国际市场，参与国际合作与竞争，学习和利用好其他市场主体好的技术、理念，分享国际社会的资源、市场与人才，从而创造更多社会财富。习近平同志指出，中国将在更大范围、更宽领域、更深层次上提高开放型经济水平。开放发展的理念，将从根本上解决经济发展内外联动存在的一系列问题，从而实现开放型经济的质量和发展层次的提高。开放发展理念的内涵中，主动开放、双向开放、公平开放、全面开放、共赢开放是其重要的内容。作为高质量发展的重要组成部分，本部门从开放发展指标入手对中部地区高质量发展进行系统分析。

"十四五"规划《纲要》在"促进国内国际双循环"和"实行高水平对外开放，开拓合作共赢新局面"中对新时期扩大开放进行了全面部署。进入"十四五"时期，对外开放的最大背景是构建新发展格局，要在国内国际双循环相互促进中推进开放，必须要坚持实施更大范围、更宽领域、更深层次对外开放，依托我国超大规模市场优势，促进国际合作，实现互利共赢，推动共建"一带一路"行稳致远，推动构建人类命运共同体。"十四五"时期我国实施高水平对外开放，其内涵体现在更加自主、系统集成、包容并蓄、安全稳定四大方面（顾学明，2021）。史丹和李鹏（2019）、马茹等（2019）、陈景华等（2020）、刘亚雪等（2020）、滕磊和马德功（2020）均将开放发展纳入高质量发展范畴进行考虑。

二、中部地区开放发展单指标特征分析

（一）对外贸易

1. 中部地区对外贸易规模

中部地区对外贸易规模用中部城市货物进出口总额来表示。2013 年中部地区 80 个城市的进出口总额为 13409.16 亿元，至 2020 年，中部地区 80 个城市的进出口总额增长至 22931.77 亿元，是 2013 年的 1.7 倍。图 7 - 1 为 2013 ~ 2020 年中部 80 个城市货物进出口总额。从图 7 - 1 可以看出，2013 年，特别是 2016 年以来，中部地区进出口贸易呈快速增长态势，增速总体高于 GDP 增长速度。2013 ~ 2020 年进出口总额的年均增长率达 10.15%，其中 2020 年进出口总额比上年增长 11.25%。

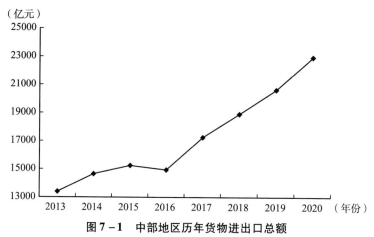

图 7 - 1　中部地区历年货物进出口总额

资料来源：《中国外经贸统计年鉴》（2014 ~ 2021）。

再将目光投至中部地区各个省份，表 7 - 1 展示了 2015 ~ 2020 年中部六省进出口规模。图 7 - 2 为 2013 ~ 2020 年中部六省货物进出口总额，更为清晰地展示了中部六省进出口贸易的增长。

表 7 - 1 　　　　　　　　　中部六省进出口规模 　　　　　　　单位：亿元

省份	2015 年	2016 年	2017 年	2018 年	2019 年	2020 年
山西省	895.86	1068.91	1230.79	1290.69	1323.73	1341.80
安徽省	2954.10	2814.77	3415.80	3839.10	4259.83	4740.87
江西省	2543.11	2511.15	2782.27	3136.71	3078.31	3584.68
河南省	4441.38	4483.67	4785.19	4929.29	4977.17	5583.61
湖北省	2641.78	2365.24	2761.18	3042.35	3106.33	3436.60
湖南省	1763.53	1688.72	2261.89	2673.04	3866.88	4244.21

资料来源：《中国贸易外经统计年鉴》（2014～2021）。

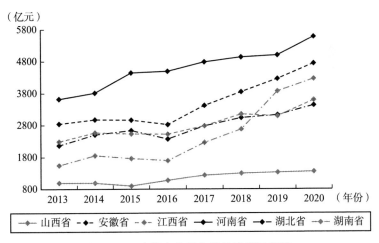

图 7 - 2　中部六省历年货物进出口总额

资料来源：《中国外经贸统计年鉴》（2014～2021）。

可以看出，河南省的进出口总额遥遥领先于其他五省，早在 2015 年就率先突破了 4000 亿元大关，更是在 2020 年率先突破了 5000 亿元大关，位于中部六省的第一梯队。河南省 2013 年的进出口总额为 3622.67 亿元，至 2020 年河南省的进出口总额增长至 5583.61 亿元，是 2013 年的 1.5 倍。2013～2020 年进出口总额增长速度最快的是湖南省，年均增长率高达 24.90%。湖南省 2020 年的进出口总额为 4244.21 亿元，是其 2013 年（1547.44 亿元）的 2.7 倍。安徽省的进出口规模始终在中部六省中居于第二，更是在 2019 年突破 4000 亿元大关，成为中部六省中第二个突破4000 亿元大关的省份，和湖南省一起位于中部六省的第二梯队。江西省与湖北省都在 2018 年突破 3000 亿元大关，2020 年进出口总额分别达到 3584.68 亿元和 3436.60 亿元。山西省 2020 年进出口总额为 1341.80 亿元，显然与中部其他五省之间还存在着很大差距。总体来看，中部六省的进出口规模的发展同中部地区的整体态势一样，2016 年以来呈现出快速增长态势。

分城市看，郑州市 2020 年的进出口总额达 4284.09 亿元，是中部地区 80 个城市中唯一突破 4000 亿元大关的城市。武汉市、合肥市与长沙市分别在 2019 年和 2020 年突破 2000 亿元大关，2020 年进出口总额分别达到 2331.86 亿元、2277.52 亿元和 2051.49 亿元，是仅次于郑州市的三个城市。太原市进出口总额在 2018 年突破 1000 亿元，2020 年达到 1077.11 亿元，而南昌市 2020 年进出口总额达 989.15 亿元。六个省会城市是中部地区进出口贸易规模最大，已突破或接近 1000 亿元的城市。在非省会城市中，安徽省芜湖市表现突出，2020 年进出口总额达到 512.73 亿元，是地级市中当年进出口总额突破 500 亿元的城市。安徽省铜陵市、江西省赣州市和吉安市的进出口总额仅次于芜湖市，进出口总额突破 400 亿元。表 7-2 为进出口规模排名前 10 位的城市。

表 7-2　　　　　　　　　中部进出口规模前十位城市

城市	进出口贸易总额（亿元）		增长率（%）	
	2019 年	2020 年	2019 年	2020 年
郑州市	3677.07	4284.08	-2.32	16.51
武汉市	2160.95	2331.86	10.17	7.91
合肥市	2000.36	2277.52	6.51	13.86
长沙市	1787.56	2051.49	51.60	14.76
太原市	1024.26	1077.11	0.02	5.16
南昌市	935.82	989.15	31.01	5.70
芜湖市	446.70	512.73	6.82	14.78
铜陵市	444.58	462.25	17.02	3.97
吉安市	432.62	454.48	24.20	5.05
赣州市	352.01	432.12	10.42	22.76

资料来源：《中国外经贸统计年鉴》（2014~2021）。

2. 中部地区对外贸易依存度

中部地区对外贸易依存度用中部城市货物进出口总额占 GDP 比重来表示。图 7 - 3 为 2013 ~ 2020 年中部 80 个城市货物进出口总额占 GDP 比重。可以看出，中部地区对外贸易依存度存在着很大的波动，对外贸易依存度从 2013 年就开始下降，2016 年达到最低，这是由于 2016 年新兴市场国家的经济明显减速、需求变得低迷，同时我国是个人口大国，有着相当大的国内市场，这就造成了从而带来了低货物进出口总额、高GDP，进而导致低对外贸易依存度。2020 年受新冠肺炎疫情（COVID - 19）影响，中部地区 GDP 增长速度变缓，同时由于全球疫情暴发，全球防疫物资交流密切，因此货物进出口总额有了大幅增长，进而 2020 年中部地区对外贸易依存度有了很大提升。

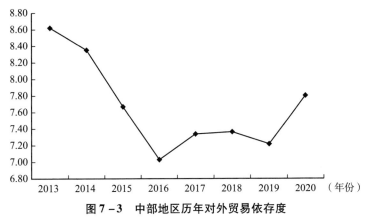

图 7 - 3　中部地区历年对外贸易依存度

资料来源：根据《中国外经贸统计年鉴》《中国统计年鉴》（2014 ~ 2021）计算得到。

表 7 - 3 展示了 2013 ~ 2020 年中部六省对外贸易依存度。分省来看，江西省的对外贸易依存度始终高于其他五省，2020 年的对外贸易依存度为 14.35%。安徽省始终位于第二，2020 年的对外贸易依存度为 10.22%。其他四省的排名波动都较大。山西省在 2013 ~ 2020 年对外依存度的年均增长率最低，为 - 26.15%，其 2020 年的对外依存度在中部六省中也是最低，为 4.12%。河南省、湖北省和湖南省 2020 年的对外依存度分别为 5.25%、5.53% 和 7.85%。

表 7 - 3　　　　　　　　　中部六省对外贸易依存度　　　　　　　单位：%

省份	2013 年	2014 年	2015 年	2016 年	2017 年	2018 年	2019 年	2020 年
山西省	5. 57	5. 17	4. 37	4. 48	5. 06	4. 20	4. 32	4. 12
安徽省	12. 30	11. 38	10. 15	9. 08	9. 37	9. 31	9. 76	10. 22
江西省	16. 83	16. 25	14. 94	13. 93	14. 11	14. 84	12. 63	14. 35
河南省	5. 88	5. 74	5. 91	5. 47	5. 09	5. 11	5. 06	5. 25
湖北省	6. 58	6. 69	6. 52	5. 53	5. 62	5. 62	4. 20	5. 53
湖南省	5. 21	5. 59	4. 64	4. 24	5. 57	5. 85	7. 61	7. 85

资料来源：根据《中国外经贸统计年鉴》《中国统计年鉴》（2014～2021）计算得到。

图 7 - 4 为表 7 - 3 对应的折线图，更为清晰地反映出各省的增长趋势。可以看出：湖南省是中部六省中唯一一个在 2013～2020 年时间区间内对外依存度增加的省份，年均增长率高达 50. 60%。中部六省中也只有湖南省的对外贸易依存度实现了增长，其他六省都是下降，因此整个中部地区的对外贸易依存度呈降低态势。

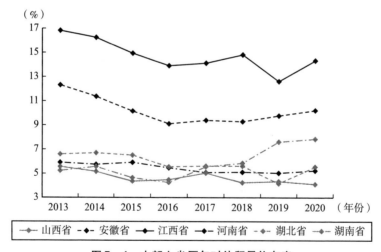

图 7 - 4　中部六省历年对外贸易依存度

资料来源：根据《中国外经贸统计年鉴》《中国统计年鉴》（2014～2021）计算得到。

表 7 - 4 为中部对外贸易依存度前十位城市。分城市看，铜陵市 2013 年的对外贸易依存度高达 52. 99%，是 2013～2020 年中部地区 80 个城市

中对外贸易依存度唯一超过 50% 的城市，2020 年对外贸易依存度也是中部地区 80 个城市中最大的，为 46.04%。郑州市在 2015 年对外贸易依存度达到最大，为 47.06%；鹰潭市在 2013 年对外贸易依存度达到最大，为 49.61%。太原市在 2020 年对外贸易依存度为 25.94%，合肥的对外贸易依存度为 22.67%，而南昌市 2020 年为 17.21%。六个省会城市中武汉市的对外贸易依存度相对较低，不在"中部对外贸易依存度前十位城市"之列。除了省会城市外，中部对外贸易依存度前十位城市中江西省还占了三位地级市——鹰潭市、吉安市和抚州市，2020 年的对外贸易依存度分别为 28.38%、20.96% 和 18.38%。安徽省的马鞍山市位列第十，2020 年对外贸易依存度为 16.13%。

表 7－4　　　　中部对外贸易依存度前十位城市　　　　单位：%

城市	2013 年	2014 年	2015 年	2016 年	2017 年	2018 年	2019 年	2020 年
铜陵市	52.99	44.22	30.42	30.76	31.47	31.08	46.31	46.04
郑州市	42.69	41.30	47.06	42.82	41.07	37.11	31.73	35.69
鹰潭市	49.61	40.80	33.47	31.94	33.29	35.77	27.91	28.38
太原市	23.52	25.46	23.76	28.94	25.83	26.36	25.42	25.94
合肥市	24.11	24.21	21.74	18.89	22.70	24.01	21.26	22.67
吉安市	19.63	21.40	21.90	21.61	20.93	19.99	20.75	20.96
抚州市	8.30	9.00	9.08	9.55	9.13	9.27	8.89	18.38
南昌市	18.03	20.01	17.05	13.51	12.35	13.54	16.72	17.21
长沙市	8.57	9.68	9.18	7.58	8.60	10.72	15.44	16.89
马鞍山市	17.37	13.48	13.10	13.51	14.17	14.26	15.30	16.13

资料来源：根据《中国外经贸统计年鉴》《中国统计年鉴》（2014～2021）计算得到。

（二）外商投资

1. 中部地区外商投资规模

中部地区外商投资规模用中部城市实际使用外资总额来表示。2013 年中部地区 80 个城市的实际使用外资总额为 3234.14 亿元，至 2020 年，中部地区 80 个城市的实际使用外资总额增长至 5427.47 亿元，是 2013 年的 1.7 倍。图 7-5 为 2013~2020 年中部 80 个城市实际使用外资总额。可以看出，2013 年以来，中部地区外商投资规模呈快速扩大趋势。2013~2020 年实际使用外资总额的年均增长率达 9.69%，其中 2020 年实际使用外资总额比上年增长 4.53%。

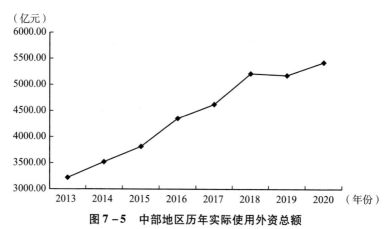

图 7-5　中部地区历年实际使用外资总额

资料来源：《中国外经贸统计年鉴》《中国统计年鉴》（2014~2021）。

表 7-5 展示了 2015~2020 年中部六省外商投资规模。分省来看可以看出，河南省的实际使用外资总额始终大于其他五省，在 2018 年达到最大，为 1459.71 亿元。河南省早在 2016 年就突破了 1000 亿元大关，2013 年河南省的实际使用外资总额为 953.26 亿元，至 2020 年增长至 1350.17 亿元，是 2013 年的 1.4 倍。安徽省的外商投资规模在中部六省中近乎稳居第二，在 2017 年突破了 1000 亿元大关，成为中部六省中第二个突破 1000 亿元大关的省份。湖南省在 2019 年突破了 1000 亿元大关，2020 年的实际使用外资总额为 1088.18 亿元，河南省、安徽省和湖南省处于外商投资第一梯队。江西省与湖北省在 2020 年实际使用外资总额分别达到 836.14 亿元和 844.66 亿元，位于第二梯队。山西省 2013 年的实际使用外资总额为 165.54 亿元，实际利用外资总额依然有待提升。

表 7-5　　　　　　　　　中部六省外商投资规模　　　　　　　单位：亿元

省份	2015 年	2016 年	2017 年	2018 年	2019 年	2020 年
山西省	165.54	186.36	109.21	154.88	85.94	121.60
安徽省	824.32	938.46	1013.29	1040.56	1114.05	1186.71
江西省	579.78	672.50	759.51	754.50	825.42	836.14
河南省	953.26	1025.71	1058.24	1459.71	1129.84	1350.17
湖北省	609.64	731.62	788.93	828.94	922.81	844.66
湖南省	696.85	810.89	910.23	983.89	1114.07	1088.18

资料来源：《中国外经贸统计年鉴》《中国统计年鉴》（2014～2021）。

　　图 7-6 为 2013～2020 年中部六省实际使用外资额增长水平。2013～
2020 年实际使用外资总额增长速度最快的是湖南省，年均增长率高达
14.47%。2020 年的实际使用外资总额为 1088.18 亿元，是其 2013 年
（696.85 亿元）的 1.6 倍。山西省 2013 年的实际使用外资总额为 165.54
亿元，2020 年降至为 121.60 亿元，受疫情影响与产业结构制约，山西省
是 2013～2020 年中部六省中唯一一个呈现负增长的省份。受到 2019 年末
新冠肺炎疫情影响，2020 年湖南省和湖北省的实际使用外资均有所下降，
江西省和安徽省与上年持平。

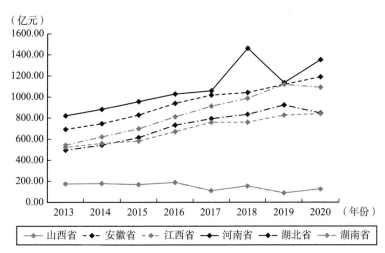

图 7-6　中部六省历年实际使用外资总额

资料来源：《中国外经贸统计年鉴》《中国统计年鉴》（2014～2021）。

分城市看，武汉市 2020 年的实际使用外资总额达 680.28 亿元，是中部地区 80 个城市中唯一突破 600 亿元大关的城市，其实际使用外资总额也遥遥领先于其他城市。长沙市在 2016 年成为继武汉市之后第一个突破 300 亿元大关的城市。作为非省会城市的新乡市，2018 年的实际使用外资总额高达 458.37 亿元，2020 年在中部地区 80 个城市中位列第三，但是其实际使用外资总额的波动幅度较大。郑州市的外商投资规模近乎稳居第三，早在 2013 年就已经突破了 200 亿元大关。合肥市、南昌市分别在 2016 年和在 2019 年突破 200 亿元大关，2020 年实际使用外资总额分别达到 229.87 亿元和 229.87 亿元。非省会城市中，芜湖市、洛阳市和马鞍山市在 2013~2020 年的实际使用外资总额始终介于 100 亿~200 亿元，在 2020 年实际使用外资总额分别达到 188.48 亿元、181.61 亿元和 165.52 亿元。九江市在 2016 年突破了 100 亿元大关，2020 年实际使用外资总额为 146.32 亿元。六个省会城市中太原市的外商投资规模相对较小，不在"中部外商投资规模前十位城市"之列。表 7-6 为外商投资规模排名前十位的城市。

表 7-6　　　　　　　　中部外商投资规模前十位城市

城市	实际使用外资总额（亿元）		增长率（%）	
	2019 年	2020 年	2019 年	2020 年
武汉市	751.76	680.28	13.87	-9.51
长沙市	392.48	385.52	11.69	-1.78
新乡市	74.64	295.72	-83.72	296.17
郑州市	270.51	279.11	5.86	3.18
合肥市	210.65	229.87	6.55	9.13
南昌市	229.26	222.78	9.49	-2.83
芜湖市	181.36	188.48	1.61	3.92
洛阳市	178.58	181.61	0.06	1.70
马鞍山市	165.14	165.52	8.58	0.23
九江市	142.66	146.32	9.43	2.57

资料来源：《中国外经贸统计年鉴》《中国统计年鉴》（2014~2021）。

2. 中部地区外商投资占 GDP 比重

中部地区外资依存度，即外商投资占 GDP 比重用实际使用外资占 GDP 比重来表示。图 7－7 为 2013～2020 年中部 80 个城市实际使用外资总额占 GDP 比重。可以看出，中部地区外商投资占 GDP 比重同样存在着很大的波动，在 2016 年达到最大，为 2.52%。2019 年最低，低至 2.12%，受逆全球化行为的影响，各种贸易保护、投资限制使得外商直接投资下降，与此同时中部地区的 GDP 仍在进一步增长进而中部地区外商投资占 GDP 比重会出现大幅下降。

图 7－7　中部地区历年外商投资占 GDP 比重

资料来源：根据《中国外经贸统计年鉴》《中国统计年鉴》（2014～2021）计算得到。

表 7－7 展示了 2013～2020 年中部六省外商投资占 GDP 比重。可以看出，安徽省的对外贸易依存度始终高于其他五省，始终维持在 3% 之上，在 2016 年达到最大，为 3.77%。各省份外商投资占 GDP 比重的排名都比较稳定，江西省、河南省、湖南省、湖北省和山西省分别近乎维持在中部第二、第三、第四、第五和第六的位置。山西省外商投资占 GDP 比重在 2019 年达到最低，仅为 0.52%，这也是中部六省在 2013～2020 年外商投资占 GDP 比重的最低值。

表 7－7　　　　　　　**中部六省外商投资占 GDP 比重**　　　　　单位：%

省份	2013 年	2014 年	2015 年	2016 年	2017 年	2018 年	2019 年	2020 年
山西省	1.26	1.27	1.26	1.54	0.80	0.97	0.52	0.72
安徽省	3.63	3.56	3.65	3.77	3.66	3.34	3.01	3.05

续表

省份	2013 年	2014 年	2015 年	2016 年	2017 年	2018 年	2019 年	2020 年
江西省	3.00	2.97	3.02	3.17	3.09	3.02	2.96	2.87
河南省	2.57	2.59	2.70	2.65	2.51	3.26	2.30	2.67
湖北省	1.41	1.31	1.23	1.33	1.19	1.01	0.94	0.94
湖南省	1.87	1.95	2.03	2.17	2.36	2.38	2.54	2.37

资料来源：根据《中国外经贸统计年鉴》《中国统计年鉴》（2014~2021）计算得到。

图 7-8 为表 7-7 对应的折线图反映了中部六省外商投资占 GDP 比重的变化情况。总体来看，2013~2020 年中部六省中只有河南省和湖南省的外商投资占 GDP 比重增加了，其他省份都出现了或多或少的减少，其他四省外商投资占 GDP 比重的下降使得整个中部地区的外商投资占 GDP 比重减少。其中，安徽省、江西省、湖北省和山西省四个省份的占比从 2016 年以来就呈下降趋势。湖南省 2020 年较 2019 年有所下滑。

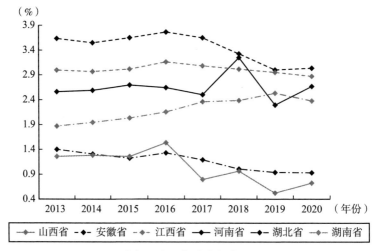

图 7-8　中部六省历年外商投资占 GDP 比重

资料来源：根据《中国外经贸统计年鉴》《中国统计年鉴》（2014~2021）计算得到。

分城市看，新乡市 2018 年的外商投资占 GDP 比重高达 18.14%，是 2013~2020 年中部地区 80 个城市中外商投资占 GDP 比重唯一超过 10%的城市，但是新乡市的波动较大，在 2019 年又一度降为中部最低，在 2020 年又一跃成为中部地区 80 个城市中最大。与新乡市相比，其他九个城市的外商投资占 GDP 比重就稳定多了。马鞍山的外商投资占 GDP 比重在 2013 ~ 2017 年一直居于中部地区 80 个城市之首，在 2019 年新乡跌至谷底时，马鞍山市再次回到中部第一的位置。除新乡市外，河南省的鹤壁市和三门峡市也在"中部外商投资占 GDP 比重前十城市"之列，2020年的外商投资占 GDP 比重分别为 5.46% 和 4.49%。除马鞍山市外，安徽省的芜湖市、宣城市和蚌埠市也在前十，2020 年的外商投资占 GDP 比重分别为 5.02%、4.81% 和 4.42%。湖南省的郴州市和江西省的九江市也位列其中，2020 年的外商投资占 GDP 比重分别为 4.94% 和 4.51%。省会城市中除了武汉市外，其他五个省会均不在"中部外商投资占 GDP 比重前十城市"之列，湖北省武汉市 2020 年的外商投资占 GDP 比重为4.36%，在中部 80 个城市中居于第十位。而山西省没有城市在前十中占有一席之地，进而造成了山西省的中外商投资占 GDP 比重在六省最低。表 7 - 8 为进出口规模排名前 10 位的城市。

表 7 - 8　　　　　　中部外商投资占 GDP 比重前十位城市　　　　　单位：%

城市	2013 年	2014 年	2015 年	2016 年	2017 年	2018 年	2019 年	2020 年
新乡市	2.60	2.73	2.90	2.98	2.92	18.14	2.56	9.81
马鞍山市	8.37	7.99	8.60	8.90	8.48	7.93	7.82	7.57
鹤壁市	5.55	5.90	6.48	6.66	6.25	5.94	5.45	5.46
芜湖市	4.84	5.24	5.67	5.90	5.78	5.44	5.01	5.02
郴州市	3.74	3.79	4.06	4.35	4.86	4.84	5.40	4.94
宣城市	4.21	4.55	4.96	5.15	4.96	5.22	4.79	4.81
九江市	4.76	4.89	5.14	5.40	5.14	4.83	4.57	4.51
三门峡市	4.51	4.65	4.86	5.06	4.72	4.43	4.93	4.49
蚌埠市	6.22	6.57	6.72	6.88	6.61	4.99	4.23	4.42
武汉市	3.59	3.71	4.05	4.49	4.52	4.45	4.63	4.36

资料来源：根据《中国外经贸统计年鉴》《中国统计年鉴》（2014 ~ 2021）计算得到。

（三）开放环境

1. 中部地区基础设施水平

中部地区基础设施水平用中部城市人均城市道路面积来表示。2013

年中部地区 80 个城市的人均城市道路面积为 3.14 平方米，至 2020 年，中部地区 80 个城市的人均城市道路面积增长至 4.87 平方米，是 2013 年的 1.6 倍。图 7-9 为 2013～2020 年中部 80 个城市人均城市道路面积。可以看出，2013 年以来，中部地区基础设施水平呈增长趋势。2013～2020 年人均城市道路面积的年均增长率达 7.87%，其中 2020 年进出口总额比上年增长 13.97%。

图 7-9　中部地区历年人均城市道路面积

资料来源：各类经济数据平台与《中国统计年鉴》（2014～2021）。

再将目光投至中部地区各个省份，表 7-9 展示了 2013～2020 年中部六省基础设施水平。具体而言，安徽省的人均城市道路面积始终领先于其他五省，2013 年的人均城市道路面积就已经达到 4.27 平方米，2017 年率先突破了 5 平方米，更是在 2020 年率先突破了 6 平方米，达到 6.70 平方米，是 2013 年的 1.6 倍。湖北省的基础设施水平在中部六省中近乎稳居第二，江西省和山西省的排名略有波动，其中江西省和湖北省均在 2020 年突破了 5 平方米，江西省、湖北省和山西省 2020 年的人均城市道路面积分别为 5.43 平方米、5.29 平方米和 4.43 平方米。湖南省和河南省基础设施水平的排名很稳定，分别位于第五名和第六名，2020 年的人均城市道路面积分别为 3.82 平方米和 3.58 平方米。总体来看，中部六省的基础设施水平的发展同中部地区的整体态势一样，呈增长趋势。

表 7 - 9				中部六省基础设施水平			单位：平方米	
省份	2013 年	2014 年	2015 年	2016 年	2017 年	2018 年	2019 年	2020 年
山西省	3.16	3.35	3.67	3.99	4.25	4.62	4.80	4.43
安徽省	4.27	4.52	4.64	4.34	5.72	5.08	5.36	6.70
江西省	3.36	3.55	3.56	3.64	4.09	4.51	4.70	5.43
河南省	2.04	2.12	2.30	2.44	2.71	2.87	3.01	3.58
湖北省	3.77	4.12	3.72	3.93	4.26	4.67	4.96	5.29
湖南省	2.41	2.61	2.70	2.64	3.09	2.98	3.16	3.82

资料来源：各类经济数据平台与《中国统计年鉴》（2014～2021）。

图 7 - 10 为中部六省历年人均城市道路面积增长状况。2013～2020
年人均城市道路面积增长速度最快的是河南省，年均增长率高达
10.77%，是其 2013 年（2.04 平方米）的 1.8 倍，人口基数大是河南省
人均道路面积偏低的重要原因，当前河南省也在着力提升基础设施建设，
优化人均道路面积。近两年，山西省的人均道路面积略有下降，安徽省
基础设施起点较高且增长水平显著，人均增加 1.34 平方米，江西省相对
稳定增加 0.73 平方米，湖北省交通基础较好，人均增加面积达 0.33 平方
米，湖南省人均道路面积增长同样十分显著，人均增长面积 0.66 平方米。

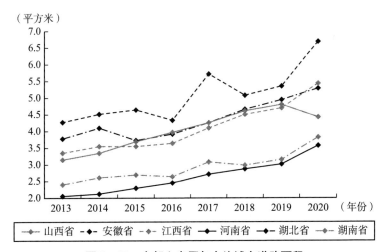

图 7 - 10 中部六省历年人均城市道路面积
资料来源：各类经济数据平台与《中国统计年鉴》（2014～2021）。

具体而言，太原市早在 2016 年人均城市道路面积就突破了 12 平方米，在 2018 年达到最大，为 16.37 平方米，这也是中部 80 个城市在 2013～2020 年达到的最高基础设施水平，到 2019 年开始减少，2020 年降至 12.64 平方米。武汉市、长沙市和合肥市 2020 年的人均城市道路面积分别为 10.96 平方米、9.95 平方米和 9.51 平方米。省会城市中，只有南昌市和郑州市不在"中部基础设施水平前十位城市"之列。江西省的新余市和景德镇市位列前十，2020 年的人均城市道路面积分别为 10.25 平方米和 9.17 平方米；而河南省未有城市进入前十。除了省会城市外，安徽省的芜湖市、铜陵市和黄山市也在前十之列，2020 年的人均城市道路面积分别为 12.94 平方米、10.80 平方米和 8.52 平方米，其中芜湖市 2020 年在中部 80 个城市中位居第一；山西省的大同市位列第十，2020 年对人均城市道路面积为 8.17 平方米。表 7－10 为基础设施水平前十位的城市。

表 7－10　　　　　中部基础设施水平前十位城市

城市	人均城市道路面积（平方米）		增长率（%）	
	2019 年	2020 年	2019 年	2020 年
芜湖市	9.63	12.94	2.53	34.35
太原市	16.29	12.64	－ 0.47	－ 22.42
武汉市	13.64	10.96	－ 0.19	－ 19.65
铜陵市	4.33	10.80	1.79	149.60
新余市	9.44	10.25	0	8.58
长沙市	6.71	9.95	1.70	48.32
合肥市	11.11	9.51	4.32	－ 14.34
景德镇市	8.68	9.17	28.77	5.56
黄山市	7.53	8.52	8.30	13.13
大同市	7.24	8.17	0	12.83

资料来源：各类经济数据平台与《中国城市统计年鉴》（2014～2021）。

2. 中部地区信息化开放水平

中部地区信息化开放水平用中部城市每万人口宽带接入用户数来表示。2013 年中部地区 80 个城市的每万人口宽带接入用户数为 1182.60 户，至 2020 年，中部地区 80 个城市的每万人口宽带接入用户数增长至

3326.77 户，是 2013 年的 2.8 倍。图 7 – 11 为 2013～2020 年中部 80 个城市每万人口宽带接入用户数。可以看出，2013 年以来，中部地区信息化开放水平呈增长态势。2013～2020 年每万人口宽带接入用户数的年均增长率达 25.90%，其中 2020 年每万人口宽带接入用户数比上年增长 19.85%。

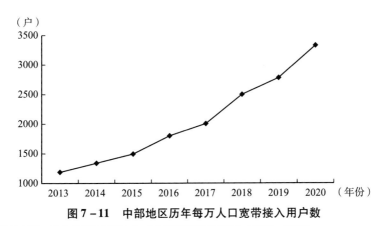

（户）

图 7 – 11　中部地区历年每万人口宽带接入用户数

资料来源：各类经济数据平台与《中国城市统计年鉴》（2014～2021）。

表 7 – 11 展示了 2015～2020 年中部六省信息化开放水平。可以看出，湖北省的每万人口宽带接入用户数早在 2016 年就已经突破 2000 户，2020 年的每万人口宽带接入用户数在中部六省中居于首位，达到 3659.17 户，是其 2013 年（1546.86 户）的 2.4 倍。江西省 2013 年的每万人口宽带接入用户数为 623.38 户，在中部六省中最少；到 2020 年，增长至 3654.10 户，跃居中部第二。安徽省、山西省和湖南省分别在 2020 年、2019 年和 2020 年突破了 3000 户，2020 年的每万人口宽带接入用户数分别为 3500.63 户、3333.61 户和 3200.98 户。其中，山西省 2013 年的信息化开放水平为中部六省中最高的，但其 2013～2020 年的年均增长率仅为 14.92%，为中部最低。河南省 2013～2020 年的信息化开放水平就不似其他五省那般持续增长，而是在 2017 年有了下降，随后又继续增长，2020 年的每万人口宽带接入用户数为 2808.46 户，在中部六省中最少，是唯一没有突破 3000 户的省份。总体来看，中部六省的信息化开放水平的发展同中部地区的整体态势一样，呈增长趋势。

表 7-11　　　　　　　　中部六省信息化开放水平　　　　　　　单位：户

省份	2015 年	2016 年	2017 年	2018 年	2019 年	2020 年
山西省	1816.27	1970.27	2333.14	2731.60	3031.13	3333.61
安徽省	1495.86	1653.63	1984.53	2473.76	2753.15	3500.63
江西省	1000.83	1803.61	2163.04	2832.54	3090.46	3654.10
河南省	1553.66	1872.32	1700.49	2202.49	2359.03	2808.46
湖北省	1810.01	2068.33	2187.83	2639.54	3024.28	3659.17
湖南省	1278.01	1498.59	1845.04	2308.75	2636.29	3200.98

资料来源：各类经济数据平台与《中国城市统计年鉴》（2014~2021）。

图 7-12 为 2013~2020 年中部六省信息化开放水平的增长情况。2013~2020 年每万人口宽带接入用户数增长速度最快的是江西省，年均增长率高达 69.45%。

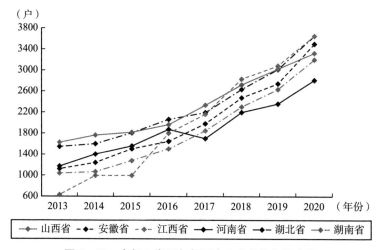

图 7-12　中部六省历年每万人口宽带接入用户数
资料来源：各类经济数据平台与《中国城市统计年鉴》（2014~2021）。

从城市看，武汉市的波动较大，早在 2015 年每万人口宽带接入用户数就率先突破了 5000 户，在 2019 年达到最大，为 5871.96 户，这也是中部 80 个城市在 2013~2020 年达到的最高信息化开放水平，2013~2019 年武汉市在中部地区 80 个城市中始终居于第一；到了 2020 年，武汉市的每万人口宽带接入用户数降至 4630.17 户，较于上一年降低了 21.15%，成了中部第四。南昌市和太原市的波动也较大，都是在 2019 年达到了各自的最高信息化开放水平，2020 年的每万人口宽带接入用户数分别为 4658.20 户和 4637.22 户。长沙市在 2019 年突破 5000 户后，2020 年降至 4286.48 户。省会城市中，安徽省的合肥市和河南省的郑州市并未上榜。不过安徽省的黄山市却在前十之列，2020 年的每万人口宽带接入用户数达到 4327.82 户；而河南省未有城市进入前十。除了省会城市外，湖北省的十堰市和黄冈市也在前十之列，2020 年的每万人口宽带接入用户数分别为 5432.18 户和 4356.30 户，其中十堰市 2020 年在中部 80 个城市中位居第一；山西省的晋城市位列第五，2020 年的每万人口宽带接入用户数为 4429.22 户；江西省的新余市位列第八，2020 年的每万人口宽带接入用户数为 4301.82 户；湖南省的湘潭市位列第十，仅次于长沙，2020 年的每万人口宽带接入用户数为 4182.53 户。表 7 – 12 为基础设施水平前十位的城市。

表 7 – 12　　　　　　　中部信息化开放水平前十位城市

城市	每万人口宽带接入用户数（户）		增长率（％）	
	2019 年	2020 年	2019 年	2020 年
十堰市	4021.68	5432.18	31.53	35.07
南昌市	4939.40	4658.20	10.46	− 5.69
太原市	5777.34	4637.22	10.56	− 19.73
武汉市	5871.96	4630.17	5.27	− 21.15
晋城市	3427.93	4429.22	37.24	29.21
黄冈市	2473.98	4356.30	62.33	76.08
黄山市	3487.25	4327.82	12.08	24.10
新余市	3816.87	4301.82	8.93	12.71
长沙市	5142.36	4286.48	14.368	− 16.64
湘潭市	3504.75	4182.53	14.59	19.34

资料来源：各类经济数据平台与《中国城市统计年鉴》（2014～2021）。

第二节　中部地区开放发展指数测度结果与分析

一、基于省际层面的中部地区开放发展指数比较分析

（一）省际层面的中部地区开放发展指数

中部六省的开放发展水平呈显著上升趋势。表 7 – 13 为省际层面中部地区开放发展指数得分。可以看出：山西省 2013 年开放发展指数得分为 8.30 分，2016 年突破 10 分，达到 10.25 分，2018 年增长至 11.47 分，2019 年增长至最高值 11.55 分，2020 年受到新冠肺炎疫情的影响山西省的开放指数得分略有下降，得分依然达到 11.39 分，比 2013 年增长 3.09分。江西省 2013 年开放发展指数得分为 13.75 分，2020 年增长至 18.87分，比 2013 年增长 5.12 分。在中部六省中，江西省和山西省均为开放得分不到 20 分的省份且开放步伐不大，2013～2020 年近 10 年的时间开放得分没有实质性突破，处于开放发展的第三梯队，开放水平有待进一步提升。

表 7 – 13　　　　　省际层面中部地区开放指数得分　　　　　单位：分

省份	2013 年	2014 年	2015 年	2016 年	2017 年	2018 年	2019 年	2020 年
山西省	8.30	8.83	9.01	10.25	10.25	11.47	11.55	11.39
安徽省	15.05	15.74	16.39	16.35	19.28	19.88	20.10	22.32
江西省	13.75	14.75	14.15	14.81	16.06	17.36	17.47	18.87
河南省	13.94	14.57	16.72	17.34	18.13	19.79	18.92	21.31
湖北省	17.80	19.73	21.46	22.01	24.13	26.58	28.02	27.83
湖南省	10.05	11.47	11.93	12.30	14.65	16.26	19.81	21.60

资料来源：根据测度结果整理计算得到。

河南省 2013 年开放指数得分为 13.94 分，2018 年增长至 19.79 分，2019 年稍有下降，降至 18.92 分，2020 年河南省开放指数得分突破 20分，达到 21.31 分，比 2013 年增长 7.37 分。安徽省同样是开放水平较高的省份，2013 年开放指数得分为 15.05 分，2019 年安徽省开放指数得分

突破20分，达到20.10分，2020年继续增长至22.32分，比2013年增长7.27分。湖南省2013年开放指数得分为10.05分，2020年湖北省开放指数得分突破20分，增长至21.60分，比2013年增长11.55分。河南省、安徽省和湖南省开放发展得分均突破20分，但不足25分，且开放得分提升迅速，特别是湖南省为中部六省开放得分提升最快的省份，三省处于中部开放发展的第二梯队。

得分最高的湖北省2013年开放指数得分为17.80分，2015年湖北省开放指数得分突破20分，达到21.46分，2018年增长至26.58分，2019年增长至最高值28.02分，2020年受到新冠肺炎疫情的影响湖北省的开放指数得分略有下降，得分依然达到27.83分，比2013年增长10.03分。湖北省开放基础良好，且湖北省着力打造内陆开放发展新模式，开放水平处于中部六省中的领先地位。

（二）省际层面的中部地区开放发展指数协调发展分析

进一步借助雷达图（见图7-13）观察中部六省开放发展的协调性。从2013年可以看出，中部六省中五个省得分超过10分，湖北省和安徽省占领开放发展的高点，山西省2013年得分（8.30分）不足湖北省得分（17.8分）的一半，安徽省得分比湖北省略低了2.75分，湖北省和安徽省位于第一梯队。河南省和江西省得分相当，在13~14分，位于第二梯队；湖南省得分略超10分，湖南省与山西省位于中部开放发展的第三梯队。

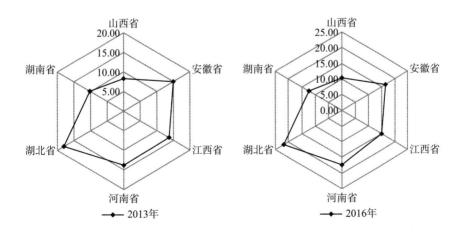

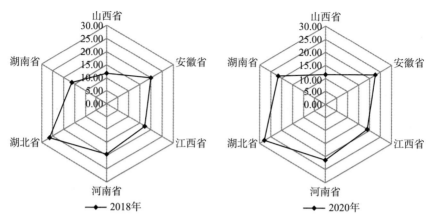

图7-13 省际层面的中部地区开放发展指数得分雷达图
资料来源：根据测度结果整理计算得到。

2016年，各省发展差距缩小，湖南省和山西省得分偏低，在雷达图显示山西省和湖南省依然为发展洼地，而江西省发展优势有所下降，在2013年，江西省与河南省相当，3年后，河南省已经突破15分，而江西省并未把握开放发展机遇，始终处于14分上下。2018年，湖南省开放水平逐步提升，呈现与江西省对称发展态势，开放发展整体得分逐步与江西省不相上下。而山西省的差距不断拉大，占湖北省的43%。从2020年的雷达图可以看出：山西省得分洼地凸显，发展差距进一步拉大，江西省发展优势收缩，而湖南省发展势头强劲，退出开放发展洼地。2020年中部六省开放发展格局为：湖北省开放水平得分为27.83分，是中部六省中唯一突破25分的省份，位于中部六省开放发展的第一梯队。湖南省展现后发优势得分21.6分，与安徽省和河南省相当，为中部六省中四个突破20分的省份，安徽省、河南省和湖南省跻身中部地区开放省份的第二梯队。江西省得分18.87分、山西省得分11.39分，位于第三梯队，属于中部地区开放水平有待提高的省份，当然这也与山西省和江西省经济总量较小有关。如何在疫情后期新格局下，加快开放步伐融入国家开放战略实现开放发展逆袭是中部六省特别是山西省和江西省亟待解决的问题。

（三）省际层面的中部地区开放发展排名

表7-14展示了六省开放发展的排名状况。2013年，中部六省开放发展水平湖北省得分为17.80分，排名第一；安徽省得分为15.05分，排名第二，湖北省和安徽省位于中部地区第一梯队；其次是河南省和江西

省，得分分别为 13.94 分和 13.75 分，位于第二梯队；最后是湖南省和山西省，得分分别为 10.05 分和 8.30 分，排名最低。2014 年排名与 2013 年接近，江西省一度超过河南排名第三。具体排名如下：中部六省开放发展水平湖北省得分接近 20 分，排名第一，与其他五省的差距逐步拉开；安徽省得分为 15.74 分，排名第二；江西省和河南省，得分分别为 14.75 分和 14.57 分；最后是湖南省和山西省，得分分别为 11.47 分和 8.83 分，排名最低。2015 年，中部六省开放发展水平湖北省得分首次超过 20 分，排名第一，湖北省作为中部唯一开放得分突破 20 分的省份，站稳中部地区开放发展第一梯队；河南省得分为 16.72 分，超过安徽省和江西省跃居第二；安徽省得分 16.39 分，略低于河南省，排名第三；其次是江西省，得分为 14.15 分；最后是湖南省和山西省，得分分别为 11.93 分和 9.01 分，排名最低。2016 年，中部六省开放发展水平排名与 2015 年完全一致。湖北省得分为 22.01 分，为中部地区唯一突破 20 分的省份；河南省得分为 17.34 分，排名依然为第二名；安徽省得分 16.35 分，排名第三，与河南省差别不大；江西省、湖南省和山西省，得分分别为 14.81 分、12.30 分和 10.25 分。2017 年，中部六省开放发展水平湖北省以绝对优势排名第一；安徽省得分比河南省高 1.15 分，回归 2014 年时候的第二名；河南省、江西省、湖南省和山西省排名序列不发生变化。

表 7－14　　　　　　　省际层面中部地区开放指数排名

省份	2013 年	2014 年	2015 年	2016 年	2017 年	2018 年	2019 年	2020 年
山西省	6	6	6	6	6	6	6	6
安徽省	2	2	3	3	2	2	2	2
江西省	4	3	4	4	4	4	5	5
河南省	3	4	2	2	3	3	4	4
湖北省	1	1	1	1	1	1	1	1
湖南省	5	5	5	5	5	5	3	3

资料来源：根据测度结果整理计算得到。

2018 年，湖北省得分为 26.58 分，突破 25 分，排名第一；安徽省得分接近 20 分（19.88），排名第二；河南省得分（19.79）略低于安徽省；湖南省开放发展步伐放开，与江西省得分相当；最后是山西省。2019 年，湖南省开发发展持续发力，超越江西省和河南省，排名第三。2020 年，中部六省开放发展水平湖北省得分为27.83分，排名第一；安徽省得分为22.32分，排名第二；其次是湖南省和河南省，得分分别为21.60分和21.31分；再其次是江西省，得分为18.87分；最后是山西省，得分为11.39分，排名最低。

（四）省际层面的中部地区开放发展增速分析

中部六省整体2013年开放指数得分为13.15分，2020年得分为20.56分，是2013年的1.6倍，2013～2020年中部六省整体的开放指数年均增长率达8.05%。图7-14为中部六省开放指数2013～2020年增长趋势。可以看出，中部六省在2013年以来的开放水平呈显著上升态势。分省来看，2013～2020年，山西省的开放指数年均增长率为5.33%，安徽省的开放指数年均增长率为6.90%，江西省的年均增长率为5.33%，河南省年均增长率为7.55%，湖北省年均增长率为8.05%，湖南省年均增长率为16.40%。可以看出，湖南省开放指数增长得最快，年均增长率是增长第二快的湖北省的2倍多，是增长最慢的山西省和江西省的3倍多。

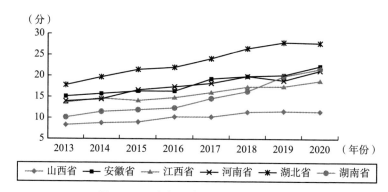

图7-14 中部六省历年开放指数得分

资料来源：根据测度结果整理计算得到。

二、基于城市层面中部地区省会城市开放发展指数比较分析

太原是山西省会，位于山西省中北部的晋中盆地，是山西省政治、经济、文化和国际交流中心，是国家可持续发展议程创新示范区，国务院批复确定的中部地区重要的中心城市、以能源、重化工为主的工业基地。太原是中国北方军事、文化重镇，世界闻名的晋商都会，也是中国优秀旅游城市和国家园林城市。截至2021年，全市辖6个区、3个县，

代管 1 个县级市，总面积 6988 平方千米，全市常住人口为 539.10 万人，实现地区生产总值 5121.61 亿元。从开放发展看，太原市是山西省开放水平最高的城市，在中部城市中排第五位，整体略优于南昌市。太原市开放发展水平呈阶梯上升趋势，2013 年开放发展指数得分为 23.52 分，2014 年突破 25 分，达到 26.00 分，但 2015 年又降至 24.70 分，2016 年再次增加至 28.15 分，2017 年再次下降，降至 27.06 分，2018 年又增长至 31.02 分，2019 年继续增长至最高值 31.15 分，2020 年受到新冠肺炎疫情的影响太原市的开放指数得分又降至 28.54 分。太原市 2014 年、2016 年和 2018 年的增长率突破 10%，呈较好上升趋势，2020 年总体较 2013 年增长 5.02 分，年均增长 3.05%。图 7-15 为太原市 2013～2020 年开放指数得分图。

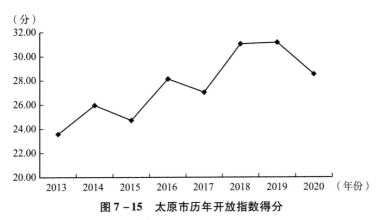

图 7-15　太原市历年开放指数得分

资料来源：根据测度结果整理计算得到。

合肥是安徽省省会，安徽省政治、经济、科教、金融、科技、文化、信息和交通中心，是国家级皖江城市带承接产业转移示范区核心城市，是 G60 科创走廊中心城市、综合性国家科学中心、世界科技城市联盟会员城市、中国集成电路产业中心城市、国家科技创新型试点城市。合肥是"一带一路"和长江经济带战略双节点城市，也是全国四大科教基地之一。截至 2021 年末，全市常住人口为 946.5 万人，城镇化率达84.04%，实现地区生产总值 11412.8 亿元。合肥市同样为安徽省开放发展水平最高的城市，且合肥市开放发展水平呈持续上升趋势，2016 年后的增长率显著提升。合肥市 2013 年开放发展指数得分为 27.61 分，2015 年突破 30 分，达到 30.33 分，2018 年突破 40 分，达到 40.40 分，2020

年继续增长至 43.58 分，总体较 2013 年增长 15.97 分，平均增长率为 7.18%。图 7-16 为合肥市 2013~2020 年开放指数得分图。

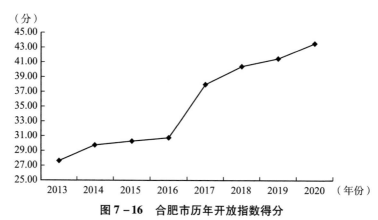

图 7-16 合肥市历年开放指数得分

资料来源：根据测度结果整理计算得到。

南昌是江西省省会，江西省政治、经济、文化、科技、交通中心。南昌地处江西中部偏北，赣江、抚河下游，鄱阳湖西南岸，是长江中游城市群核心支点城市和中心城市之一。南昌是中国唯一一个毗邻长江三角洲、珠江三角洲和海峡西岸经济区的省会城市。截至 2021 年末，全市常住人口为 643.75 万人，实现地区生产总值 6650.53 亿元。从开放发展看，南昌市开放发展水平在中部处于第六位，江西省第一位。南昌市开放发展水平呈波浪形上升趋势，2014 年前南昌市开放发展势头良好，2015 年呈下降趋势，到 2017 年才逐步回归并上升。南昌市 2013 年开放发展指数得分为 24.61 分，2015 年增长至 26.43 分，2016 年又降至最低，低至 22.79 分，2017 年又开始上升，2019 年突破 30 分，达到 30.42 分，2020 年受到新冠肺炎疫情的影响南昌市的开放指数得分又降至 29.47 分，总体较 2013 年增长 4.86 分。南昌市开放发展水平与太原市相当，属于中部省会城市中较弱的，得分仅为武汉市和郑州市的一半。图 7-17 为南昌市 2013~2020 年开放指数得分图。

郑州为河南省省会，是我国重要的铁路、航空、高速公路、电力、邮政电信主枢纽城市。郑州是华夏文明的重要发祥地、国家历史文化名城，是国家重点支持的六大遗址片区之一、世界历史都市联盟会员。截至 2021 年，全市总面积 7567 平方千米，常住人口为 1274.2 万人，完成生产总值 12691 亿元。从开放发展看，郑州市开放发展水平呈上升趋势，位于河南省的龙头地位，也是中部城市中开放发展水平最好的城市。郑州市 2013 年开放发展指数得分为 47.63 分，2015 年突破 50 分，增长至 58.16 分，2017 年又突破 60 分，增长至 61.28 分，2018 年受到中美贸易战和国际形势的影响略有下降，2019 年降至 59.26 分，2020 年政治再次又上升至 63.87 分，较 2013 年增长 16.24 分，年均增长率为 4.87%。图 7-18 为郑州市 2013~2020 年开放指数得分图。

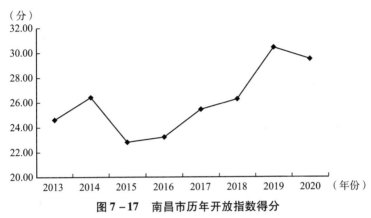

图 7-17　南昌市历年开放指数得分

资料来源：根据测度结果整理计算得到。

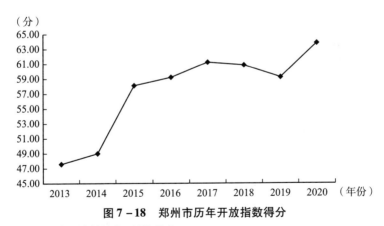

图 7-18　郑州市历年开放指数得分

资料来源：根据测度结果整理计算得到。

武汉是湖北省省会，我国内陆最大的水陆空交通枢纽，在中部六省中是唯一的副省级城市，国家区域性中心城市。武汉是我国重要的科技、信息、产业、通信中心，中部地区金融、商业、贸易、物流和文化中心。

武汉作为我国地理中心，具有承东启西、接南转北的区位优势。截至 2021 年末，全市下辖 13 个区，总面积 8569.15 平方千米，全市常住人口为 1364.89 万人，实现地区生产总值 1.77 万亿元。从开放发展看，武汉市开放发展水平在中部地区排第二位，与河南省郑州市相当。武汉市开放发展水平呈相对均速的上升趋势，2013 年开放发展指数得分为 37.49 分，2017 年突破 50 分，增长至 51.66 分，2019 年又突破 60 分，增长至 60.92 分，2020 年受到新冠肺炎疫情的影响武汉市的开放指数得分又降至 57.88 分，总体较 2013 年增长 20.39 分，年均增长率达 7.77%。图 7 - 19 为武汉市 2013～2020 年开放指数得分图。

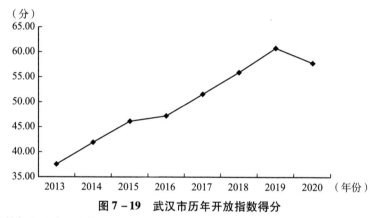

图 7 - 19　武汉市历年开放指数得分

资料来源：根据测度结果整理计算得到。

长沙是湖南省省会，湖南省的政治、经济、文化、交通和科教中心。长沙地处中国华中地区、湘江下游、长浏盆地西缘、湖南东部偏北，是全国"两型社会"综合配套改革试验区、中国重要的粮食生产基地，长江中游城市群和长江经济带重要的节点城市，也是综合交通枢纽和国家物流枢纽。截至 2021 年末，全市下辖 6 个市辖区、1 个县，代管 2 个县级市，总面积 11819 平方千米，其中城区面积 1938 平方千米，全市常住总人口为 1023.93 万人，实现地区生产总值 13270.7 亿元。从开放发展看，长沙市是湖南省开放发展水平最高的城市，在中部排第三到第四位。长沙市开放发展势头良好，开放发展水平呈持续快速上升趋势，2013 年开放发展指数得分为 20.08 分，2018 年长沙进一步加快开放发展步伐，开放发展得分突破 30 分，达到 30.18 分，开放水平呈跨越式发展，2019 年又突破 40 分，达到 41.83 分，2020 年继续增长至 45.54 分，总体较 2013 年增长 25.46

分，长沙市是中部城市中得分上升最快的城市，年均增长率达 18.11%，也是中部省会城市中开放发展水平增长率最高的城市，开放水平与合肥相当。图 7－20 为长沙市 2013~2020 年开放指数得分图。

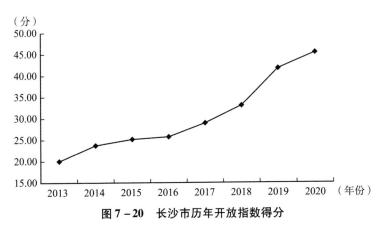

图 7－20　长沙市历年开放指数得分

资料来源：根据测度结果整理计算得到。

三、中部地区城市开放指数省内比较

（一）山西省

山西省共 11 个地市。从得分看，得分最高的太原市 2013 年开放指数得分为 23.52 分，2019 年达到最大 31.15 分，2020 年受到新冠肺炎疫情的影响太原市开放指数得分略有下降，得分 28.54 分，是第 2 名大同市（8.88 分）的 3 倍多。大同市 2013 年开放指数得分为 6.57 分，2020 年增长至 8.88 分，比 2013 年增长 2.31 分。晋城市 2013 年开放指数得分为 6.01 分，2014 年增长至 6.54 分，2016 年降至最低 5.73 分，2017 年回升至 2020 年增到 8.61 分，比 2013 年增长 2.60 分。长治市 2013 年开放指数得分为 4.87 分，2017 年降至最低 4.46 分，2018 年回升至 2020 年增至 7.13 分，比 2013 年增长 2.26 分。吕梁市 2015 年开放发展得分低至 2.15 分，2018 年最高为 6.80 分，2020 年的开放指数得分为 5.98 分，比 2013 年增长 1.97 分。朔州市 2013 年开放指数得分为 3.39 分，2017 年增至 5.56 分，2020 年增至 5.85 分，比 2013 年增长 2.46 分。晋中市 2013 年开放指数得分为 4.78 分，2018 年增至 6.25 分，2020 年增至 5.60 分，比 2013 年增长 0.82 分。运城市 2013 年开放指数得分 5.06 分，2015 年达到最低值 4.37 分，2020 年的开放指数得分为 4.91 分，比 2013 年减少了 0.15 分。阳泉市 2013 年开放指数得分为 6.91 分，2016 年增加至 7.69 分，2019 年增至 7.23 分，2020 年陡降至 4.81 分，较 2013 年减少了长 2.10 分。忻州市 2013 年开放指数得分为 2.19 分，2020 年增至 4.55 分，比 2013 年增长 2.36 分，为山西省 11 个地市中开放得分提升最快的城市，年均增长率高达 15.35%。临汾市 2013 年开放指数得分为 3.69 分，2017 年达到最大 6.59 分，2020 年的开放指数得分为 4.13 分，比 2013 年增长 0.44 分。运城市和阳泉市的开放指数呈下降趋势，其中，阳泉市降幅最大，年均增长率低至 -4.34%（见表 7-15）。

表 7-15　　　　　　　　山西省各地市开放指数得分　　　　　　单位：分

城市	2013 年	2014 年	2015 年	2016 年	2017 年	2018 年	2019 年	2020 年
太原市	23.52	26.00	24.70	28.15	27.06	31.02	31.15	28.54
大同市	6.57	6.59	6.93	7.09	7.51	8.05	8.09	8.88
阳泉市	6.91	6.98	7.54	7.69	6.81	6.93	7.23	4.81
长治市	4.87	4.86	4.67	4.69	4.46	4.98	6.45	7.13
晋城市	6.01	6.54	6.15	5.73	5.91	5.93	7.90	8.61
朔州市	3.39	3.45	3.78	4.63	5.56	4.84	5.28	5.85
晋中市	4.78	5.00	5.18	5.26	6.10	6.25	5.51	5.60
运城市	5.06	4.64	4.37	4.65	5.40	4.67	4.50	4.91
忻州市	2.19	2.59	2.73	2.76	3.17	3.73	3.81	4.55
临汾市	3.69	3.22	3.22	3.33	6.59	3.87	3.22	4.13
吕梁市	4.01	2.53	2.15	5.07	2.24	6.80	3.90	5.98

资料来源：根据测度结果整理计算得到。

　　表 7-16 展示了山西省 11 地市开放发展的排名状况。山西省各地市中太原市排名第 1 名，在中部排名位于第 5 名到第 7 名；其他城市均未纳入中部前 20 名。阳泉市在 2015 年前先后排入中部地区前 40 名，2020 年后大同市排名上升，但仅进入中部前 50 名。晋城市排名由第 4 名上升到第 3 名，2019 年和 2020 年两年排名分别进入中部 80 个城市的 47 名和 50 名；运城市、长治市、晋中市、朔州市、吕梁市、临汾市和忻州排名在 60~80 名。

表 7 - 16　　　　　　　　山西省各地市开放指数排名

城市	2013 年		2015 年		2017 年		2019 年		2020 年	
	省内排名	中部排名	省内排名	中部排名	省内排名	中部排名	省内排名	中部排名	省内排名	中部排名
太原市	1	6	1	5	1	5	1	5	1	7
大同市	3	39	3	40	2	44	2	43	2	48
阳泉市	2	37	2	34	3	48	4	54	9	77
长治市	6	54	6	61	9	69	5	58	4	62
晋城市	4	44	4	49	6	56	3	47	3	50
朔州市	10	69	8	68	7	60	7	68	6	70
晋中市	7	56	5	56	5	55	6	67	7	73
运城市	5	51	7	64	8	63	8	73	8	76
忻州市	11	78	10	76	10	76	10	78	10	78
临汾市	9	68	9	74	4	50	11	79	11	79
吕梁市	8	66	11	79	11	78	9	77	5	67

资料来源：根据测度结果整理计算得到。

从省内看：2015 年，晋中市居第 5 名，朔州市跃居第 8 名，忻州市上升 1 名，运城市和吕梁市的名次均降低了 2 名，其他城市排名不变。2017 年，大同市超越阳泉市成为山西第 2 名，临汾市以略少于阳泉市的得分居第 4 名，晋城市名次下降 2 名，朔州市超越了运城市，长治市下降 3 名，至第 9 名。2019 年排名与 2017 年接近，晋城市跃居第 3 名，从而阳泉市降至第 4 名，长治市居第 5 名，晋中市较 2015 年下降 1 名，降至第 6 名，吕梁市上升至第 9 名，临汾市陡降至最后 1 名。2020 年排名趋于稳定，长治市成为第 4 名，吕梁市跃居第 5 名，朔州市以略高于晋中市的得分超越了晋中成为第 6 名，而阳泉市则降至第 9 名。

总体来看，山西省的开放指数在中部的排名呈下降趋势。2013 年山西省有太原、阳泉、大同这三市位于中部地区前 50%，而到了 2020 年，只有太原市还在前 50% 之列，并且山西省有半数地市占据了中部 80 个城市的后 10 名。这也拉低了山西省在中部六省中开放指数的排名。

（二）安徽省

安徽省共 16 个地市。合肥市 2013 年开放指数得分为 27.61 分，2015

年突破 30 分，达到 30.33 分，2018 年又突破 40 分，2020 年继续增长至43.58 分，是第 2 名铜陵市（28.56）的 1.5 倍多。铜陵市 2016 年开放指数得分最低，为 16.26 分，2020 年的开放指数得分为 28.56 分，比 2013年增长 1.56 分。芜湖市 2013 年开放指数得分为 19.22 分，2015 年增长至 22.43 分，2016 年略有下降，后又继续上升，2020 年增至 27.81 分，比 2013 年增长 8.59 分。马鞍山市 2016 年开放指数得分低至 17.26 分，后持续增长，2020 年增至 24.50 分，比 2013 年增长 5.63 分。铜陵市开放指数得分是安徽省 16 个地市中上升幅度最小的，年均增长率仅为0.82%。滁州市 2013 年开放指数得分为 10.12 分，2018 年增至 14.30 分，2020 年增至 15.77 分，比 2013 年增长 5.65 分。蚌埠市 2017 年达最大值15.78 分，2020 年得分仅为 14.79 分。宣城市 2013 年开放指数得分为10.85 分，2015 年降至最低值 10.21 分，2020 年升至 13.96。黄山市2013 年开放指数得分为 9.41 分，2015 年降至最低点 7.94 分，后又上升至 2020 年的 12.91 分。池州市 2013 年开放指数得分为 7.53 分，2017 年增至 9.87 分，2020 年增至 12.01 分，比 2013 年增长 4.48 分。淮北市2013 年开放指数得分为 8.16 分，2017 年增至 10.63 分，2018 年降至8.89 分，后 2020 年升至 11.06 分。宿州市 2013 年开放指数得分为 5.05分，2020 年的开放指数得分为 9.91 分，较 2013 年增长 4.86 分。亳州市的开放指数呈上升趋势，2013 年开放指数得分为 5.41 分，2020 年的开放指数得分为 9.53 分，较 2013 年增长 4.12 分。淮南市 2013 年开放指数得分为 7.29 分，2020 年的开放指数得分为 9.32 分，较 2013 年增长 2.03分。六安市 2013 年开放指数得分为 4.50 分，2014 年为最低值 4.32 分，2020 年的开放指数得分为 8.25 分。安庆市 2013 年开放指数得分为 6.52分，2017 年为最低值 5.66 分，2020 年得分 8.03 分，较 2013 年增长 1.51分。阜阳市 2013 年开放指数得分为 4.66 分，2020 年的开放指数得分为7.38 分，较 2013 年增长 2.72 分。宿州市为安徽省 16 个地市中开放得分提升最快的城市，2013~2020 年的年均增长率高达 13.73%（见表 7-17）。

表 7-17　　　　　　　　安徽省各地市开放指数得分　　　　　　单位：分

城市	2013 年	2014 年	2015 年	2016 年	2017 年	2018 年	2019 年	2020 年
合肥市	27.61	29.72	30.33	30.69	38.06	40.40	41.50	43.58
芜湖市	19.22	21.07	22.43	22.17	23.19	23.74	24.11	27.81

续表

城市	2013 年	2014 年	2015 年	2016 年	2017 年	2018 年	2019 年	2020 年
蚌埠市	12.35	13.58	14.47	13.85	15.78	12.42	12.66	14.79
淮南市	7.29	7.04	7.10	5.42	5.80	6.81	7.29	9.32
马鞍山	18.87	17.36	18.45	17.26	20.86	21.67	23.22	24.50
淮北市	8.16	8.78	9.73	10.52	10.63	8.89	9.65	11.06
铜陵市	27.00	22.72	18.91	16.26	17.55	18.11	23.99	28.56
安庆市	6.52	6.29	6.74	6.15	5.66	6.02	6.46	8.03
黄山市	9.41	9.83	7.94	8.59	9.32	10.81	11.61	12.91
滁州市	10.12	11.47	11.72	12.81	13.71	14.30	13.96	15.77
阜阳市	4.66	5.16	4.94	4.57	6.32	5.85	5.80	7.38
宿州市	5.05	5.65	6.29	6.12	9.24	7.63	8.02	9.91
六安市	4.50	4.32	4.76	5.01	7.56	6.47	6.54	8.25
亳州市	5.41	5.64	6.23	6.04	6.88	7.82	7.77	9.53
池州市	7.53	7.60	8.41	9.08	9.87	9.77	9.85	12.01
宣城市	10.85	10.63	10.21	11.44	11.70	12.95	12.91	13.96

资料来源：根据测度结果整理计算得到。

表 7-18 为安徽省各地市开放发展的排名状况。2013 年，安徽省各地市中开放发展水平合肥市省内排名第 1 名，中部排名第 3 名；铜陵市、芜湖市和马鞍山市的排名次之，在中部 80 个城市的排名同样进入前十名；蚌埠市、宣城市、滁州市在省内排名前 7，中部地区排名前 25 名；黄山市、淮北市、池州市排名跻身中部前 40 名；最后是淮南市、安庆市、亳州市、宿州市、阜阳市、六安市排名位于中部 40~60 名。

表 7-18　　　　　　　　安徽省各地市开放指数排名

城市	2013 年		2015 年		2017 年		2019 年		2020 年	
	省内排名	中部排名	省内排名	中部排名	省内排名	中部排名	省内排名	中部排名	省内排名	中部排名
合肥市	1	3	1	3	1	3	1	4	1	4
芜湖市	3	9	2	7	2	7	2	7	3	8

续表

城市	2013 年		2015 年		2017 年		2019 年		2020 年	
	省内排名	中部排名	省内排名	中部排名	省内排名	中部排名	省内排名	中部排名	省内排名	中部排名
蚌埠市	5	14	5	12	5	14	7	23	6	22
淮南市	11	32	11	37	15	57	13	53	13	45
马鞍山	4	10	4	9	3	8	4	9	4	9
淮北市	9	29	8	25	8	25	10	35	10	37
铜陵市	2	4	3	8	4	10	3	8	2	6
安庆市	12	40	12	43	16	59	15	57	15	56
黄山市	8	24	10	32	10	29	8	25	8	27
滁州市	7	20	6	17	6	17	5	18	5	17
阜阳市	15	59	15	58	14	52	16	65	16	59
宿州市	14	52	13	46	11	30	11	45	11	40
六安市	16	62	16	60	12	43	14	56	14	55
亳州市	13	48	14	47	13	47	12	48	12	41
池州市	10	30	9	31	9	27	9	32	9	33
宣城市	6	18	7	23	7	23	6	22	7	23

资料来源：根据测度结果整理计算得到。

安徽省排名相对稳定。2015 年，芜湖市超越铜陵市成为第 2 名，滁州市超越宣城市成为第 6 名，淮北市、池州市均超越了黄山市，黄山市降至第 10 名，宿州市超越亳州市成为第 13 名，其他城市排名不变。2017年排名与 2015 年接近，铜陵市被马鞍山市超越，降至第 4 名，宿州市上升至第 11 名，六安市上升至第 12 名，亳州市回到了 13 名，阜阳市上升1 名，排名 14 名，淮南市和安庆市降幅最大，跌至安徽省最后 2 名。2019 年有所波动，铜陵市超过马鞍山，重新回到第 3 名，滁州市、宣城市均超越了蚌埠市，蚌埠市降至第 7 名，黄山市和淮北市名次对调，亳州市以略高于淮南市的得分位居第 12 名，六安市、安庆市和阜阳市垫底。2020 年排名与 2019 年接近，铜陵市又继续超越了芜湖市，回到了第 2 名，蚌埠市超越了宣城市，位居第 6 名，其余城市排名较 2019 年未发生变化。

总体来看，2013~2020 年安徽省各地市的开放指数在中部地区排名有升有降，2013 年安徽省有 12 个地市位于中部地区前 50%，2020 年仅为 11 个。

（三）江西省

江西省共 11 个地市。南昌市 2013 年开放指数得分为 24.61 分，2019 年突破 30 分，达最高值 30.42 分，是第 2 名九江市（18.92）得分的约 1.6 倍。九江市开放指数得分 2018 年达最大值 22.07 分，2020 年回归至 18.92 分，比 2013 年增长 3.77 分。吉安市 2013 年开放指数得分为 11.41 分，2017 年增至 16.50 分，2020 年增至 18.46 分，比 2013 年增长 7.05 分。赣州市 2013 年开放指数得分为 9.86 分，2020 年持续增长至 18.01 分。鹰潭市 2013 年开放指数得分为 20.57 分，2020 年的开放指数得分为 17.96 分，比 2013 年减少了 2.61 分，是江西省开放指数得分唯一呈负增长的地市。新余市 2013 年开放指数得分为 13.82 分，2015 年降至最低 12.53 分，2020 年的得分反弹为 17.27 分，比 2013 年增长 3.45 分。抚州市 2013 年开放指数得分为 5.46 分，2020 年增至 15.62 分，比 2013 年增长 10.16 分，是江西省 11 个地市中上升幅度最大的，年均增长率高达 26.59%。萍乡市 2013 年开放指数得分为 7.16 分，2014 年增至 8.05 分，2020 年增至 13.84 分，比 2013 年增长 6.68 分。上饶市 2013 年开放指数得分为 9.39 分，2017 年达到最大值 13.56 分，2020 年得分降至 12.42 分，比 2013 年增长 3.03 分。景德镇市 2013 年开放指数得分为 7.14 分，2020 年增至 12.18 分，比 2013 年增长 5.04 分。宜春市 2013 年开放指数得分为 6.86 分，2020 年增至 11.29 分，比 2013 年增长 4.43 分（见表 7-19）。

表 7-19　　　　　　江西省各地市开放指数得分　　　　　　单位：分

城市	2013 年	2014 年	2015 年	2016 年	2017 年	2018 年	2019 年	2020 年
南昌市	24.61	26.43	22.79	23.24	25.47	26.27	30.42	29.47
景德镇市	7.14	6.97	7.06	7.34	8.03	10.51	11.54	12.18
萍乡市	7.16	8.05	7.46	8.51	9.05	11.53	12.35	13.84
九江市	15.15	16.22	16.64	16.66	16.50	22.07	16.62	18.92
新余市	13.82	13.28	12.53	13.60	15.86	16.14	16.35	17.27

续表

城市	2013 年	2014 年	2015 年	2016 年	2017 年	2018 年	2019 年	2020 年
鹰潭市	20.57	17.91	15.56	16.06	17.83	18.64	15.13	17.96
赣州市	9.86	11.24	11.88	12.79	14.06	15.02	15.60	18.01
吉安市	11.41	13.16	13.84	14.82	16.50	15.80	17.10	18.46
宜春市	6.86	7.28	7.68	8.60	8.90	9.93	9.78	11.29
抚州市	5.46	6.47	7.40	8.46	8.13	9.51	9.87	15.62
上饶市	9.39	10.75	11.61	12.32	13.56	12.23	10.77	12.42

资料来源：根据测度结果整理计算得到。

表 7-20 为江西省各地市开放发展的排名状况。南昌市省内排名第1，中部排名第5；九江市、鹰潭市中部排名一度跻身前10，后分别稳定在11~12 名和14~15 名，吉安市和赣州市后期排名九江相当，稳定在中部地区12~13 名，新余市排名与鹰潭市相当；抚州市、萍乡和上饶市排名在前30 名，而景德镇市和宜春市排名在前35 名。

表 7-20　　　　江西省各地市开放指数排名

城市	2013 年		2015 年		2017 年		2019 年		2020 年	
	省内排名	中部排名	省内排名	中部排名	省内排名	中部排名	省内排名	中部排名	省内排名	中部排名
南昌市	1	5	1	6	1	6	1	6	1	5
景德镇市	9	35	11	39	11	38	8	26	10	32
萍乡市	8	34	9	35	8	31	7	24	8	24
九江市	3	11	2	10	4	12	3	12	2	11
新余市	4	12	5	14	5	13	4	13	6	15
鹰潭市	2	7	3	11	2	9	6	15	5	14
赣州市	6	22	6	16	6	16	5	14	4	13
吉安市	5	15	4	13	3	11	2	11	3	12
宜春市	10	38	8	33	9	32	11	34	11	35
抚州市	11	47	10	36	10	36	10	31	7	18
上饶市	7	25	7	18	7	18	9	29	9	29

资料来源：根据测度结果整理计算得到。

从省内看，2015 年，九江市超越鹰潭市成为第 2 名，吉安市超越新余市成为第 4 名，宜春市居第 8 名，萍乡市因此被挤到了第 9 名，抚州市上升了 1 名，景德镇市降至最后 1 名。2017 年，鹰潭市重回第 2 名，吉安市第 3 名，九江市降至第 4 名，萍乡市超越了宜春市列第 8 名。2019 年，吉安市排名仅次于省会南昌市，九江市、新余市和赣州市也分别上升到了第 3 名、第 4 名、第 5 名，鹰潭市降至第 6 名，萍乡市上升 1 名，位列第 7 名，景德镇市上升至第 8 名，上饶市和宜春市分别降至第 9 名和第 11 名。2020 年，九江市再次超越吉安市成为第 2 名，赣州市和鹰潭市均超越了新余市，抚州市也上升至第 7 名，萍乡市列第 8 名，景德镇市降至第 10 名。

总体来看，江西省的开放指数在中部的排名有所上升且分布较为均匀，是中部地区排名分布较好的省份之一，2013 年江西省有 10 个地市位于中部地区前 50%，有 5 个地市位于中部地区前 25%，至 2020 年，全部 11 个地市均在中部地区前 50%，7 个地市位于中部地区前 25%。

（四）河南省

河南省共 17 个地市。得分最高的郑州市 2020 年得分 63.87 分，是第 2 名新乡市（19.21）的 3.3 倍多。新乡市 2013 年开放指数得分为 6.42 分，2018 年陡增至最大值，达 27.86 分，2019 年陡降至 8.05 分，2020 年得分为 19.21 分，比 2013 年增长 12.79 分。洛阳市 2013 年开放指数得分 10.13 分，2018 年增至 14.61 分，2019 年略有下降，2020 年增至 14.98 分，比 2013 年增长 4.85 分。三门峡市 2013 年开放指数得分为 9.31 分，2016 年增至 12.92 分，2017 年陡降至最低值 8.01 分，2020 年攀升到 13.30 分。鹤壁市 2013 年开放指数得分为 8.45 分，2020 年持续增长至 12.30 分，较 2013 年增长 3.85 分。

焦作市 2013 年开放指数得分 8.80 分，2020 年增至 9.98 分，较 2013 年增长 1.18 分。许昌市 2013 年开放指数得分 6.29 分，2014 年增至 6.41 分，2020 年增至 9.21 分，比 2013 年增长 2.92 分。漯河市的开放指数得分有所波动，2016 年达最大值 8.77 分，2020 年的开放指数得分为 8.54 分，比 2013 年增长 1.19 分。濮阳市 2013 年开放指数得分为 4.48 分，2016 年增至 6.42 分，2017 年略有下降，2020 年再次增至 8.45 分，比 2013 年增长 3.97 分。开封市 2016 年得分最低，为 3.60 分，2020 年的开放指数得分为 8.32 分，比 2013 年增长 3.61 分。南阳市 2013 年开放指数得分为 5.00 分，2014 年增至 5.36 分，2020 年增至 6.76 分。安阳市 2013

年开放指数得分为 6.00 分，2016 年增至 6.57 分，2017 年降至最低，为 5.32 分，随后又开始增长，2020 年增至 6.75 分，比 2013 年增长 0.75 分。商丘市 2013 年开放指数得分为 2.25 分，2020 年持续增长至 6.40 分，比 2013 年增长 4.15 分。周口市 2013 年开放指数得分为 3.24 分，2020 年增至 5.96 分，比 2013 年增长 2.72 分。信阳市的开放指数得分波动较大，2013 年开放指数得分为 3.12 分，2020 年的开放指数得分为 5.94 分，比 2013 年增加了 2.82 分。平顶山市的开放指数得分波动也较大，2013 年开放指数得分为 4.15 分，2016 年降至最低值，为 4.06 分，2020 年的开放指数得分为 5.13 分，比 2013 年减少了 0.98 分。驻马店市 2013 年开放指数得分为 2.70 分，2016 年增至 3.28 分，2017 年略有下降，随后又开始上升，2020 年增至 5.11 分，比 2013 年增长 2.41 分。安阳市是河南省 17 个地市中 2013～2020 年开放指数上升得最慢的地市，而商丘市则是上升得最快的，年均增长率高达 26.41%（见表 7-21）。

表 7-21　　　　　　　　河南省各地市开放指数得分　　　　　单位：分

城市	2013 年	2014 年	2015 年	2016 年	2017 年	2018 年	2019 年	2020 年
郑州市	47.63	49.06	58.16	59.28	61.28	60.93	59.26	63.87
开封市	4.71	4.66	5.24	3.60	6.26	6.97	5.83	8.32
洛阳市	10.13	11.78	12.44	12.92	13.23	14.61	14.37	14.98
平顶山	4.15	4.06	4.19	4.06	4.26	4.28	4.56	5.13
安阳市	6.00	6.11	6.33	6.57	5.32	5.69	6.16	6.75
鹤壁市	8.45	9.18	9.66	9.95	9.97	10.60	11.16	12.30
新乡市	6.42	6.68	6.79	7.22	7.75	27.86	8.05	19.21
焦作市	8.80	9.08	9.15	9.16	9.45	9.89	9.59	9.98
濮阳市	4.48	4.96	5.85	6.42	6.16	6.52	7.71	8.45
许昌市	6.29	6.41	6.19	6.45	7.73	7.78	8.36	9.21
漯河市	7.35	8.40	8.56	8.77	8.09	8.06	8.61	8.54
三门峡	9.31	9.41	10.67	12.92	8.01	10.85	13.27	13.30
南阳市	5.00	5.36	5.35	5.49	5.68	6.23	6.57	6.76
商丘市	2.25	2.49	2.70	2.97	3.16	3.55	4.98	6.40
信阳市	3.12	3.52	3.23	3.98	3.75	4.05	4.21	5.94
周口市	3.24	3.05	3.27	3.51	4.11	4.54	4.78	5.96
驻马店	2.70	2.83	2.88	3.28	3.23	4.03	4.12	5.11

资料来源：根据测度结果整理计算得到。

表 7 – 22 为河南省各地市开放发展的排名状况。郑州市无论在省内还是中部地区均排名第 1；新乡市排名第 2，跻身中部前 10 名，洛阳市排名第 3，有望突破中部地区前 20 位。三门峡市、焦作市和鹤壁市跻身中部地区前 40 名。其他城市排名在中部地区后 50%。

表 7 – 22　　　　　　　河南省各地市开放指数排名

城市	2013 年		2015 年		2017 年		2019 年		2020 年	
	省内排名	中部排名	省内排名	中部排名	省内排名	中部排名	省内排名	中部排名	省内排名	中部排名
郑州市	1	1	1	1	1	1	1	2	1	1
开封市	11	57	12	55	9	53	12	64	10	54
洛阳市	2	19	2	15	2	20	2	17	3	21
平顶山	13	65	13	66	13	71	15	72	16	74
安阳市	9	45	8	45	12	64	11	59	12	64
鹤壁市	5	28	4	26	3	26	4	27	5	31
新乡市	7	42	7	41	8	41	8	44	2	10
焦作市	4	27	5	27	4	28	5	36	6	39
濮阳市	12	63	10	52	10	54	9	49	9	53
许昌市	8	43	9	48	7	42	7	40	7	46
漯河市	6	31	6	30	5	37	6	39	8	52
三门峡	3	26	3	21	6	39	3	20	4	26
南阳市	10	53	11	54	11	58	10	55	11	63
商丘市	17	77	17	78	17	77	13	69	13	65
信阳市	15	74	15	73	15	74	16	74	15	69
周口市	14	72	14	72	14	73	14	71	14	68
驻马店	16	76	16	75	16	75	17	75	17	75

资料来源：根据测度结果整理计算得到。

2015 年，鹤壁市超越焦作市成为第 4 名，安阳市超越许昌市成为第 8 名，濮阳市超越南阳市和开封市成为第 10 名。2017 年排名与 2015 年接近，鹤壁市、焦作市和漯河市都超越了三门峡市，三门峡市也因此降至第 6 名，许昌市第 8 名，开封市上升至第 9 名，安阳市降至第 12 名。

2019 年，三门峡市重回第 3 名，鹤壁市、焦作市和漯河市均下降 1 名，许昌市超越新乡市成为第 7 名，濮阳市、南阳市和安阳市都上升 1 名，开封市降至第 12 名，商丘市上升至第 13 名，平顶山市降至第 15 名，信阳市和驻马店市均下降 1 名，排名垫底。2020 年，新乡市跃居第 2 名，洛阳市、三门峡市、鹤壁、焦作市、南阳市和安阳市均下降 1 名，漯河市降至第 8 名，开封市上升至第 10 名，信阳市上升 1 名。

河南省 17 个地市开放指数在中部的排名较稳定，6 个地市位于中部地区前 50%，发挥省会引领作用，提升省内非省会城市开放水平是河南省开放发展的重点。

（五）湖北省

湖北省共 12 个地市。从得分看，得分最高的武汉市 2013 年开放指数得分为 37.49 分，2019 年达最大值，2020 年略有下降（57.88），是第 3 名宜昌市（11.11）的 5.2 倍。黄石市的开放指数得分波动较大，2019 年最小值 7.90 分，2020 年增至 13.56 分，比 2013 年增长 0.94 分。宜昌市 2013 年开放指数得分为 7.26 分，2015 年增至 8.56 分，2020 年增至 11.11 分，比 2013 年增长 3.85 分。十堰市 2013 年开放指数得分为 4.70 分，2020 年持续增长至 9.41 分，较 2013 年增长了 4.71 分。襄阳市 2013 年开放指数得分为 5.82 分，2020 年持续增长至 9.38 分，较 2013 年增长了 3.56 分。荆门市 2013 年开放指数得分为 5.08 分，2018 年增至 8.37 分，2019 年略有下降，2020 年又增至 8.97 分，较 2013 年增长了 3.89 分。随州市 2018 年达最小值 5.88 分，2020 年的开放指数得分为 7.87 分，比 2013 年增长 1.40 分。鄂州市的开放指数得分波动也较大，2019 年达最小值 6.08 分，2020 年的开放指数得分为 7.40 分，比 2013 年下降 2.32 分，是湖北省 12 个地市开放指数得分唯一呈负增长的地市。孝感市 2013 年开放指数得分为 4.80 分，2016 年增至 5.57 分，2020 年增至 7.36 分，较 2013 年增加 2.56 分。咸宁市 2013 年开放指数得分为 3.88 分，2014 年降至最低为 3.32 分，随后开始上升，2020 年增至 7.36 分，比 2013 年增加了 3.48 分。荆州市 2013 年开放指数得分为 4.44 分，2017 年降至最低为 4.24 分，2020 年的开放指数得分为 5.82 分，比 2013 年减少了 1.38 分。黄冈市 2013 年开放指数得分为 2.19 分，2018 年降至最低，为 1.62 分，2020 年的开放指数得分为 5.71 分，比 2013 年增长 3.52 分，由于基数较小，黄冈市的开放指数得分是湖北省上升幅度最大的，年均增长率23.04%（见表7-23）。

表 7-23			湖北省各地市开放指数得分				单位：分	
城市	2013 年	2014 年	2015 年	2016 年	2017 年	2018 年	2019 年	2020 年
武汉市	37.49	41.96	46.15	47.30	51.66	56.05	60.92	57.88
黄石市	12.62	12.65	11.21	10.38	11.96	13.14	7.90	13.56
十堰市	4.70	4.88	4.89	4.94	5.29	7.29	7.66	9.41
宜昌市	7.26	7.83	8.56	8.54	8.67	9.83	10.78	11.11
襄阳市	5.82	6.12	7.09	7.49	8.42	9.14	9.41	9.38
鄂州市	9.72	10.44	6.90	7.26	7.76	6.71	6.08	7.40
荆门市	5.08	5.43	6.09	6.28	7.33	8.37	8.26	8.97
孝感市	4.80	4.87	5.17	5.57	5.26	5.82	6.09	7.36
荆州市	4.44	4.89	4.49	4.62	4.24	4.96	4.86	5.82
黄冈市	2.19	2.54	2.73	3.06	1.88	1.62	4.01	5.71
咸宁市	3.88	3.32	3.33	3.56	4.95	5.15	6.01	7.36
随州市	6.47	6.70	6.48	6.64	6.44	5.88	5.90	7.87

资料来源：根据测度结果整理计算得到。

表7-24展示了湖北省各地市开放发展的排名状况。武汉市省内排名第1，中部排名第2；黄石市和宜昌市在省内排名第2名和第3名，而在中部地区仅占到25名和36名，是湖北省为数不多进入中部前50%的城市；十堰市、襄阳市、荆门市进入中部地区前50名；鄂州市、随州市和孝感市进入前60名，其他地市均位于60~80名，处于中部地区后25%。

表 7-24			湖北省各地市开放指数排名							
城市	2013 年		2015 年		2017 年		2019 年		2020 年	
	省内排名	中部排名	省内排名	中部排名	省内排名	中部排名	省内排名	中部排名	省内排名	中部排名
武汉市	1	2	1	2	1	2	1	1	1	2
黄石市	2	13	2	19	2	21	5	46	2	25
十堰市	9	58	9	59	8	65	6	51	4	42

续表

城市	2013 年		2015 年		2017 年		2019 年		2020 年	
	省内排名	中部排名	省内排名	中部排名	省内排名	中部排名	省内排名	中部排名	省内排名	中部排名
宜昌市	4	33	3	29	3	33	2	28	3	36
襄阳市	6	46	4	38	4	34	3	37	5	43
鄂州市	3	23	5	41	5	40	8	61	8	58
荆门市	7	50	7	50	6	45	4	41	6	47
孝感市	8	55	8	57	9	66	7	60	9	60
荆州市	10	64	10	62	11	72	11	70	11	71
黄冈市	12	79	12	77	12	79	12	76	12	72
咸宁市	11	67	11	70	10	68	9	62	10	61
随州市	5	41	6	44	7	51	10	63	7	57

资料来源：根据测度结果整理计算得到。

从省内看，2019 年排名与 2017 年相差也较大，宜昌市、襄阳市、荆门市都超越黄石市，成为第 2 名、第 3 名、第 4 名，黄石市降至第 5 名，十堰市、孝感市都上升了两名，鄂州市降至第 8 名，咸宁市上升 1 名，随州市降至第 10 名。2020 年，黄石市重回第 2 名，宜昌市降至第 3 名，十堰市上升至第 4 名，襄阳市、荆门市分别降至第 5 名和第 6 名，随州市上升至第 7 名，孝感市降至第 9 名，咸宁市降至第 10 名。总体来看，2013 ~ 2020 年湖北省的开放指数在中部的排名略有下降，且存在断层现象。2013 年湖北省有 4 个地市位于中部地区前 50%，有 2 个地市位于中部地区前 25%，到了 2020 年，变成了 3 个地市在中部地区前 50%，1 个地市位于中部地区前 25%。

（六）湖南省

湖南省共 13 个地市。从得分看，得分最高的长沙市 2013 年开放指数得分为 20.08 分，2020 年持续增长至 45.54 分，是第 2 名湘潭市（16.48）的 2.7 倍多。湘潭市 2014 年为最小值 10.85 分，2020 年的开放指数得分为 16.48 分，比 2013 年增长 5.40 分。郴州市 2013 年开放指数得分 11.37 分，2014 年增至 12.26 分，2020 年增至 15.18 分，比 2013 年增长 3.81 分，是湖南省 13 个地市中开放指数得分上升幅度最小的。株洲市 2013 年开放指数得分为 9.90 分，2020 年的开放指数得分为 15.18 分，比 2013 年增长 5.28 分。

衡阳市 2013 年开放指数得分为 7.11 分，2020 的开放指数得分为 12.68 分，较 2013 年增长了 5.57 分。岳阳市 2013 年开放指数得分为 3.34 分，2020 年持续增长至 12.38 分，较 2013 年增长了 9.04 分，是湖南省 13 个地市上升幅度最大的，年均增长率高达 38.65%。永州市 2013 年开放指数得分为 4.61 分，2020 年持续增长至 11.97 分，较 2013 年增长了 7.36 分。常德市 2013 年开放指数得分为 4.53 分，2015 年增至 5.52 分，2020 年增至 10.40 分，较 2013 年增长了 5.87 分。益阳市 2013 年开放指数得分为 3.13 分，2020 年持续增长至 9.35 分，较 2013 年增长了 6.22 分。邵阳市 2013 年开放指数得分为 2.73 分，2020 年持续增长至 8.81 分，较 2013 年增长了 6.08 分。娄底市 2013 年开放指数得分为 5.37 分，2015 年降至最低，为 4.45 分，随后开始上升，2020 年增至 8.54 分，比 2013 年增长 3.17 分。张家界市 2013 年开放指数得分为 3.25 分，2014 年降至最低为 3.11 分，2017 年增至 4.99 分，2020 年增至 6.28 分，比 2013 年增加了 3.03 分。怀化市 2013 年开放指数得分为 1.36 分，2020 年的开放指数得分为 3.44 分，比 2013 年增加 2.08 分（见表 7-25）。

表 7-25　　　　　　　　　湖南省各地市开放指数得分　　　　　　　单位：分

城市	2013 年	2014 年	2015 年	2016 年	2017 年	2018 年	2019 年	2020 年
长沙市	20.08	23.81	25.19	25.77	28.97	33.18	41.83	45.54
株洲市	9.90	10.43	10.48	10.14	11.30	10.13	13.58	15.18
湘潭市	11.08	10.85	10.99	11.57	14.80	16.32	17.36	16.48
衡阳市	7.11	8.59	9.08	9.06	11.81	10.84	13.21	12.68
邵阳市	2.73	3.40	3.99	4.53	5.53	6.43	8.12	8.81
岳阳市	3.34	3.61	4.31	4.87	6.63	7.85	9.84	12.38
常德市	4.53	4.93	5.52	5.39	6.88	7.97	9.28	10.40
张家界	3.25	3.11	3.32	3.67	4.99	4.87	5.59	6.28
益阳市	3.13	3.30	3.43	3.67	4.29	5.41	7.68	9.35
郴州市	11.37	12.26	10.21	10.90	13.56	14.03	14.97	15.18
永州市	4.61	5.77	5.93	7.03	8.25	9.34	10.68	11.97
怀化市	1.36	1.45	1.53	1.41	1.77	2.47	2.91	3.44
娄底市	5.37	5.33	4.45	4.48	5.56	6.56	7.52	8.54

资料来源：根据测度结果整理计算得到。

表 7 - 26 为湖南省各地市开放发展的排名状况。长沙市排名第 1，2019 年后升至中部前 3 名；郴州市、湘潭市和株洲市，后期基本稳定在中部地区前 20 名；衡阳市、岳阳市、常德市和永州市后期排名进入中部地区前 40 名，娄底市、益阳市和邵阳市排名跻身中部地区 50 名左右，而怀化市开放水平较低在中部地区垫底。

表 7 - 26　　　　　　　　湖南省各地市开放指数排名

城市	2013 年		2015 年		2017 年		2019 年		2020 年	
	省内排名	中部排名	省内排名	中部排名	省内排名	中部排名	省内排名	中部排名	省内排名	中部排名
长沙市	1	8	1	4	1	4	1	3	1	3
株洲市	4	21	3	22	5	24	4	19	4	20
湘潭市	3	17	2	20	2	15	2	10	2	16
衡阳市	5	36	5	28	4	22	5	21	5	28
邵阳市	12	75	10	67	10	62	9	42	10	49
岳阳市	9	70	9	65	8	49	7	33	6	30
常德市	8	61	7	53	7	46	8	38	8	38
张家界	10	71	12	71	11	67	12	66	12	66
益阳市	11	73	11	69	12	70	10	50	9	44
郴州市	2	16	4	24	3	19	3	16	3	19
永州市	7	60	6	51	6	35	6	30	7	34
怀化市	13	80	13	80	13	80	13	80	13	80
娄底市	6	49	8	63	9	61	11	52	11	51

资料来源：根据测度结果整理计算得到。

从省内排名看，2015 年，湘潭市和株洲市超越郴州市，分别成为第 2 名、第 3 名，郴州市降至第 4 名，永州市和常德市超越娄底市，分别成为第 6 名、第 7 名，娄底市降至第 8 名，邵阳市和张家界市名次对调，张家界市降至倒数第 2 名。2017 年排名与 2015 年接近。2019 年，株洲市超越衡阳市成为第 4 名，岳阳市超越常德市成为第 7 名，邵阳市和益阳市超越娄底市，分别位居第 9、第 10 名，娄底市则降至第 11 名，张家界市下降 1 名降至倒数第 2 名。2020 年排名与 2019 年接近，岳阳市超越永州市成为第 6 名，益阳市超越邵阳市成为第 9 名。总体来看，湖南省的开放指数在中部的排名有了大幅上升，2013 年湖南省有 5 个地市位于中部地区前50%，有 2 个地市位于中部地区前 25%，到了 2020 年，变成了 8 个地市在中部地区前 50%，4 个地市位于中部地区前 25%。

四、中部地区开放发展指数城市间比较

表 7－27 展示了中部地区开放指数前 20 的城市。在 2013 年开放指数排名前 20 名的城市中，安徽省的城市最多共 7 个，其中前 10 名的城市有4 个，合肥市和铜陵市位列前 5 名；山西省的在列城市最少，仅省会城市太原市；江西省是拥有前 20 名城市的数量仅次于安徽省，有 5 个城市在列，2 个城市位列前 10 名；湖南省拥有 3 个前二十城市，但排名靠后，长沙市仅位列第八，在中部六省省会中排名最低，甚至低于安徽省的铜陵市和江西省的鹰潭市；河南省有 2 个城市在前 20 名之列，省会郑州市位列第 1 名，洛阳市位列第 19 名，排名相差较大；湖北省也有 2 个城市在前 20 名之列，省会武汉市位列第 2 名，黄石市位列第 13 名。

表 7－27　　　　　　　　　中部地区城市开放指数排名前 20

城市	2013 年	2014 年	2015 年	2016 年	2017 年	2018 年	2019 年	2020 年
郑州市	1	1	1	1	1	1	2	1
武汉市	2	2	2	2	2	2	1	2
长沙市	8	6	4	5	4	4	3	3
合肥市	3	3	3	3	3	3	4	4
南昌市	5	4	6	6	6	7	6	5
铜陵市	4	7	8	10	10	12	8	6
太原市	6	5	5	4	5	5	5	7
芜湖市	9	8	7	7	7	8	7	8
马鞍山市	10	10	9	9	8	10	9	9
新乡市	42	40	42	40	41	6	44	10
九江市	11	11	10	9	12	9	12	11
吉安市	15	14	13	12	11	15	11	12
赣州市	22	19	16	18	16	16	14	13

城市	2013 年	2014 年	2015 年	2016 年	2017 年	2018 年	2019 年	2020 年
鹰潭市	7	9	11	11	9	11	15	14
新余市	12	13	14	14	13	14	13	15
湘潭市	17	20	20	20	15	13	10	16
滁州市	20	18	17	17	17	18	18	17
抚州市	47	43	36	35	36	35	31	18
郴州市	16	16	24	22	19	19	16	19
株洲市	21	24	22	25	24	30	19	20

资料来源：根据测度结果整理计算得到。

2020 年，开放指数排名前 20 名的城市中，江西省的城市最多，高达 8 个，其中排名最高的为省会南昌市，位列第 6；而湖北省和山西省的在列城市最少，仅有 1 个省会在列，但武汉市 2013～2020 年在中部 80 个城市中近乎稳居第 2 名，而山西省的省会太原市在中部六省省会中排名最低甚至低于安徽省的铜陵市；安徽省是拥有前 20 名城市数量第二多的省份，有 8 个城市在列，安徽省依然是拥有开放指数前 10 名城市最多的省份，有 4 个城市在列；湖南省是拥有前 20 名城市数量第三多的省份，有 4 个，其中排名最高的为省会长沙市，位列第 3 名，其余 3 个城市名次靠后；河南省仍有 2 个城市在前 20 之列，分别位列第 1 名和第 11 名，郑州市 2013～2020 年在中部 80 个城市中近乎稳居第 1 名。

表 7-28 展示了中部地区开放指数增长率前 20 的城市。由于开放指数得分基数小，开放发展速度较快的城市集中在非省会城市。在中部地区城市开放指数增长率前 20 中，湖南省的城市最多，高达 8 个，其中有 6 个位于前 10 名，3 个位于前 5 名，因此湖南省同时也是拥有增长率前 10 名、前 5 名城市最多的省份，其中岳阳市的年均增长率在中部 80 个城市中居于首位；山西省和安徽省均只有 1 个城市在前 20 之列，山西省的忻州市位列第 12 名，安徽省的宿州市位列第 14 名；河南省拥有的增长速度前 20 城市数量仅次于湖南省共 5 个，其中农有 2 个在前 10 名，其中新乡市的排名最高，位列第 3 名；湖北省是拥有前 20 城市数量第三多的省份，有 3 个，其中黄冈市的排名最高，位列第 7 名；江西省有 2 个城市在前 20 名之列，抚州市位列第 5 名，萍乡市位列第 15 名。

表 7 - 28　　　　　中部地区城市开放指数增长率前 20　　　　单位：%

城市	2013 年增长率	2020 年增长率	年均增长率
岳阳市	3.34	12.38	38.65
邵阳市	2.73	8.81	31.75
新乡市	6.42	19.21	28.45
益阳市	3.13	9.35	28.37
抚州市	5.46	15.62	26.59
商丘市	2.25	6.40	26.41
黄冈市	2.19	5.71	23.04
永州市	4.61	11.97	22.78
怀化市	1.36	3.44	21.97
常德市	4.53	10.40	18.53
长沙市	20.08	45.54	18.11
忻州市	2.19	4.55	15.35
十堰市	4.70	9.41	14.34
宿州市	5.05	9.91	13.73
萍乡市	7.16	13.84	13.32
张家界市	3.25	6.28	13.29
信阳市	3.12	5.94	12.89
咸宁市	3.88	7.36	12.82
驻马店市	2.70	5.11	12.71
濮阳市	4.48	8.45	12.63

资料来源：根据测度结果整理计算得到。

中部 80 个城市中的岳阳市和邵阳市 2013～2020 年开放指数得分的年均增长率突破 30%，其中岳阳市的年均增长率最高，达 38.65%，邵阳市的年均增长率也达到 31.75%；新乡市、益阳市、抚州市、商丘市、黄冈市、永州市和怀化市这七个城市的年均增长率也突破了 20%，年均增长率分别为 28.45%、28.37%、26.59%、26.41%、23.04%、22.78% 和 21.97%；其余 11 个城市的年均增长率均在 10%～20%。

第三节 案例分析：中部地区推动创新引领经济高质量发展的经验

案例一 湖北省武汉市推进自贸区数字经济发展，完善内陆开放格局

2021 年下半年，《中共中央、国务院关于新时代推动中部地区高质量发展的意见》颁布，提出中部地区高质量发展的目标。提出到 2025 年和 2035 年分两步走的主要目标。两步走的发展目标落到开放发展上表现为：到 2025 年，中部地区推动开放水平再上新台阶，内陆开放型经济新体制基本形成。到 2035 年，开放型经济体制机制更加完善。湖北省作为中部经济的龙头，开放水平一直处于中部地区首位，2013 年湖北省着手准备内陆自由贸易区申报，2014 年，湖北省正式向国家申报中国内陆自贸区，2016 年 8 月 31 日湖北自贸区获批。自贸区成立以来，积极扩大对外开放，加快构建内陆开放经济体系，融入国内国际双循环。

湖北省自贸区武汉片区坚持内陆开放战略与新型经济形态相结合，加强与东盟诸国在 5G、北斗技术、物联网、人工智能等数字经济领域的紧密合作。2018 年，武汉光谷新药孵化公共服务平台与英国大湾基金签署合作协议；印度卡迪拉制药公司与光谷亚太药业共建仿制药一致性评价制剂平台。并通过在东盟设立全资子公司、共建基站和实验室等方式，进军东盟市场。如康圣环球与新加坡 Cellbae 公司共建实验室；烽火技服在菲律宾、印度尼西亚开展通信、网络数字运营项目。同时，2020 年和 2021 年两年，武汉顺利举办中国 5G＋工业互联网大会；2021 年，武汉举办中国—东盟数字经济发展合作论坛，出台推进与东盟数字经济合作的行动计划，以行动计划为切入点，推动建立与东盟国家间常态化合作机制。在论坛上，武汉市积极推动武汉与东盟诸国在数字经济、经贸投资等领域达成了一批合作项目，共签约 20 个合作项目，签约总金额 266 亿元。坚持"引进来"与"走出去"相结合，筑牢内陆开放基石。

截至 2020 年底，湖北自贸区武汉片区企业已累计在东盟 9 国开展投资项目 74 个，投资总额 52.93 亿美元。2021 年 1～5 月，东盟成为武汉第二大贸易伙伴，是武汉市对外贸易增速最快的经济体，增速达到

83.14%。东盟 10 国中，武汉主要贸易伙伴为越南、马来西亚、新加坡、泰国、菲律宾、印度尼西亚，此 6 国贸易占武汉市对东盟 10 国贸易额的 97% 以上。截至目前，东盟 10 国累计在汉设立外商投资企业 393 家，投资总额超 44 亿美元。对外贸易的良好局面成为促进经济恢复的"稳定器"。

案例二　河南省郑州市—卢森堡空中丝绸之路

2017 年 6 月，在郑州与卢森堡展开航空货运时，中国提出支持建设郑州—卢森堡"空中丝绸之路"，将"空中丝绸之路"上升为国家战略。截至 2022 年，郑州市"空中丝绸之路"与全球 20 余个国家和地区建立起 48 条国际和地区货运航线，形成横跨欧美亚三大经济区、覆盖全球主要经济体、多点支撑的国际货运航线网络。国际地区通航城市由 27 个增加至 42 个，目前已在全球货运前 20 位国际枢纽机场中开通 17 个航点。国际货运运输总量超过 240 万吨。将国内外急需的防疫物资、电子产品、民生物品等货物周转至全球，在全球抗击新冠肺炎疫情过程中，经郑州机场向全球运送的防疫物资约 5.3 万吨。当前，郑州机场积极开展电子货运试点项目，并形成航空物流标准化体系，实现了航空货运流程无纸化，截至 2022 年 5 月底，电子货运平台应用的企业约 100 家，基本涵盖了在郑州机场运营的航空物流企业。

"空中丝绸之路"的建立也拉动河南省对外开放水平的提升。如图 7－21 所示，河南省进出口总额在 2020 年达 5583.61 亿元，直接利用外资 1350.17 亿元，均居中部地区首位，且历年增速高于全国平均水平。对外承包工程合同金额也突破 280 亿元，逐步优化走出去战略。贸易规模增长的同时，河南省贸易方式也不断优化，国际一般贸易对全省外贸增长的贡献率已达 74.4%。

"空中丝路"项目的不断完善，以郑州机场为中心，经过短短数年时间，郑州航空港区已发展成为一个接近 100 平方千米、80 万人口的航空新城。航空新城同样带动着河南省产业升级，一大批智能终端、生物医药、飞机租赁维修、精密机械等航空偏好型产业集群相继落户郑州。当前以富士康、中兴、酷派等为代表的约 190 家终端智能制造企业已入驻郑州，郑州已成为全球重要的手机制造基地。凭借其航空优势，以手机制造为代表的众多航空偏好型产业把郑州作为生产基地，带动郑州乃至全省融入全球产业链的分工体系中。产业的发展促进城市成长，2018 年郑州

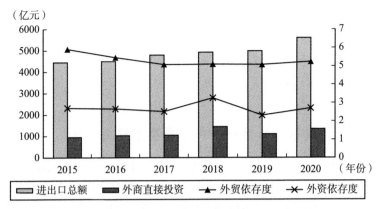

图 7 – 21　2015～2017 年河南省开放发展水平

资料来源：各类经济数据平台与《中国统计年鉴》（2014～2021）。

已跻身国家中心城市，以郑州为桥头堡的河南省也正从内陆腹地向开放新高地迈进。

河南省借助连接南北、贯通东西的地理区位优势，开创出不靠海不沿边，扩大开放靠蓝天的新型内陆开放发展模式。河南省新型开放模式值得中西部各省，特别是具备航天基础的大中城市学习。

参考文献

[1] 白桦，谭德庆．内陆国家级中心城市经济发展路径研究——基于内陆自贸区视角 [J]．经济问题探索，2018，(10)：118 – 120.

[2] 陈景华，陈姚，陈敏敏．中国经济高质量发展水平、区域差异及分布动态演进 [J]．数量经济技术经济研究，2020 (12)：108 – 126.

[3] 顾学明．"十四五"规划开启高水平对外开放　中国为世界带来新机遇 [J]．外交，2021 (2).

[4] 焦聪．郑州—卢森堡"空中丝绸之路"打通内陆开放城市新通道的路径——以河南为例 [J]．经济论坛，2020，(8)：60 – 68.

[5] 刘亚雪，田成诗，程立燕．世界经济高质量发展水平的测度及比较 [J]．经济学家，2020 (5)：69 – 78.

[6] 马茹，罗晖，王宏伟，等．中国区域经济高质量发展评价指标体系及测度研究 [J]．中国软科学，2019 (7)：60 – 67.

[7] 史丹，李鹏．我国经济高质量发展测度与国际比较 [J]．东南学术，2019 (5)：169 – 180.

［8］滕磊，马德功. 数字金融能够促进高质量发展吗［J］. 统计研究，2020，37（11）：80－92.

［9］《中共中央、国务院关于新时代推动中部地区高质量发展的意见》，2021 年.

［10］《中华人民共和国国民经济和社会发展第十四个五年规划和2035 年远景目标纲要》，2021 年.

［11］郑州至卢森堡"空中丝路"已覆盖23 国近200 城［EB/OL］.［2019－09－29］. http：//baijiahao. baidu. com/s？id = 1646003658368048556&wfr = spider&for = pc.

第八章

中部地区共享发展评价

共享发展是为了让发展成果更多更公平地惠及全体人民，也就是要全体人民共同享有国家经济、政治、文化、社会、生态各方面建设成果，注重的是解决社会公平正义问题，是新时代扎实推进共同富裕进程的必然要求。评估中部地区的区域共享发展水平，可为中部六省在今后制定合理的共享发展政策提供科学依据。2013~2020 年，中部地区共享发展指数持续上升，人民群众获得感、幸福感、安全感明显增强。中部六个省份比较看，山西省在经济发展水平不占优势的情况下取得了较为出色的共享发展成果，在中部地区处于领先地位。除山西省以外，其他省份的共享发展水平的排名与经济发展水平相近。

第一节 中部地区共享发展指数测度结果与分析

一、基于省际层面的中部地区共享发展指数比较分析

（一）中部地区共享发展指数整体分析

共享是五大发展理念的归宿，民生问题始终贯穿于共享发展理念之中。要促进中部地区的高质量发展，解决收入差距过大、公共服务供给不足、社会保障滞后、教育和就业机会不均等突出民生问题也就刻不容缓（吴楠，2016）。为促进中部地区崛起，2009 年，国家发展和改革委员会根据《中共中央国务院关于促进中部地区崛起的若干意见》的精神印发了《促进中部地区崛起规划》，规划中坚持民生为本，和谐发展的原则，体现了共享发展的内涵，如积极扩大就业，加快发展社会事业，努力减少农村贫困人口，提高城乡居民生活水平和社会保障水平，促进城

乡基本公共服务均等化等。2016 年，《促进中部地区崛起规划》的规划期（2009～2015 年）结束，为适应新的发展形势和发展要求，深入贯彻落实新发展理念，国家发展和改革委员会印发《促进中部地区崛起"十三五"规划》。在中部崛起战略新阶段，为贯彻共享发展理念，《促进中部地区崛起"十三五"规划》中提出了关于脱贫攻坚工作、教育卫生文化事业建设发展、健全就业和社会保障体系、创新社会治理方面的规划及目标。因此，促进社会共享事业建设也是中部地区共享发展的重点工作之一（龚金星等，2022）。

图 8 – 1 是中部地区整体共享发展指数及其增长率的变化情况。从整个中部地区来看，共享发展指数年平均值约为 33，共享发展指数整体趋势是上升的，指数在 2013 年是最低的，在 2020 年达到最高值。共享发展指数的年均增长率为 3.31%。其中 2015 年共享发展指数下降，其余年份均有所增长，增长最快的年份为 2020 年，增长率为 5.81%，增长率最低时达到了负值，为 – 1.08%。由此可见近年来中部地区的共享发展水平是逐年上升的，且未来仍有上升的趋势。这说明在《促进中部地区崛起规划》和《促进中部地区崛起"十三五"规划》实施期间，中部地区的社会共享事业得到了一定程度的建设与发展，2015 年是唯一一个共享发展指数下降的年份，从中部地区整体的经济发展来看，根据第一章图 1 – 1 中中部地区 GDP 占比变化所示，2015 年中部地区 GDP 占比下降，共享发展建设也受到了总体经济发展形势的制约。从政策上看，2015 年是《促进中部地区崛起规划》规划期的最后一年，说明上一阶段的共享事业发展基本结束，为适应发展环境的变化，在新的发展阶段需要新的政策指导。2016～2020 年，共享发展指数的增长率与 2013～2015 年相比更高，

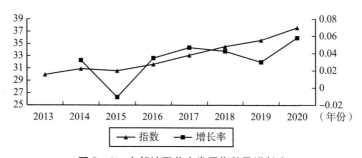

图 8 – 1　中部地区共享发展指数及增长率

资料来源：《中国城市统计年鉴》、各省统计年鉴、各市统计年鉴。图中数据由笔者整理计算得到。

说明在《促进中部地区崛起"十三五"规划》中共享发展理念及其政策的指导下，经济发展取得了巨大成就，中部地区的共享发展也迈上了新的台阶。

（二）中部地区各省共享发展指数变化及增长率

近年来，在国家政策的推动下，中部地区整体的共享发展已取得显著成效，在《促进中部地区崛起规划》和《促进中部地区崛起"十三五"规划》发布后，各省也立足本省的实际情况对本省的共享发展制订了详细的实施方案，由于各省份省情、经济发展水平不同以及在中部崛起中发展重点的不同，各省的共享发展水平也存在着差异。

表8-1是中部六个省份从2013~2020年所对应的共享发展指数，以及年均指数，图8-2是各省共享发展指数变化的图形表示。从年均共享发展指数高低来看从高到低依次是山西、湖北、湖南、安徽、河南、江西。从2020年的人均GDP来看，这六个省份的经济发展水平排名从高到低是湖北、安徽、湖南、江西、河南和山西。可以看出除山西以外，其他省份的共享发展水平的排名与经济发展水平相近，因为共享事业的发展如社会保障、公共服务等需要财政资金的投入，这受制于各省的经济发展水平。山西省在经济发展水平不占优势的情况下取得了较为出色的共享发展成果，说明山西省较为重视共享发展事业的建设（袁兆辉，2022），例如山西省在贯彻落实《促进中部地区崛起"十三五"规划》工作方案中对脱贫攻坚、公共服务均等化、建立更加公平的社会保障等方面工作做出了详细可行的规划并定下了具体合理的发展目标。

表8-1　　　　　　　　　各省共享发展指数

省份	2013年	2014年	2015年	2016年	2017年	2018年	2019年	2020年	年均指数
山西	38.89	39.47	40.17	43.02	41.27	42.86	46.21	45.09	42.12
湖北	35.43	36.29	36.56	38.58	41.56	43.56	44.21	50.62	40.85
湖南	29.61	30.74	31.64	33.38	35.91	35.29	37.26	39.68	34.19
安徽	25.92	28.02	25.20	26.51	27.77	31.69	31.13	32.60	28.60
河南	26.78	27.33	26.85	26.12	27.76	28.92	30.37	31.89	28.25
江西	25.93	26.87	26.58	27.43	26.90	27.35	28.30	28.32	27.21

资料来源：《中国城市统计年鉴》、各省统计年鉴、各市统计年鉴。表中数据由笔者整理计算得到。

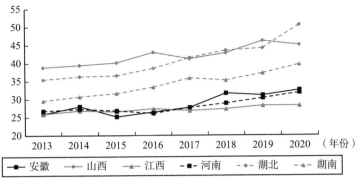

图 8－2　各省共享发展指数变化

资料来源：《中国城市统计年鉴》、各省统计年鉴、各市统计年鉴。图中数据由笔者整理计算得到。

　　分析各个省份共享发展指数的变化。山西省在大部分年份的指数是上升的，在 2017 年和 2020 年指数出现了下降，在 2019 年，指数最高。湖北省的共享发展指数每年都在逐步增长，而且 2019～2020 年的增长幅度是最大的，在 2020 年的指数也是历年最高的。湖南省除了在 2018 年出现了指数下降，其余每年的指数都在稳步上升。从图中可以看出，安徽、河南、江西这三个省份的共享发展指数较低，而且指数大小相近，特别是在 2013～2017 年，这三个省份的共享发展水平相差很小。安徽省在 2015 年和 2019 年指数是下降的，其余年份均为上升，且在 2018 年上升的幅度最大。河南省在 2015 年和 2016 年共享发展指数连续下降，其余年份指数稳定上升。江西省在 2015 年和 2017 年指数下降，其余年份上升，其共享发展指数水平处于中部省份中的最低水平。可以发现 2015 年安徽、河南、江西的共享发展指数都出现了下降，这也是 2015 年中部地区整体共享发展指数下降的原因，说明在《促进中部地区崛起规划》的最后一年，这几个省份共享发展面临着瓶颈，在新的规划发布后，共享发展指数又恢复了增长的趋势。比较六个省份的共享发展指数增长速率，增长速率从高到低的排名为湖北、湖南、安徽、河南、山西、江西，年均增长速率分别为 5.32%、4.31%、3.58%、2.58%、2.22% 和 1.29%，可以发现，年均共享发展指数最高的省份山西省，和年均共享发展指数最低的省份江西省的指数增长速率都较低，而且江西省的共享发展指数增长速率与其他省份的差距较大，仅是湖北省指数增长率的 1/4。

（三）中部地区各省共享发展指数排名变化

基于省际层面对中部地区的共享发展指数排名变化进行比较与分析，表 8-2 是中部地区各省共享发展指数排名变化。从年均共享发展指数大小来看各省份排名从高到低依次是山西、湖北、湖南、安徽、河南、江西，说明总体而言山西、湖北和湖南的共享发展水平较为领先，而安徽、河南和江西的共享发展水平较为落后。其中山西是共享发展水平最高的省份，在 2013～2016 年一直位列第一，2017 年开始排名有所下降，多次位列第二。湖北省在 2013～2016 年一直位列第二，从 2017 年开始多次超过山西省，位列第一。从 2013～2020 年的共享发展指数均值来看，山西省是共享发展水平最高的省份，但是从排名变化来看，排名趋于退步；湖北省的共享发展水平排第二，而且排名有所进步。湖南省的排名在统计区间内一直位列第三，排名位次是所有省份中最稳定的，共享发展水平一直处于中等偏上的水平。安徽省的排名在 2013～2017 年有所变化，从 2017 年开始维持在第四名，排名与前几年相比有进步。河南省和江西省的位次较低，且排名没有明显的进步，河南省从 2017 年开始稳定在第五名，共享发展水平比较落后。江西省的排名从 2017～2020 年一直居于六省中的最末位，其共享发展水平是目前中部城市中最低的。

表 8-2　　　　　　　中部地区各省共享发展指数排名

省份	2013 年	2014 年	2015 年	2016 年	2017 年	2018 年	2019 年	2020 年
山西	1	1	1	1	2	2	1	2
湖北	2	2	2	2	1	1	2	1
湖南	3	3	3	3	3	3	3	3
安徽	6	4	6	5	4	4	4	4
河南	4	5	4	6	5	5	5	5
江西	5	6	5	4	6	6	6	6

资料来源：笔者计算。

二、基于城市层面的中部地区共享发展指数比较分析

（一）中部地区省会城市共享发展指数比较

1. 中部地区各省会城市共享发展整体情况比较

省会城市作为区域内行政资源、人才资源、科技资源、金融资源等发展要素的集中承载地，在成为省域发展引擎方面，有着先天的优势，"强省会"战略也逐渐被更多省份采用。此外，《促进中部地区崛起规划》中强调，省会城市作为重点城市，在发展中要发挥辐射带动作用，成为推动中部地区经济社会加快发展的重要增长极，《促进中部地区崛起"十三五"规划》也提出支持将武汉、郑州建设成为国家化中心城市，强化长沙、合肥、南昌、太原等省会城市地位。各省会城市在新发展理念的指导下，要实现高质量发展，需要重视省会城市的引领作用，下面分析了六个省会城市共享发展水平。

比较中部地区六个省会城市的共享发展指数，整体排名和年均增长率如表 8 - 3 所示，其中武汉排名最高，年均增长率也较高，为 4.18%；太原的排名为第二，年均增长率最低，为 0；长沙的排名为第三，年均增长率较低，为 2.68%；郑州的排名为第四，年均增长率较高，为 5.56%；南昌的排名为第五，年均增长率也较低，为 3.35%；合肥的指数排名最低，但年均增长率最高，为 6.3%。将省会城市的共享发展指数排名与省际共享发展指数排名相比较，可以发现虽然省份与该省份的省会城市排名不完全一致，但是大致相近。武汉、太原、长沙的共享发展指数水平较高，与湖北、山西、湖南较高的共享发展指数水平相对应，而郑州、南昌、合肥的共享发展指数水平较低，与河南、江西、安徽较低的共享发展指数水平相对应。这说明了省会城市的共享发展水平在一定程度上受制于该省份的共享发展水平，或者是省会城市的共享发展在一定程度上引领了该省份的共享发展。

表 8 - 3　　　　　　中部地区各省会城市共享发展整体情况

城市	指数排名	年均增长率（%）
武汉	1	4.18

续表

城市	指数排名	年均增长率（%）
太原	2	0
长沙	3	2.68
郑州	4	5.56
南昌	5	3.35
合肥	6	6.30

资料来源：笔者计算。

2. 中部地区各省会城市共享发展指数及其排名变化分析

表8-4和图8-3为各省会城市2013~2020年的共享发展指数变化。从图表中可以看出武汉市的共享发展指数的变化趋势是上升的，在2015年指数出现下降，在其余年份指数均是上升的，2020年与2013年相比，指数上升的幅度也较大。太原市的共享发展指数没有明显的变化趋势，指数上升与下降在各个年份交替出现，太原市是唯一一个2020年的指数比2013年低的省会城市。长沙市在2018年指数下降，其余年份是上升的。郑州市的共享发展指数每年都在逐步递增，从图中也能看出其上升趋势较为稳定，且上升幅度也较大。南昌市在2016年和2017年指数略有下降，其余年份是上升的。合肥市在2015年指数下降，其余年份均为上升。除了太原市，其他所有省会城市的共享发展水平总体变化趋势都是上升的。

表8-4 　　　　　　　　　　各省会城市共享发展指数变化

省份	2013年	2014年	2015年	2016年	2017年	2018年	2019年	2020年
武汉	63.67	66.13	64.08	69.40	76.82	79.92	81.65	84.36
太原	66.41	64.39	58.87	66.51	63.15	64.32	67.61	65.03
长沙	54.35	54.48	55.22	58.62	60.47	55.86	60.23	64.83
郑州	42.49	44.03	48.79	49.81	53.11	55.89	57.59	61.91
南昌	37.84	41.87	42.62	42.37	41.48	43.50	43.87	47.35
合肥	34.42	36.76	36.09	38.54	39.57	45.97	50.37	52.33

资料来源：《中国城市统计年鉴》、各省统计年鉴、各市统计年鉴。表中数据由笔者整理计算得到。

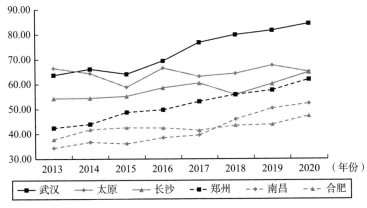

图8-3 各省会城市共享发展指数变化

资料来源：《中国城市统计年鉴》、各省统计年鉴、各市统计年鉴。图中数据由笔者整理计算得到。

为了更清楚地比较各省会城市的共享发展水平，表8-5列出了2013～2020年中部地区六个省会城市的共享发展指数排名变化。其中武汉在2013年排名第二，从2014年开始，排名稳居第一，太原则与武汉相反，2013年的指数排名为第一，从2014年开始稳居第二。长沙在此年份区间的排名大致稳定在第三名，郑州在此年份区间的排名大致稳定在第四名。南昌在2013～2017年的排名均为第五，从2018年开始排名下降至第六，而合肥与之相反，在2013～2017年的排名均为第六，从2018年开始排名上升至第五。总体而言，武汉、太原、长沙和郑州的排名较高且较为稳定，没有产生明显的变化趋势，南昌和合肥的排名较低，而且南昌的排名趋于下降，合肥的排名趋于上升。通过比较可以发现，南昌的共享发展处于劣势。

表8-5　　　　　　　　　各省会城市共享发展指数排名变化

省份	2013年	2014年	2015年	2016年	2017年	2018年	2019年	2020年
武汉	2	1	1	1	1	1	1	1
太原	1	2	2	2	2	2	2	2
长沙	3	3	3	3	3	4	3	3
郑州	4	4	4	4	4	3	4	4
南昌	5	5	5	5	5	6	6	6
合肥	6	6	6	6	6	5	5	5

资料来源：笔者计算。

3. 省会城市共享发展的首位度分析

图 8－4 为各省会城市与本省共享发展指数排名最末位城市的指数比较。首先通过年均指数的排名，可以发现太原、合肥、南昌、郑州、武汉、长沙这六个城市作为省会城市，都是各个省份中共享发展指数最高的。其中太原的共享发展指数是吕梁的 2.8 倍；合肥的共享发展指数是亳州的 5.8 倍；南昌的共享发展指数是抚州的 3.3 倍；郑州的共享发展指数是平顶山的 5.6 倍；武汉的共享发展指数是随州的 9.7 倍；长沙的共享发展指数是随州的 5 倍。对比各个省会城市共享发展指数与其省份内共享发展指数最低的城市共享发展指数之间的倍数，以此来判断省会城市共享发展水平的首位度，可以发现合肥、郑州、武汉、长沙这几个省会城市的首位度较高，共享发展水平在省内领先地位较高。特别是武汉，作为湖北省国家中心城市的建设城市，其共享发展领先程度不仅是本省共享发展指数最低的城市的 10 倍，也是中部地区共享发展水平最高的，这主要受益于武汉在中部地区较突出的经济实力。

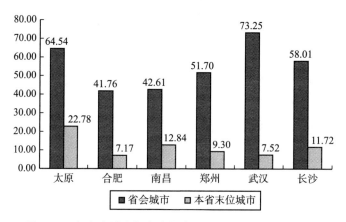

图 8－4 各省会城市与本省最末位城市共享发展指数比较

资料来源：《中国城市统计年鉴》、各省统计年鉴、各市统计年鉴。图中数据由笔者整理计算得到。

（二）中部地区城市共享发展指数的城市比较

1. 中部地区城市共享发展排名分布变化分析

表 8－6 是中部地区所有城市 2013～2020 年年均共享发展指数排名。

首先可以发现排名前四的城市都是省会城市，且六个省会城市都在前十名之内。共享发展指数最高的是武汉，即湖北省的省会，共享发展指数最低的城市是亳州，来自安徽省。在共享发展指数排名前30的城市中，有9个城市来自山西省，7个城市来自安徽省，5个城市来自河南省，4个城市来自湖南省，3个城市来自江西省，2个城市来自湖北省。结合省际共享发展指数排名，可以发现山西省不仅在共享发展指数的省份排名中位列第一，而且在城市共享发展指数排名前30的城市中，有9个城市来自山西省（山西省一共有11个城市）。说明山西省大部分城市的共享发展在中部地区较为领先。安徽省在排名前30的城市中所占据的名额也较多，前30名城市中，来自河南省和湖南省的城市数量一般。在排名前30的城市中有3个城市来自江西，城市数量较少，而且江西省的省会城市南昌的排名与其他省会城市相比也比较靠后。此外，湖北省在省份排名中为第二名，较为领先，但在城市共享发展指数排名前30的城市中，仅有2个城市来自湖北。这也说明武汉作为省会城市的首位度较高，在一定程度上，湖北省其他城市的共享发展水平与武汉的共享发展水平差距较大。

表8-6　　　　　　　中部城市共享发展指数排名

城市	位次	城市	位次	城市	位次	城市	位次
武汉	1	平顶山	21	淮北	41	鹰潭	61
太原	2	蚌埠	22	永州	42	滁州	62
长沙	3	张家界	23	开封	43	鹤壁	63
郑州	4	三门峡	24	吕梁	44	赣州	64
大同	5	焦作	25	上饶	45	怀化	65
晋中	6	洛阳	26	黄冈	46	宜春	66
湘潭	7	娄底	27	鄂州	47	濮阳	67
南昌	8	芜湖	28	吉安	48	十堰	68
合肥	9	黄山	29	咸宁	49	信阳	69
淮南	10	襄阳	30	岳阳	50	抚州	70
忻州	11	九江	31	许昌	51	邵阳	71
铜陵	12	株洲	32	漯河	52	驻马店	72

城市	位次	城市	位次	城市	位次	城市	位次
阳泉	13	安庆	33	宜昌	53	孝感	73
景德镇	14	益阳	34	郴州	54	宿州	74
晋城	15	安阳	35	宣城	55	周口	75
新余	16	新乡	36	池州	56	六安	76
长治	17	萍乡	37	荆门	57	商丘	77
马鞍山	18	衡阳	38	南阳	58	阜阳	78
运城	19	朔州	39	荆州	59	随州	79
临汾	20	黄石	40	常德	60	亳州	80

资料来源：笔者计算。

比较 2013 年共享发展指数前 30 名城市的省份分布与 2020 年共享发展指数前 30 名城市的省份分布，在 2013 年，共享发展指数排名前 30 的城市中，有 9 个城市来自山西，7 个城市来自安徽，6 个城市来自河南，3 个城市来自湖南，3 个城市来自江西，2 个城市来自湖北；在 2020 年，共享发展指数排名前 30 的城市中，有 9 个城市来自山西，6 个城市来自安徽，3 个城市来自河南，5 个城市来自湖南，3 个城市来自江西，4 个城市来自湖北。2020 年与 2013 年相比，来自山西省和江西省城市的数量没有变化，来自湖北省和湖南省的城市数量都增加了 2 个，来自安徽省的城市数量减少了一个，来自河南的城市数量则减少了 3 个。

2. 中部地区城市共享发展整体变化分析

中部城市共享发展指数的年均增长率如表 8 - 7 所示。首先，总体而言，大多数城市的共享发展指数增长率都是正数，但也存在 16 个城市的增长率为负数。这说明中部地区大部分城市共享发展是在进步的，但是也有少部分城市的共享发展需要加快脚步。中部地区共享发展指数的总体增长率为 3.31%，从表中可知有 41 个城市，即近一半的城市达到了中部地区的总体共享发展水平。信阳市是年均增长率最高的城市，增长率高达 24.11%，漯河是年均增长率最低的城市，增长率为 - 7.53%，两者的增长率相差较大。

表 8-7 　　　　　　　中部城市共享发展指数年均增长率 　　　　　　单位：%

城市	年均增长	城市	年均增长	城市	年均增长	城市	年均增长
信阳	24.11	焦作	9.20	南昌	3.34	许昌	1.23
宜昌	21.34	亳州	9.19	晋城	3.24	新余	1.20
朔州	18.77	吕梁	9.17	荆州	3.18	洛阳	0.41
怀化	17.53	咸宁	7.56	随州	2.89	黄山	0.23
抚州	15.31	益阳	6.92	池州	2.81	太原	-0.08
株洲	14.59	张家界	6.86	萍乡	2.76	赣州	-0.26
芜湖	14.04	蚌埠	6.75	九江	2.70	上饶	-0.42
十堰	13.24	衡阳	6.49	长沙	2.68	永州	-0.87
鄂州	11.82	荆门	6.47	鹰潭	2.49	平顶山	-1.45
邵阳	11.78	合肥	6.30	淮南	2.41	铜陵	-1.72
鹤壁	11.67	娄底	6.26	景德镇	2.29	马鞍山	-2.15
岳阳	11.56	宿州	6.09	安阳	2.06	濮阳	-2.36
襄阳	11.51	郴州	5.81	三门峡	2.03	宜春	-2.64
六安	10.69	临汾	5.65	安庆	1.81	阜阳	-2.69
吉安	10.62	郑州	5.56	南阳	1.42	新乡	-2.88
驻马店	10.56	常德	4.60	大同	1.41	周口	-4.03
滁州	10.31	黄冈	4.56	长治	1.32	黄石	-4.60
开封	10.01	武汉	4.18	阳泉	1.31	运城	-4.65
孝感	10.01	湘潭	3.60	忻州	1.25	商丘	-5.88
宣城	9.53	淮北	3.59	晋中	1.24	漯河	-7.53

资料来源：《中国城市统计年鉴》、各省统计年鉴、各市统计年鉴。表中数据由笔者整理计算得到。

　　首先分析城市共享发展指数的变化幅度，如表 8-8 所示，可以看出近 3/4 的城市 2020 年的共享发展指数相较于 2013 年的共享发展指数是上升的，其余城市则是下降。其中共享发展指数上升幅度最高的城市是朔州，2020 年的共享发展指数相较 2013 年上升了 29.9。共享发展指数下降幅度最大的城市是漯河市，2020 年的共享发展指数相较 2013 年下降了 18.66。表 8-9 是中部城市共享发展指数的排名变动幅度，有较多城市排名变动幅度较大，有超过一半的城市排名变动幅度达到了 10 名及以上，其中近 1/4 的城市排名变动幅度超过 20 名。排名上升最多的城市是朔州，上升高达 52 名，从 2013 年的第 63 名，上升至 2020 年的第 11 名，排名下降最多的城市是漯河，下降了 44 名，从 2013 年的 31 名，下降至 2020 年的第 75 名。从中部城市的共享发展指数变化幅度及其城市排名变化幅度来看，中部地区城市的共享发展存在快速发展的潜力，同样，如果没有把握好机遇，也面临着较大的停滞甚至退步的风险。

表 8 − 8　　　　　　　　　中部城市共享发展指数增幅

城市	指数增幅	城市	指数增幅	城市	指数增幅	城市	指数增幅
朔州	29.90	长沙	10.35	驻马店	3.19	晋中	−1.10
宜昌	25.45	黄冈	9.37	益阳	3.06	池州	−1.34
襄阳	22.11	衡阳	9.26	三门峡	2.80	阜阳	−1.96
株洲	19.48	岳阳	9.18	安庆	2.69	周口	−2.50
武汉	18.24	怀化	9.09	忻州	2.58	上饶	−2.84
焦作	18.22	咸宁	9.01	许昌	2.49	商丘	−3.10
郑州	17.89	荆门	7.44	亳州	2.42	濮阳	−3.34
鄂州	16.08	信阳	6.94	淮北	2.34	荆州	−3.51
合肥	15.57	晋城	6.85	南阳	2.09	宿州	−3.71
湘潭	13.71	郴州	5.50	淮南	2.07	赣州	−4.11
十堰	13.61	南昌	5.48	九江	1.90	平顶山	−4.38
吕梁	13.37	黄山	5.33	安阳	1.75	六安	−4.42
抚州	12.82	新余	5.15	芜湖	1.32	马鞍山	−5.99
滁州	12.56	常德	4.96	鹰潭	1.09	永州	−7.86
娄底	11.42	萍乡	4.59	洛阳	0.91	宜春	−8.55
吉安	11.32	宣城	4.54	孝感	0.69	新乡	−8.60
临汾	11.11	邵阳	4.31	太原	0.64	铜陵	−10.98
蚌埠	10.91	阳泉	3.64	随州	0.57	运城	−11.14
鹤壁	10.68	景德镇	3.59	长治	0.56	黄石	−12.83
张家界	10.46	大同	3.48	开封	−0.22	漯河	−18.66

资料来源：《中国城市统计年鉴》、各省统计年鉴、各市统计年鉴。表中数据由笔者整理计算得到。

表 8 - 9　　　　　　　　中部城市共享发展指数排名增幅

城市	排名增幅	城市	排名增幅	城市	排名增幅	城市	排名增幅
朔州	52	张家界	10	随州	0	池州	-10
宜昌	47	开封	10	太原	-1	南阳	-11
株洲	39	邵阳	10	大同	-1	阜阳	-11
芜湖	29	益阳	8	鹰潭	-1	淮北	-13
襄阳	28	晋城	7	淮南	-3	濮阳	-13
焦作	23	常德	7	长治	-3	商丘	-14
鄂州	23	南昌	6	三门峡	-3	许昌	-16
岳阳	23	衡阳	6	晋中	-4	赣州	-16
吕梁	21	湘潭	5	忻州	-4	平顶山	-18
鹤壁	19	荆门	5	九江	-4	上饶	-18
抚州	18	咸宁	4	黄冈	-4	宿州	-22
十堰	17	六安	4	郴州	-4	铜陵	-23
信阳	17	宣城	3	阳泉	-5	马鞍山	-24
滁州	16	驻马店	3	萍乡	-5	荆州	-25
合肥	14	郑州	2	新余	-7	永州	-32
吉安	14	亳州	2	安阳	-8	宜春	-32
蚌埠	13	武汉	1	周口	-8	黄石	-34
娄底	12	景德镇	1	洛阳	-9	新乡	-35
怀化	12	长沙	0	黄山	-9	运城	-37
临汾	10	孝感	0	安庆	-10	漯河	-44

　　资料来源：《中国城市统计年鉴》、各省统计年鉴、各市统计年鉴。表中数据由笔者整理计算得到。

第二节　中部地区共享发展单指标特征分析

　　本节从人民生活、公共服务、社会保障和乐享富足四个共享发展维度对中部地区的共享发展水平进行评价分析，这些指标的每一个方面都是重要的民生问题，反映着人民享受发展成果的具体情况（李百灵，2022；张建清和严妮飒，2017）。这几个评价维度也是中部地区发展的重点建设对象，例如《促进中部地区崛起规划》，规划中提出，到 2015 年，关于民生建设方面，中部地区要实现的目标有高中阶段教育基本普及、城乡公共卫生和公共文化服务体系基本建立、城乡就业更加充分、覆盖城乡居民的社会保障体系逐步形成，城乡居民收入年均增长率均超过 9% 等。在中部崛起战略新阶段，为贯彻共享发展理念，《促进中部地区崛起"十三五"规划》中提出了到 2020 年九年义务教育巩固率达到 95%，高中阶段教育毛入学率达到 90% 以上，完善普惠性幼儿园发展和保障机制等教育均衡发展规划；深化医药卫生体制改革，逐步建立分级诊疗制度，推广家庭医生签约服务等公共卫生服务规划；促进基本公共文化服务标准化、均等化，积极推进市、县、乡镇（街道）、村（社区）文化基础设施建设等公共文化建设规划及其他教育卫生文化发展规划。下面是构成这几个评价维度的单指标 2013～2020 年的发展情况。

一、人民生活

（一）失业率

对中部地区的省市失业率进行统计分析。其中年均失业率从低到高的省份排名依次是河南、山西、安徽、湖南、湖北、江西，年均失业率从低到高前 10 名的城市依次是运城、吕梁、郑州、鹤壁、漯河、晋城、信阳、长治、张家界、濮阳。根据省份排名情况可知河南省和山西省的就业情况较为良好，湖北省和江西省的失业率较高，就业情况较差。失业率的年均增长率最高的城市是新余，最低的城市是上饶，增长率分别为 57.3% 和 -2.2%。失业率增长率从高到低的省份排名为湖北、江西、山西、安徽、湖南、河南，增长率分别为 13%、12%、7.7%、7.1%、3.7% 和 3.6%。每个省份的失业率增长率是正数，甚至有城市失业率增长率高达 57.3%，说明中部地区在降低失业率方面的工作力度需要加强，湖北和江西的失业率不仅高且其增长率也较高，在中部地区中这两个省份的失业问题较为严重，需要引起重视。

（二）职工平均工资

对中部地区各省市的职工平均工资进行统计以分析各省市收入福利水平。职工平均工资从高到低的省份排名依次是安徽、山西、湖南、江西、河南、湖北，职工平均工资从高到低排名前 10 名的城市是长沙、武汉、合肥、淮南、马鞍山、太原、南昌、郑州、宣城、铜陵。职工平均工资的年均增长率最高的城市为信阳，最低的城市是晋城，两者的增长率分别为 14.2% 和 2.6%。年均增长率的省份排名为湖北、湖南、江西、安徽、河南、山西，增长率分别为 11%、7.4%、7.4%、7%、7% 和 5.5%。从以上的统计可以看出中部地区的每个城市的职工工资水平都实现了正增长，安徽和山西的职工工资水平较高，但山西的职工工资水平增长较慢，湖北的职工工资水平较低，但年均增长率是最高的。除此之外，河南的职工工资水平较低且增长率也较低，其收入福利水平的提高速度有待加快。

二、公共服务

（一）普通高校密度

对各省市的普通高校密度进行统计分析，以此衡量各省市公共服务中的教育设施情况。其中普通高校密度的省份排名从高到低依次是山西、江西、湖北、安徽、湖南、河南。普通高校密度从高到低排名前 10 的城市依次是太原、南昌、武汉、长沙、合肥、郑州、晋中、新余、湘潭、铜陵。普通高校密度的年均增长率最高的城市是朔州，最低的城市是铜陵，两者的增长率分别为 34.1% 和 -8%。普通高校密度年均增长率的省份排名为江西、河南、山西、湖南、湖北、安徽，增长率依次为 7.3%、4.1%、3%、2.3%、2% 和 0.1%。按以上各种排名来看，省会城市的高校密度都较高，山西省和江西省的普通高校密度较高，且增长速率也较高，河南省的密度排名较低但是具有较高的增长速率。

（二）每千人医疗卫生机构床位数

公共卫生条件与居民健康密切相关，提升公共卫生健康保障水平是中部地区共享发展的重要着力点（罗静等，2021）。通过统计各省市每千人医疗卫生机构床位数，衡量医疗设施水平。每千人医疗卫生机构床位数从高到低的省份排名依次是湖北、山西、湖南、江西、安徽、河南，每千人医疗卫生机构床位数从高到低排名前 10 名城市依次是武汉、襄阳、南昌、常德、九江、长沙、郑州、大同、合肥、安庆。该指标的年均增长率最高的城市为芜湖，最低的城市是淮南，增长率分别为 10.8% 和 -4.5%。增长率的省份排名为安徽、湖南、江西、河南、湖北、山西，增长率依次为 5%、4.1%、3.1%、2.9%、1.4% 和 1.4%。湖北和山西的每千人医疗卫生机构床位数较高，占据了前两名，在一定程度上说明这两个省的医疗设施水平较为完善，但同时这两个省份的床位数年均增长率较低，处于最后两名。安徽则同时拥有较低的床位数和较高的床位数增长率，说明其目前医疗设施水平较低，但是发展潜力较大。

（三）人均拥有公共图书馆藏量

对各省市的人均拥有公共图书馆藏量进行统计分析，以此来衡量各省市的公共文化设施水平。其中人均拥有公共图书馆藏量的省份排名从高到低依次是山西、湖北、江西、安徽、湖南、河南，从高到低排名前10的城市依次是太原、武汉、长沙、铜陵、郑州、宜昌、黄山、合肥、萍乡、新余。人均拥有公共图书馆藏量的年均增长率最高的城市为驻马店，最低的城市为随州，增长率分别为 94.3% 和 -4.4%。年均增长率的省份排名为河南、安徽、江西、湖南、湖北、山西，年均增长率分别为 15.5%、13.7%、10.3%、10.2%、9.7% 和 7%。

（四）人均拥有公共汽（电）车营运车辆数

统计分析各省市的人均拥有公共汽（电）车营运车辆数，以此来衡量各省市公共服务中的公共交通水平。人均拥有公共汽（电）车营运车辆数的省份排名从高到低依次是湖南、河南、湖北、山西、安徽、江西，从高到低的排名前10的城市依次为长沙、郴州、合肥、郑州、开封、衡阳、武汉、南昌、晋城、蚌埠。该指标增长率最高的城市为黄冈，最低的城市为鄂州，两市的增长率分别为 73.5% 和 -4.5%。人均拥有公共汽（电）车营运车辆数增长率的省份排名为河南、湖北、湖南、山西、安徽、江西，增长率依次为 10.5%、10%、9.9%、7.8%、5.7% 和 5.4%。对比以上的排名可以发现，湖南省、河南省和湖北省拥有较高的人均拥有公共汽（电）车营运车辆数，且该值的增长率也较高，安徽省和江西省的人均拥有公共汽（电）车营运车辆数及其增长率都处于末位，在一定程度上说明这两个省份的公共交通设施水平在中部地区比较落后，且其提高速度需要加快。

三、社会保障

（一）城镇职工基本养老保险参保率

对城镇职工基本养老保险参保率进行统计，以衡量各省市养老保障水平。城镇职工基本养老保险参保率的省份排名从高到低依次是山西、江西、湖南、湖北、安徽、河南。参保率从高到低排名前10的城市依次是忻州、景德镇、郑州、大同、马鞍山、蚌埠、益阳、上饶、临汾、鄂州。城镇职工基本养老保险参保率的年均增长率最高的城市为宣城，最低的城市为洛阳，增长率分别为17.8%和-5.6%。增长率的省份排名为湖南、安徽、湖北、山西、江西、河南，增长率依次为7.5%、5.3%、4.4%、3.4%、3.3%和1.5%。河南省城镇职工基本养老保险参保率最低，且其增长率也最低，安徽的参保率较低，但其的增长率较高。此外，山西的城镇职工基本养老保险参保率是最高的，也保持了正的增长率，其在养老保障方面的建设成果比较出色。

（二）职工基本医疗保险参保率

以职工基本医疗保险参保率来衡量各省市的医疗保障水平。职工基本医疗保险参保率的省份排名从高到低依次是山西、湖南、安徽、河南、江西、湖北。参保率从高到低排名前10的城市依次是大同、淮南、忻州、武汉、阳泉、平顶山、湘潭、铜陵、蚌埠、太原。职工基本医疗保险参保率的年均增长率最高的城市是临汾，为20.8%。增长率最低的城市是宜春，为-11.1%。职工基本医疗保险参保率增长率的省份排名为山西、湖北、湖南、安徽、河南、江西，具体的增长率依次为3.8%、2.4%、2%、1%、0.2%和0.1%，该指标的增长率较低。通过以上统计可以看出，山西省的职工基本医疗保险参保率及其增长率都排名第一，说明山西省在医疗保障方面的普及水平较高且发展趋势也较好。此外，每个省的增长率都为正数，说明中部地区整体在医疗保障水平方面有所改善。

（三）失业保险参保率

以失业保险参保率来衡量各省市就业保障水平。失业保险参保率的省份排名从高到低依次是山西、湖南、河南、安徽、湖北、江西。参保率从高到低排名前 10 的城市依次是大同、阳泉、忻州、娄底、淮南、临汾、湘潭、晋城、平顶山、长治。失业保险参保率的年均增长率最高的城市为宜昌，最低的城市为黄石，增长率分别为 11.4% 和 –1%。增长率的省份排名为湖北、湖南、安徽、山西、河南、江西，增长率依次为 2.9%、2.1%、1.1%、0.23%、–1.1% 和 –1.4%。江西的失业保险参保率最低且其年均增长率为负数，可见其就业保障水平在中部地区处于比较落后的状态，未来需要加强失业方面的保障。山西的失业保险参保率和职工基本医疗保险参保率、城镇职工基本养老保险参保率一样，参保率都是中部地区状况最好的，说明在中部地区内，山西在社会保障方面处于较为领先的水平。

四、乐享富足

（一）人均国内旅游收入

旅游行业的发展反映了居民对美好生活的享受情况（袁露等，2020），本部分对各省市的人均国内旅游收入进行统计分析。人均国内旅游收入的省份排名从高到低依次是江西、山西、湖北、安徽、湖南、河南，从高到低的排名前 10 的城市依次是武汉、黄山、池州、郑州、张家界、景德镇、鹰潭、洛阳、晋中、太原。人均国内旅游收入的年均增长率最高的城市是邵阳，增长率为 27.3%，增长率最低的城市是铜陵，为 0.5%。增长率的省份排名为江西、湖南、湖北、河南、山西、安徽，增长率分别为 18.6%、18.2%、16.5%、15.9%、9.8% 和 7.3%。江西同时具有最高的人均国内旅游收入和最高的人均国内旅游收入增长率，山西的人均国内旅游收入较高，但其增长率较低。

（二）文化、体育和娱乐业从业人员数占比

对各省市文化、体育和娱乐业从业人员数占比进行统计分析。该指标的省份排名从高到低依次是山西、湖南、湖北、安徽、江西、河南，从高到低排名前 10 的城市依次是长沙、张家界、池州、黄山、太原、运城、六安、武汉、宜昌、郑州。年均增长率最高的城市为岳阳，最低的城市为宣城，两者的增长率分别为 23.1% 和 –13%。年均增长率的省份排名依次为湖南、湖北、河南、江西、山西、安徽，增长率依次是 7.1%、4.8%、2.9%、2.2%、2% 和 1.5%。

第三节　案例分析：山西省县域推动共享引领经济高质量发展的经验

从前面共享指标分析以及共享发展指数分析，我们发现，综合来看山西省是中部地区共享发展水平最高的城市，而且几乎在所有单指标排名里都处于前列。公共服务是共享发展中的重要部分，推进公共服务的发展，有利于经济发展成果的共享，进而引领经济高质量发展，下面选取了山西省的几个县推进公共服务发展的案例作为案例分析。

案例一　山西万荣：竞争性用财机制，推进城乡公共服务均等化

（一）案例介绍

万荣县隶属于山西运城市，作为农业大县，其农业以果业为主，由于其生产结构单一且工业基础薄弱，导致当地收入不高，财政资金受限。在过去，由于财政资金使用效率不高等问题，有限的财政资金没有带来理想的经济效益。针对过去的这些问题，万荣县在财政资金使用方面提出创新机制，即竞争性用财机制。

公开竞争让财政资金在阳光下有效分配。一是"化零为整"，由漫灌大水向精准投放转变。2016 年，万荣县下发了《"一事一议"财政补贴美丽乡村示范村工作的通知》。从当年起，万荣县统筹安排财政资金，整合各类涉农专项资金，采取特惠制奖补制度，着力补齐乡村各种基础设施建设的突出短板，并且通过示范村建设辐射引领、压茬推进，逐步全面提升乡村基础设施建设。二是竞争性财政使用机制。万荣县在 2016 年提出竞争性用财政机制。具体做法是，通过民主决策、村级自主申报、乡镇推选、部门联合考察、公开演讲答辩等环节，筛选出有基础和能力，并且资金短缺的行政村，对其进行财政资金重点投入，以帮助其进行美丽乡村建设。三是实行四个"一票否决"。即筛选出有违纪违法行为的村级两委干部，涣散无力、发挥不了战斗堡垒作用的村级党组织，缺乏组织领导能力的村两委班子、村级财务管理混乱的村委组织，对以上组织或其申报不予支持。

靠向治理补齐农村公共服务最短板。改善基础设施建设短板突出、公共服务保障能力薄弱等问题，都是乡村综合治理的艰巨任务。考虑到自然条件和乡村的实际情况，万荣县将财政资金使用重心放在能切实提高群众生活质量的建设上，科学谋划、分类施策。新政策将财政资金使用聚焦在乡村路、水、污、厕、厨等农村公共服务最短板，从泄洪、排污、改厕、修厨、治脏入手，治理农村环境。一是排水排污建设与城市接轨。针对以往农村污水废水排放问题，万荣县以海绵城市理念建设下水管网。其中主要巷道建设资金来源于政府投资，支巷道的建设资金来源于群众自筹。同时，万荣县率先在山西省开启了区域集中处理、循环利用乡村两级垃圾和污水的方法。该县从人口规模、排污情况、地形地貌、地域距离等方面进行整体规划设计，规划建设多个村域小型污水处理站。污水管网有望彻底解决万荣县、乡、村三级污水集中处理和污水循环利用等问题，不仅提高群众日常生活环境质量，也有利于生态环境保护。二是统筹推进乡村照明问题。万荣县针对农村路灯配置不足、灯光昏暗等问题，合理规划、统一安装 LED 路灯，按照城市亮化工程标准，在主要街道巷道、小型游园和文体活动广场等公共场所，确保路灯 100%覆盖到村。三是绿化提升。万荣县因村因地施策，规划设计和实施绿化项目，使绿化和硬化工程与城镇建设接轨，不仅美化了村庄，也优化了群众生活环境。

多元投入让长效机制有保障。在美丽乡村持续的建设与维护中，首先需要解决的问题的是资金来源。一是四轮驱动形成多元化投入机制。万荣县将财政"一事一议"奖补资金、历年项目结余资金、部门同类专项资金和社会资本"四轮驱动"统筹整合，形成多元投入机制，改变以往美丽乡村仅由政府部门参与建设的局面，变成全社会共建共享的事业。二是"反哺"机制使农村公共服务保障持久长效。万荣县将美丽乡村建设、村级集体经济发展、全域旅游有机结合起来，推动各行政村集体经济的发展。村集体经济的发展为村级组织的公共服务建设、管护经费等提供了资金来源，村级公共服务投入形成长效机制，有了持久根基。

（二）案例总结

山西万荣县的案例为农村公共服务建设的财政资金分配、使用以及来源提供了经验。山西万荣县为了提升财政资金的使用效率，推动乡村基础设施的完善和城乡公共服务的均等化采取了各种值得借鉴的有效措施。首先在财政资金的主体分配方面，万荣县实施的竞争性使用财政资金政策，使财政资金的分配更加公开透明化，不仅让基层群众参与到财政资金使用的决策中去，也加大了对资金使用主体各方面的层层考核，使资金分配到需要使用并且能最大化利用资金的项目中去。在财政资金的使用对象方面，万荣县重点关注到农村公共服务最短板，合理利用财政资金对乡村基础设施建设进行改善，将农村排水排污建设与城市接轨，提高农村照明、绿化水平等，这些举措切实改善了农村群众的生活环境，提升了公共服务的质量。在长效机制的资金保障方面，为使美丽乡村建设有长久的资金来源，以及为基础设施建设维护和公共服务发展提供长久的保障，万荣县有效利用村级集体经济进行"反哺"。此外，万荣县鼓励各种社会资金参与公共服务建设，做到了共建共享。

案例二　山西芮城：城乡一体化办园模式，补齐农村学前教育短板

（一）案例介绍

随着社会的发展，社会教育质量正在不断提升，但同时许多地区也面临着城乡教育资源差距大等问题。如何解决城乡教育资源失衡，让全民共享教育发展成果，共享优质教育，这也是促进经济高质量发展需要考虑的问题。芮城县来自山西省运城市，近年来，芮城就幼儿园办园问题，建立了城乡一体化办园模式来推动城乡学前教育的均衡发展。

打破壁垒，形成城乡一体化办园模式。一是形成城乡一体化办园模式。由于城乡幼儿园教育资源，办园水平等方面的差距，大量的农村幼儿园学生涌入城区幼儿园，城区幼儿园与农村幼儿园学生数量不平衡所带来的矛盾日益凸显。为缓解这一矛盾，芮城县出台了《关于进一步规范学前教育管理的意见》，实行城乡一体化办园模式，即由城区优质幼儿园在农村办分园，对农村薄弱园进行全面管理。二是对农村幼儿园办园体制进行改革。农村幼儿园办园体制问题是指：部分较大规模的村集体幼儿园由私人承包，导致办园性质不清晰；部分较小规模的村集体幼儿园无法达到标准的办园条件；部分幼儿园教育教学"小学化"严重等问题。对于上述办园体制问题，芮城县打破原有行政管理壁垒，回收由个人承包的村集体办园、接管收费低、规模较小的村集体幼儿园、接收办园行为不规范、办园水平较低的民办园，将以上统一改为由县直园一体

化管理的公办幼儿园，对这些幼儿园办园体制进行彻底的改革。

"四位一体"，全面提升农村幼儿园管理水平。接管不规范的幼儿园后，芮城县直幼儿园对其进行了有效的管理。一是城乡法人一体。县直园园长同时成了县直总园与农村分园的法人代表。县直总园从本园选派优秀的干部担任农村分园执行园长，执行园长进入农村幼儿园的同时也带入了先进的教育理念和管理方法。二是资金投入一体。在财务管理上，农村分园的收费与支出全部由县直总园集中上交县财政统一管理与分配。县财政资金的投入为农村分园的办园硬件带来了极大的改善，农村幼儿园投入无主体的现状也得到了彻底改变。三是师资调配一体。在人员管理上，县直总园对城乡教师统一管理调配，通过城乡教师轮岗交流等方式，提升了农村教师的专业素养。此外，对农村教师的各种优待有效稳定了农村分园教师队伍。四是保教管理一体。在保教管理上，芮城县通过使城乡食谱、作息时间、课程模式、评价方式、教研活动一致，改变了农村幼儿园以往营养搭配不合理的配餐状况、不科学的作息安排、"小学化"教学模式、不合理的评价方式以及农村教师专业素质不高的瓶颈问题。此外，新的教学模式也保留了农村的特色教学活动。

科学引领，转变农村幼儿家长陈旧观念。县直总园和农村分园采取举办家长讲堂、家长入园体验活动、家长开放日活动等各种活动来与家长进行沟通交流，使家长了解和支持新的教育理念。这些活动使农村幼儿家长不再像刚开始一样排斥幼儿园的游戏课程，更加支持符合幼儿身心发展和年龄特点的教学模式。

成效彰显，优质普惠教育便民惠民。实施城乡一体化办园模式改革促进了芮城县农村学前教育的发展。一是实现了农村学前教育的多元普惠。城乡一体化办园模式，从根本上解决了农村幼儿园财政投入无主体、师资力量薄弱等问题；让农村幼儿不用再涌入城市，在农村就可以获得低收费、高质量的学前教育，解决了留守儿童的学前教育问题。二是探索出一条新路径来引领农村学前教育的优质发展。芮城在县域内进行城乡一体化办园的实践探索，发挥县直园的模范带领作用，使县域农村幼儿园办园水平整体提升，缩小了城乡差距。三是依托城乡一体化办园模式成功创建家庭、幼儿园、社会三位一体共建幼儿成长文化生态圈。

（二）案例总结

山西芮城县的案例为城乡学前教育资源共享提供了经验。为解决城乡学前教育差距造成的城乡幼儿园学生数量不均衡及其所带来的矛盾问题，芮城县采取了城乡一体化办园模式，补齐农村学前教育短板。首先，从办园体制改革上，芮城县打破原有行政管理壁垒，将规模较小、办园行为不规范、办园水平较低等其他农村薄弱幼儿园统一改为由县直园一体化管理的公办幼儿园，对这些幼儿园办园体制进行彻底的改革。在幼儿园管理方面，芮城县通过分园执行园长机制将先进的教育理念和管理方法带入农村幼儿园，提高了农村分园办园水平；所采用的财务管理办法确保了农村分园良性运转，改善了农村分园的办园硬件，为农村幼儿园的资金投入找到了主体；所采用的师资调配制度提升了农村幼儿园的师资水平。在保教管理方面，新的管理方法也改变了以往农村幼儿园的不合理的饮食搭配、作息模式、教学模式、学生评价方式等。此外，总园和分园也为家长组织了一系列活动来科学引领，转变农村幼儿家长陈旧观念。通过实施城乡一体化办园模式改革，芮城县在学前教育方面做到了优质普惠教育便民惠民，为城乡教育共享发展提供了经验。

案例三　山西宁武：资源整合破冰基层卫生服务不均衡之困

（一）案例介绍

近年来，山西宁武县立足本县实情，在县乡医疗一体化思路的指导下，进行了基本医疗卫生制度的长远建设，改革乡村医生服务模式和激励机制，以县医院为龙头，整合农村医疗卫生服务资源，健全乡村医生服务补偿、养老保障等政策，优化乡村医生队伍，规范医疗卫生服务行为等，全面提升村级医疗卫生服务水平，探索出一条集约利用和优化配置资源的发展道路。

整合资源，让"村卫生室改革"突破藩篱。一是打造30分钟医疗卫生服务圈。宁武县对农村医疗卫生服务资源进行了整合，将全县441个村卫生室整合成为137个中心村卫生室，并对中心村卫生室及各类医护人员、医疗设备进行了合理配置，打造了30分钟的医疗卫生服务圈。二是实现村卫生室规范化建设全覆盖。改造前的村卫生室，大多设在私人住宅内，不便于开展医疗服务。改革后，宁武县通过改造公共闲置房屋、新建卫生室房屋等，完成了中心村卫生室房屋产权集体化，方便了医疗服务的开展。

严格村医准入管理。一是加强建设乡村医生队伍。宁武县对村卫生室进行改革后，严格规范了执业医护人员的聘用机制，采取多种方式吸引更多资质符合的医疗人员到村卫生室执业，鼓励医疗人才和年轻人员到村卫生室工作，以优化乡村医生队伍。二是加强对乡村医生的各种权益保障。县政府将乡村医生队伍建设所需经费列入财政预算，并要求财政部门及时足额下拨资金，同时也建立了督查和通报机制，把资金投入落到实处。宁武县对损害乡村医生权益的行为进行了严厉禁止，对成绩突出的乡村医生给予奖励表彰。改革汇聚了更多的医疗人才资源，提升了乡村医疗条件，使"大病不出县、小病不出村"成为现实。

夯实基础，让"村卫生室改革"根基稳固。一是建强阵地。自 2017 年起，宁武县在全县实施对村卫生室的房屋建设，中心村卫生室全覆盖的目标目前已经基本实现。二是完善设备配置。从 2017 年起，宁武县为每个中心村卫生室配备了全套办公设施，以及 31 种医疗设备，保障医疗卫生服务的开展。此外，中心村卫生室的互联网接入和医保刷卡服务的开通，给农民群众就近诊疗和刷卡购药带来了便捷。三是待遇提高。2019 年，宁武县财政设立专项财政资金用于村卫生室的维持运行和乡村医生服务补贴，并且科学制定补贴标准和绩效考核办法。四是规范开展乡村医生考核。宁武县对乡村医生考核制度进行创新，将以往以工作数量和经济效益为重点的考核方法，转变到以乡村医生提供的基本医疗和公共卫生服务数量和质量，群众评价，医德医风等为重点考核内容。

由量到质，让"村卫生室改革"获得认可。一是达标提质。改革后，宁武县中心村卫生室全部实现规范化、标准化、信息化建设，中心村卫生室的内外环境质量和软硬件设施水平都得到了显著提升，营造出温馨、便捷、舒适的医疗卫生服务氛围。二是素质提升。重新选聘乡村医生后，乡村医生队伍年龄结构趋于年轻化，学历结构趋于专业化。三是群众普遍受益。医改推动了基层首诊、分级诊疗制度建立，农民群众享受到便捷的基本医疗服务，所有村医与近 4 万名建档立卡贫困人口签订"双签约"服务协议书，定期上门提供服务，患有慢性病的孤寡老人、行走不便人员等，不用出门就能拿到药物，这有效保障了贫困人口的基本医疗，保障了农村居民享受均等化的基本公共卫生服务。

（二）案例总结

山西宁武县为提升农村公共卫生服务水平提供了经验。首先是资源整合，宁武县对村卫生室进行了大幅调整和医疗资源整合，将村卫生室整合为中心村卫生室，并合理配置中心村卫生室和医生，建成了农村 30 分钟医疗卫生服务圈。在乡村医生队伍建设方面，宁武县严格规范了村卫生室执业医护人员的聘用机制，并采用各种政策鼓励和吸引医疗人才，优化了乡村医生队伍，加强了乡村医疗的条件和力量。在软硬件设施提供方面，宁武县投入了大量资金，在全县实施对村卫生室的房屋建设以及医疗设施配备，并接入互联网，开通医保刷卡，为农村群众提供便捷和高质量的医疗卫生服务。山西宁武县的村卫生室改革保障了农村居民享受均等化的基本公共卫生服务和安全、有效、方便、价廉的基本医疗服务，也为其他地区解决医疗卫生服务问题提供了经验。

参考文献

［1］龚金星，朱佩娴，毕京津，王者．在中部地区崛起中奋勇争先［N］．人民日报，2022 – 07 – 26（009）.

［2］李百灵．长江中游城市群基本公共服务均等化水平测算与区域差异比较［J］．统计与决策，2022，38（1）：53 – 58.

［3］罗静，杨涛华，田玲玲，鲁洁，陈晓曼，陈哲，郭雪静．中部地区公共卫生健康高质量发展研究［J］．经济地理，2021，41（10）：174 – 182.

［4］吴楠．落实共享发展理念当以民为本［N］．中国社会科学报，2016 – 06 – 15（002）.

［5］袁露，吕家宝，黄翔．长江中游城市群乡村旅游竞争力评价及对策研究［J］．资源开发与市场，2020，36（9）：1034 – 1038.

［6］袁兆辉．让人民群众共享发展成果［N］．山西日报，2022 – 08 – 26（007）.

［7］张建清，严妮飒．长江中游城市群基本公共服务均等化的测度与特征分析［J］．生态经济，2017，33（1）：102 – 106.

［8］中华人民共和国国家发展和改委员会：《山西万荣：竞争性用财机制，推进城乡公共服务均等化》，中华人民共和国国家发展和改委员会，2021 年 1 月 19 日，https：//www. ndrc. gov. cn/xwdt/ztzl/qgncggfwdx-al/202101/t20210119_1265199. html？code = &state = 123.

［9］中华人民共和国国家发展和改委员会：《山西芮城：城乡一体化办园模式，补齐农村学前教育短板》，中华人民共和国国家发展和改委员会，2022 年 1 月 19 日，https：//www. ndrc. gov. cn/xwdt/ztzl/qgncggfwdx-al/202201/t20220119_1312276. html？ code = &state = 123.

［10］ 中华人民共和国国家发展和改委员会：《全国农村公共服务典型案例——山西宁武：资源整合破冰基层卫生服务不均衡之困》，新浪财经，2020 年 1 月 3 日，http：//finance. sina. com. cn/wm/2020 - 01 - 03/doc-iihnzhha0110287. shtml.

第九章

江西省经济高质量发展的现状、
挑战及战略路径

本书在编写过程中，坚持"立足中部、服务江西"的基本原则，希望通过对中部六省经济高质量发展的分析比较，为新时代江西省经济高质量发展提供政策思路和经验借鉴。为此，本书单列一章，首先根据测度结果对江西省经济高质量发展的现状和面临的挑战进行分析，在此基础上，进一步提出江西省经济高质量跨越式发展的战略路径。

第一节　江西省经济高质量发展的现状分析

一、基于省际层面的江西省经济高质量发展现状分析

（一）基于省际层面的江西省经济高质量总体指数分析

图 9 - 1 展示了 2013 ~ 2020 年中部六省经济高质量发展指数的变化情况。对于江西省而言，经济高质量发展指数由 2013 年的 29.98 提升至2020 年的 42.73，从相对值来看，2013 年江西省经济高质量发展指数是排名第 1 湖北的 73.33%，2020 年这一比例提升至 77.86%，增加 4.53 个百分点，说明党的十八大以来，江西省经济高质量发展总体进展较为显著。从增长速度来看，2013 年以来中部六省经济高质量发展指数年均增速由高到低依次是河南、湖南、安徽、江西、山西和湖北，其中，江西省经济高质量发展指数年均增长 5.19%，在中部六省中位列第 4，比排名第 1 的河南低 1.84 个百分点。

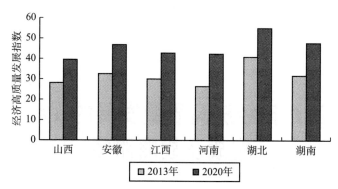

图 9 – 1 2013～2020 年中部六省经济高质量发展指数变化情况

资料来源：根据测度结果整理计算得到。

　　为直观反映江西省经济高质量发展状况，图 9 – 2 进一步绘制了考察期内江西省经济高质量发展指数排名变化情况。可以看出，2013 年以来，江西经济高质量发展在中部六省中排名较为稳定，不同年份主要处于第 4～6 名，2015 年之后，江西省经济高质量发展走势较为良好，于 2017 年顺利提升至第 5 位，并在连续保持 3 年之后，于 2020 年超过河南省，排名第 4。

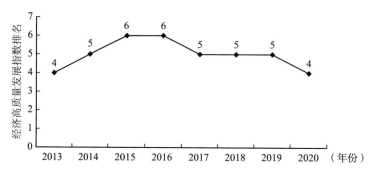

图 9 – 2 2013～2020 年江西省经济高质量发展指数排名变化情况

资料来源：根据测度结果整理计算得到。

　　总之，本章的测度结果表明，党的十八大以来，无论是在经济高质量发展绝对水平还是相对水平方面，无论是在增速还是在排名方面，均取得了不错的进展和成绩，展现出了"勇争先"的良好势头。

（二）基于省际层面的江西省经济高质量分维度指数分析

1. 创新发展指数

图 9 - 3 展示了 2013 ～ 2020 年中部六省创新发展指数的变化情况。对于江西省而言，创新发展指数由 2013 年的 17.29 提升至 2020 年的 29.75，从相对值来看，2013 年江西省创新发展指数是排名第 1 湖北的 63.19%，2020 年这一比例大幅提升至 72.47%，增加 9.28 个百分点，说明在考察期内，江西省创新发展总体进展较为显著，与中部地区标杆省份湖北的差距明显缩小。从增长速度来看，2013 年以来中部六省创新发展指数年均增速由高到低依次是江西、安徽、河南、湖北、湖南和山西，其中，江西省创新发展指数年均增长 8.06%，在中部六省中排名第 1，进一步彰显出江西省在创新发展方面成效斐然。

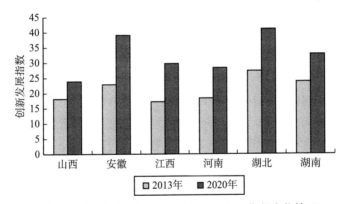

图 9 - 3　2013 ～ 2020 年中部六省创新发展指数变化情况

资料来源：根据测度结果整理计算得到。

为直观反映江西省创新发展状况，图 9 - 4 进一步绘制了考察期内江西省创新发展指数排名变化情况。可以看出，2013 年以来，江西创新发展在中部六省中排名相对稳定，不同年份主要处于第 4 ～ 6 名，2016 年之后，江西省创新发展走势良好，2020 年排名第 4。

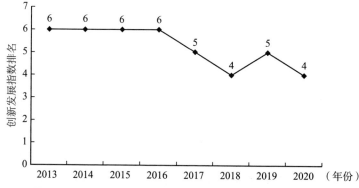

图 9 - 4　2013～2020 年江西省创新发展指数排名变化情况

资料来源：根据测度结果整理计算得到。

2. 协调发展指数

图 9 - 5 展示了 2013～2020 年中部六省协调发展指数的变化情况。对于江西省而言，协调发展指数由 2013 年的 17.28 提升至 2020 年的 25.68，从相对值来看，2013 年江西省协调发展指数是排名第 1 湖北的 49.09%，2020 年这一比例大幅提升至 85.69%，增加 36.60 个百分点，说明在考察期内，江西省协调发展总体进展同样显著。从增长速度来看，2013 年以来中部六省协调发展指数年均增速由高到低依次是河南、江西、安徽、湖南、山西和湖北，其中，江西省协调发展指数年均增长 5.82%，在中部六省中排名第 2，略低于河南省的 6.75%。

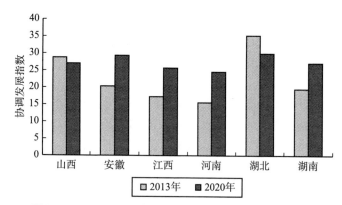

图 9 - 5　2013～2020 年中部六省协调发展指数变化情况

资料来源：根据测度结果整理计算得到。

　　为直观反映江西省协调发展状况，图9-6进一步绘制了考察期内江西省协调发展指数排名变化情况。可以看出，2013年以来，江西协调发展在中部六省中排名相对稳定，除2016年排名第6之外，其余年份均排名第5，说明在协调发展方面，江西省相对于中部地区其他省份仍然存在差距，需要进一步加强。

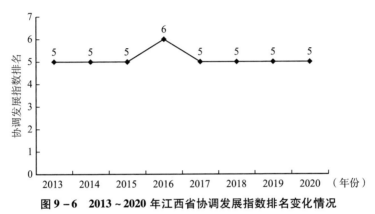

图9-6　2013~2020年江西省协调发展指数排名变化情况

资料来源：根据测度结果整理计算得到。

3. 绿色发展指数

　　图9-7展示了2013~2020年中部六省绿色发展指数的变化情况。对于江西省而言，绿色发展指数由2013年的68.04提升至2020年的76.25，说明在考察期内，江西省绿色发展总体上实现了不错的提升。从增长速度来看，2013年以来中部六省绿色发展指数年均增速由高到低依次是山西、河南、湖南、湖北、江西和安徽，其中，江西省绿色发展指数年均增长1.64%，在中部六省中排名相对靠后，这主要是初始绿色发展水平较高导致的。

　　为直观反映江西省绿色发展状况，图9-8进一步绘制了考察期内江西省绿色发展指数排名变化情况。可以看出，2013年以来，江西绿色发展在中部六省中排名存在一定起伏，但2017年之后稳居前2名，特别是2019年和2020年连续2年排名第1，彰显了江西省绿色发展在中部地区"作示范"的优势地位。

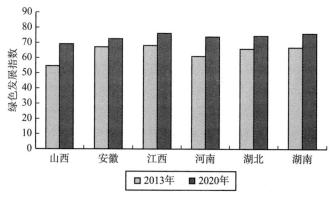

图 9 - 7　2013～2020 年中部六省绿色发展指数变化情况

资料来源：根据测度结果整理计算得到。

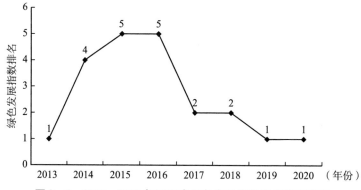

图 9 - 8　2013～2020 年江西省绿色发展指数排名变化情况

资料来源：根据测度结果整理计算得到。

4. 开放发展指数

图 9 - 9 展示了 2013～2020 年中部六省开放发展指数的变化情况。对于江西省而言，开放发展指数由 2013 年的 13.75 提升至 2020 年的 18.87，从相对值来看，2013 年江西省开放发展指数是排名第 1 湖北的 77.24%，2020 年这一比例下降至 67.83%，降低了 9.41 个百分点，说明在考察期内，江西省开放发展水平虽然有所改善，但总体增速相对较慢，拉大了与排名第 1 省份之间的差距。从增长速度来看，2013 年以来中部六省开放发展指数年均增速由高到低依次是湖南、湖北、河南、安徽、江西和山西，其中，江西省开放发展指数年均增长 4.63%，在中部六省中排名倒数第 2，与排名第 1 湖南省的 11.54% 相距甚远。

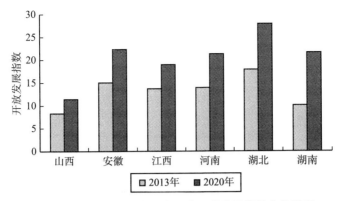

图 9 - 9　2013 ~ 2020 年中部六省开放发展指数变化情况

资料来源：根据测度结果整理计算得到。

　　为直观反映江西省开放发展状况，图 9 - 10 进一步绘制了考察期内江西省开放发展指数排名变化情况。可以看出，2013 年以来，江西开放发展在中部六省中排名相对稳定，多数年份排名第 4，但 2019 年和 2020 年连续 2 年排名第 5，说明在开放发展方面，江西省无论是总体发展水平还是增长速度方面，均有待进一步提升。

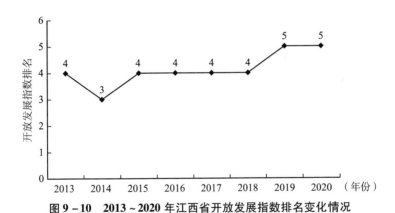

图 9 - 10　2013 ~ 2020 年江西省开放发展指数排名变化情况

资料来源：根据测度结果整理计算得到。

5. 共享发展指数

　　图 9 - 11 展示了 2013 ~ 2020 年中部六省共享发展指数的变化情况。对于江西省而言，共享发展指数由 2013 年的 25.93 提升至 2020 年的 28.32，从相对值来看，2013 年江西省共享发展指数是排名第 1 省份的

66.68%，2020年这一比例降低至55.94%，降低了20.74个百分点，说明在考察期内，江西省共享发展水平虽然有所改善，但总体增速相对较慢，拉大了与排名第1省份之间的相对差距。从增长速度来看，2013年以来中部六省共享发展指数年均增速由高到低依次是湖北、湖南、安徽、河南、山西和江西，其中，江西省共享发展指数年均增长1.27%，在中部六省中排名倒数第1，与排名第1湖北省的5.23%相距甚远。

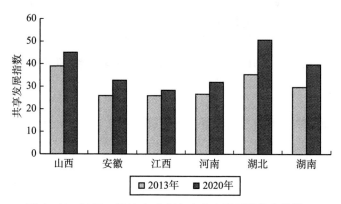

图9-11 2013~2020年中部六省共享发展指数变化情况

资料来源：根据测度结果整理计算得到。

为直观反映江西省共享发展状况，图9-12进一步绘制了考察期内江西省共享发展指数排名变化情况。可以看出，2013年以来，江西共享发展排名呈现出波动变化趋势，但2017年以来连续4年排名第6，说明在

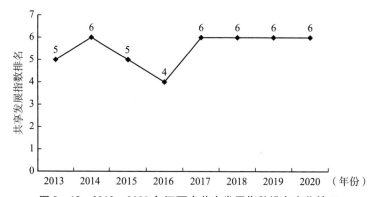

图9-12 2013~2020年江西省共享发展指数排名变化情况

资料来源：根据测度结果整理计算得到。

共享发展方面，江西省无论是总体发展水平还是增长速度方面，均有待进一步提升。

二、基于城市层面的江西省经济高质量发展现状分析

（一）基于城市层面的江西省经济高质量总体指数分析

图 9 - 13 绘制了 2020 年江西省 11 个城市的经济高质量发展指数。可以看出，南昌以 63.13 的指数得分一枝独秀；新余、景德镇和九江 3 个城市经济高质量发展指数超过了 40，位列第二梯队；萍乡、鹰潭、吉安、抚州、赣州 5 个城市经济高质量发展指数介于 35~40，位列第三梯队；上饶和宜春 2 个城市经济高质量发展指数相对较低，位列第四梯队。从相对差距来看，2020 年南昌经济高质量发展指数是宜春的 1.97 倍，说明江西省内部城市也存在着经济发展不平衡的问题。

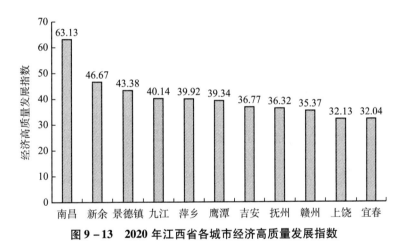

图 9 - 13　2020 年江西省各城市经济高质量发展指数

资料来源：根据测度结果整理计算得到。

图 9 - 14 绘制了考察期内江西省 11 个城市的经济高质量发展指数年均增长率。可以看出，赣州以 13.29% 的年均增长率遥遥领先；萍乡年均增长率接近 9%，经济高质量发展进展较为突出；景德镇、抚州、九江 3 个城市年均增长率均超过了 6%，经济高质量发展成效较为显著；鹰潭、新余、吉安 3 个城市年均增长率介于 5%~6%，经济高质量发展水平提升较为明显；宜春、上饶、南昌 3 个城市年均增长率介于 3%~5%，经济高质量发展总体保持着较为稳定的上升趋势。进一步观察可以发现，

经济高质量发展水平相对较低的城市总体保持着相对较高的年均增长率，说明江西省不同城市经济高质量发展可能存在着收敛趋势，即由不均衡状态逐渐转向均衡状态。

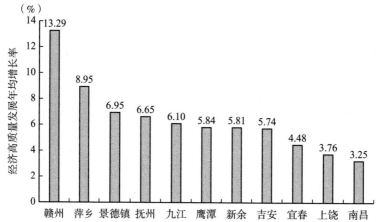

图 9-14　2013~2020 年江西省各城市经济高质量发展指数年均增长率
资料来源：根据测度结果整理计算得到。

在上述分析的基础上，表 9-1 进一步报告了党的十八大以来江西省各城市经济高质量发展指数排名变化情况。从中部地区来看，南昌经济高质量发展指数排名在期初和期末均位列第 6，排名未发生变化；景德镇、萍乡、新余、赣州和抚州 5 个城市排名变化均为负数，说明在考察期内经济高质量发展水平的排名有所提升，特别是萍乡和赣州 2 个城市排名均至少提升了 20 名；九江、鹰潭、吉安、宜春和上饶 5 个城市排名变化为正数，说明在考察期内经济高质量发展水平的排名有所下降，其中，宜春和上饶 2 个城市排名降幅较大，分别降低了 27 位和 33 位。从江西省内来看，11 个城市经济高质量发展指数的排名总体较为稳定，南昌、景德镇、九江和新余 4 个城市的排名情况均未发生变化；其余城市排名变化幅度大多在 3 名以内；此外，萍乡经济高质量发展指数排名由第 10 上升至第 5，提升了 5 名，是所有城市中排名变化幅度最大的城市。

表 9 - 1　　　　江西省各城市经济高质量发展指数排名变化情况

城市	2013 年中部地区排名	2020 年中部地区排名	中部地区排名变化	2013 年江西省内排名	2020 年江西省内排名	江西省内排名变化
南昌	6	6	0	1	1	0
景德镇	17	15	- 2	3	3	0
萍乡	40	20	- 20	10	5	- 5
九江	18	19	1	4	4	0
新余	12	11	- 1	2	2	0
鹰潭	19	21	2	5	6	1
赣州	69	40	- 29	11	9	- 2
吉安	23	26	3	6	7	1
宜春	31	58	27	8	11	3
抚州	33	29	- 4	9	8	- 1
上饶	24	57	33	7	10	3

资料来源：根据测度结果整理计算得到。

（二）基于城市层面的江西省经济高质量分维度指数分析

1. 创新发展指数

图 9 - 15 绘制了 2020 年江西省 11 个城市的创新发展指数。可以看出，南昌以 52.76 的指数得分位列全省第 1 名；新余和鹰潭 2 个城市创新发展指数超过了 30，分别位列第 2、第 3 名；九江、赣州、萍乡、景德镇、宜春和抚州 6 个城市创新发展指数达到 20 以上，位列第 4 至第 9 名，吉安和上饶 2 个城市创新发展指数分别为 18.94 和 16.21，位列第 10 和第 11 名。从相对差距来看，2020 年南昌创新发展指数是上饶的 3.26 倍，说明江西省内部城市创新发展的不平衡问题较为突出。

图 9 - 16 绘制了考察期内江西省 11 个城市的创新发展指数年均增长率。可以看出，党的十八大以来，江西省各城市创新发展步伐相对较快，鹰潭、赣州、新余、上饶、萍乡、九江和抚州 7 个城市创新发展指数的年均增长率均超过了 10%；宜春创新发展紧随其后，年均增长率达到 8.89%；吉安和景德镇 2 个城市创新发展指数年均增长率均超过了 7%；南昌创新发展水平增速相对较低，但年均增长率也达到了 5.84%。与此

同时，上饶、吉安、抚州等创新发展相对落后的城市年均增长率在省内排名相对较高，说明江西省不同城市在创新发展维度同样可能存在着"追赶效应"。

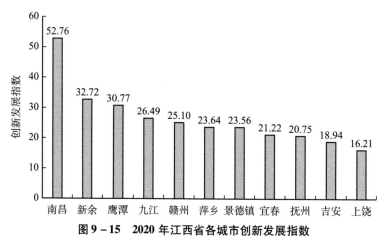

图9-15 2020年江西省各城市创新发展指数

资料来源：根据测度结果整理计算得到。

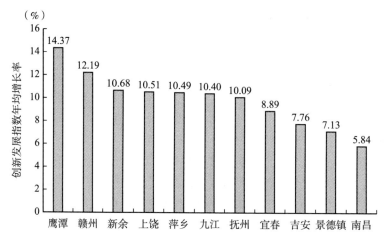

图9-16 2013~2020年江西省各城市创新发展指数年均增长率

资料来源：根据测度结果整理计算得到。

在上述分析的基础上，表9-2进一步报告了党的十八大以来江西省各城市创新发展指数排名变化情况。从中部地区来看，南昌创新发展指数排名由2013年的第6名降低至2020年的第7名，下降1名；景德镇创

新发展指数排名由 2013 年的第 26 名降低至 2020 年的第 31 名，下降 5
名；其余 9 个城市 2020 年排名相对于 2013 年排名均有所提升，其中，赣
州和鹰潭创新发展指数排名均提高了 30 名以上，抚州提升 23 名，萍乡、
九江、新余和上饶也都至少提升了 10 名，吉安和宜春均提升了 6 名。从
江西省内来看，11 个城市创新发展指数的排名总体较为稳定，南昌、萍
乡、九江、新余和上饶 5 个城市的排名情况均未发生变化；其余城市排
名变化幅度均在 4 名以内，其中，景德镇创新发展指数排名由第 3 名降低
至第 7 名，是 11 个城市中降幅最大的城市；相反，赣州创新发展指数排
名进步最为明显，提升了 4 名。

表 9 - 2   江西省各城市创新发展指数排名变化情况

城市	2013 年中部地区排名	2020 年中部地区排名	中部地区排名变化	2013 年江西省内排名	2020 年江西省内排名	江西省内排名变化
南昌	6	7	1	1	1	0
景德镇	26	31	5	3	7	4
萍乡	47	30	- 17	6	6	0
九江	32	19	- 13	4	4	0
新余	22	11	- 11	2	2	0
鹰潭	45	14	- 31	5	3	- 2
赣州	61	23	- 38	9	5	- 4
吉安	60	54	- 6	8	10	2
宜春	48	42	- 6	7	8	1
抚州	66	43	- 23	10	9	- 1
上饶	79	63	- 16	11	11	0

资料来源：根据测度结果整理计算得到。

2. 协调发展指数

图 9 - 17 绘制了 2020 年江西省 11 个城市的协调发展指数。可以看
出，2020 年南昌协调发展指数达到 38.49，是江西省指数得分唯一超过
30 的城市；新余、景德镇和鹰潭 3 个城市协调发展指数介于 25 ~ 30，协
调发展状况相对较优；萍乡、九江、宜春、上饶、赣州和抚州 6 个城市
协调发展指数介于 20 ~ 25，协调发展状况总体良好；吉安是唯一一个协

调发展指数低于 20 的城市，指数大小为 19.22。从相对差距来看，2020
年南昌协调发展指数是吉安的 2.00 倍，说明江西省内部城市在协调发展
方面，也存在着较大的差距。

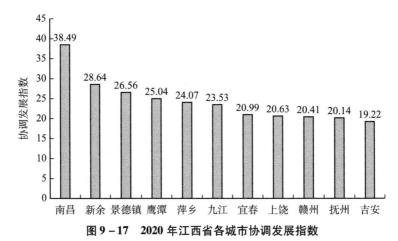

图 9 - 17　2020 年江西省各城市协调发展指数

资料来源：根据测度结果整理计算得到。

图 9 - 18 绘制了考察期内江西省 11 个城市的协调发展指数年均增长
率。可以看出，党的十八大以来，江西省各城市协调发展成效明显，其
中，赣州以协调发展指数 10.31% 的年均增长率位居全省第 1，是全省唯
一超过 10% 的城市；吉安、上饶、抚州和九江 4 个城市紧随其后，年均
增长率均在 9% 以上；宜春、景德镇和鹰潭 3 个城市年均增长率超过了
7%，协调发展走势良好；萍乡和新余 2 个城市的年均增长率分别为
5.91% 和 5.52%，发展势头较为稳定；南昌以 2.52% 的年均增长率排名
最末，增长速度相对较低。与此同时，同各城市协调发展指数绝对大小
的排名相比可以看出，协调发展水平相对较低的城市可能存在"后发优
势"，与协调发展水平较高城市之间的差距正在不断缩小。

在上述分析的基础上，表 9 - 3 进一步报告了党的十八大以来江西省
各城市协调发展指数排名变化情况。从中部地区来看，吉安 2013 年和
2020 年协调发展指数均排名第 62 名，排名未发生变化；萍乡协调发展指
数排名由 23 名降低至 30 名，降低了 7 位；其余 9 个城市协调发展指数排
名均有所提升，其中，九江和景德镇排名分别提升 13 名和 10 名，进步幅
度较为显著。从江西省内来看，11 个城市协调发展指数的排名总体非常
稳定，南昌、九江、新余、吉安、宜春和上饶 6 个城市的排名情况均未

发生变化；其余城市排名变化幅度均在 2 名以内。

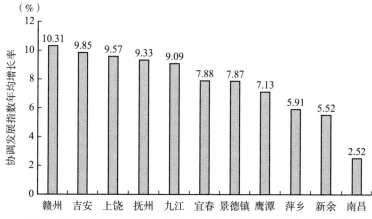

图 9－18　2013～2020 年江西省各城市协调发展指数年均增长率

资料来源：根据测度结果整理计算得到。

表 9－3　　　　　　江西省各城市协调发展指数排名变化情况

城市	2013 年中部地区排名	2020 年中部地区排名	中部地区排名变化	2013 年江西省内排名	2020 年江西省内排名	江西省内排名变化
南昌	7	6	－1	1	1	0
景德镇	25	15	－10	4	3	－1
萍乡	23	30	7	3	5	2
九江	45	32	－13	6	6	0
新余	16	10	－6	2	2	0
鹰潭	27	19	－8	5	4	－1
赣州	59	52	－7	10	9	－1
吉安	62	62	0	11	11	0
宜春	49	46	－3	7	7	0
抚州	57	54	－3	9	10	1
上饶	56	49	－7	8	8	0

资料来源：根据测度结果整理计算得到。

3. 绿色发展指数

图9-19绘制了2020年江西省11个城市的绿色发展指数。可以看出，2020年江西省绿色发展状况总体相对量好，所有城市绿色发展指数均超过了70。其中，南昌、萍乡、景德镇、抚州、新余、鹰潭、赣州和吉安8个城市的绿色发展指数均在75以上，宜春、上饶和九江3个城市绿色发展水平相对较低。从相对差距来看，11个城市绿色发展指数的差距相对较小，排名第1名的南昌仅仅是排名最末的九江的1.08倍，说明江西省各城市之间绿色发展较为均衡。此外，从收敛效应来看，上饶、吉安、宜春等城市不仅绿色发展指数的绝对大小排名相对靠后，增长速度水平排名也较低，没有显示出明显的"追赶效应"。

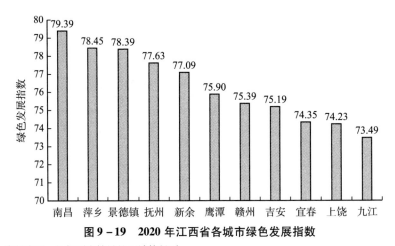

图9-19　2020年江西省各城市绿色发展指数

资料来源：根据测度结果整理计算得到。

图9-20绘制了考察期内江西省11个城市的绿色发展指数年均增长率。可以看出，由于江西省各城市绿色发展初始禀赋较高，从而导致不同城市绿色发展指数年均增长率相对较低。具体来说，赣州以5.23%的年均增长率排名第1名，是增长速度唯一超过5%的城市；萍乡以3.55%的年均增长率位居第2名；景德镇和新余2个城市年均增长率均在2%以上；宜春和九江2个城市年均增长率则介于1%~2%；吉安、南昌、上饶和抚州4个城市绿色发展指数的年均增长率不到1%。

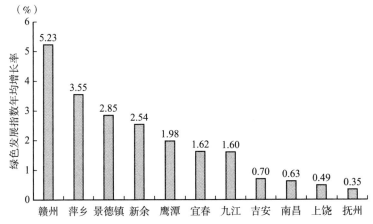

图9-20 2013~2020年江西省各城市绿色发展指数年均增长率

资料来源：根据测度结果整理计算得到。

在上述分析的基础上，表9-4进一步报告了党的十八大以来江西省各城市绿色发展指数排名变化情况。从中部地区来看，南昌、景德镇、萍乡、新余、鹰潭和赣州6个城市绿色发展指数排名有所提升，其余5个城市绿色发展指数的排名则呈现出不同程度的下滑趋势。其中，赣州和萍乡2个城市绿色发展成效十分显著，排名均提升40名以上，景德镇、新余和鹰潭也分别提升了33名、第26名和10名；上饶在考察期内绿色发展指数排名降幅最大，降低了27名，吉安、九江和宜春3个城市的排名也均下降了10名以上，抚州排名则下降了3位。从江西省内来看，11个城市绿色发展指数的排名变化相对较大，有8个城市的排名变化幅度在3以上，其中，萍乡和景德镇排名分别提升8位和6位，提升幅度最为明显；上饶排名下降7名，在所有城市中降幅最大。

表9-4   江西省各城市绿色发展指数排名变化情况

城市	2013年中部地区排名	2020年中部地区排名	中部地区排名变化	2013年江西省内排名	2020年江西省内排名	江西省内排名变化
南昌	2	1	-1	1	1	0
景德镇	37	4	-33	9	3	-6
萍乡	45	3	-42	10	2	-8
九江	30	42	12	7	11	4

续表

城市	2013 年中部地区排名	2020 年中部地区排名	中部地区排名变化	2013 年江西省内排名	2020 年江西省内排名	江西省内排名变化
新余	36	10	－26	8	5	－3
鹰潭	28	18	－10	6	6	0
赣州	72	25	－47	11	7	－4
吉安	9	27	18	4	8	4
宜春	24	34	10	5	9	4
抚州	3	6	3	2	4	2
上饶	8	35	27	3	10	7

资料来源：根据测度结果整理计算得到。

4. 开放发展指数

图 9－21 绘制了 2020 年江西省 11 个城市的开放发展指数。可以看出，2020 年南昌开放发展指数达到 29.47，是江西省指数得分唯一超过 20 的城市；其余城市开放发展指数均介于 10～20，其中，九江、吉安、赣州、鹰潭、新余和抚州 6 个城市的开放发展指数均超过了 15，排名相对靠前，萍乡、上饶、景德镇和宜春 4 个城市开放水平则相对较低。从相对差距来看，2020 年南昌开放发展指数是宜春的 2.61 倍，说明江西省内部城市在开放发展方面，也存在着较为严峻的发展不平衡问题。

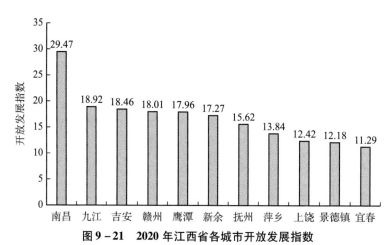

图 9－21　2020 年江西省各城市开放发展指数

资料来源：根据测度结果整理计算得到。

图 9 - 22 绘制了考察期内江西省 11 个城市的开放发展指数年均增长率。可以看出，党的十八大以来，江西省不同城市开放发展年均增长率存在着明显的差距。具体而言，抚州开放发展指数年均增长率高达 16.21%，是江西省唯一一超过 10% 的城市；萍乡、赣州、景德镇、宜春和吉安 5 个城市开放发展指数的年均增长率达到了 7% 以上，发展趋势较为强劲；上饶、新余、九江和南昌 4 个城市的开放发展指数年均增长率在 5% 以下，有待进一步提升和加强；鹰潭的开放发展指数年均增长率为 -1.92%，是唯一一个负增长的城市，亟待采取相应措施，扭转当前的不利走势。与此同时，同各城市开放发展指数绝对大小的排名相比可以看出，开放发展水平相对较低的城市同样可能存在"后发优势"，对开放发展水平较高城市存在着"追赶效应"。

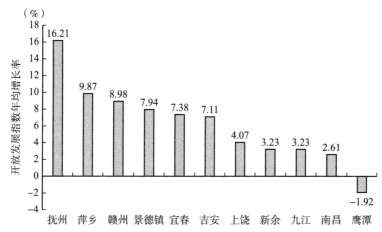

图 9 - 22　2013 ~ 2020 年江西省各城市开放发展指数年均增长率

资料来源：根据测度结果整理计算得到。

在上述分析的基础上，表 9 - 5 进一步报告了党的十八大以来江西省各城市开放发展指数排名变化情况。从中部地区来看，南昌和九江 2 个城市期初、期末的排名均未发生变化；景德镇、萍乡、赣州、吉安、宜春和抚州 6 个城市开放发展水平的排名均有所提升，其中，抚州和萍乡提升的幅度较大，分别提升了 29 位和 10 位；新余、上饶和鹰潭 3 个城市开放发展水平的排名略有下降，分别降低了 3 位、4 位和 7 位。从江西省内来看，11 个城市开放发展指数的排名较为稳定，除抚州排名变化为 4 之外，其余城市排名变化幅度均在 3 位以内。

表9－5 江西省各城市开放发展指数排名变化情况

城市	2013 年中部地区排名	2020 年中部地区排名	中部地区排名变化	2013 年江西省内排名	2020 年江西省内排名	江西省内排名变化
南昌	5	5	0	1	1	0
景德镇	35	32	－3	9	10	1
萍乡	34	24	－10	8	8	0
九江	11	11	0	3	2	－1
新余	12	15	3	4	6	2
鹰潭	7	14	7	2	5	3
赣州	22	13	－9	6	4	－2
吉安	15	12	－3	5	3	－2
宜春	38	35	－3	10	11	1
抚州	47	18	－29	11	7	－4
上饶	25	29	4	7	9	2

资料来源：根据测度结果整理计算得到。

5. 共享发展指数

图9－23 绘制了2020年江西省11个城市的共享发展指数。可以看出，2020年南昌共享发展指数为47.35，在省内位居第1名；景德镇以41.13的得分紧随其后；新余和九江2个城市的共享发展指数介于30～40，分别位列第3名和第4名；萍乡、吉安、抚州和上饶4个城市的共享发展指数介于20～30，分别位列第5名至第8名；鹰潭、宜春和赣州3个城市的共享发展指数低于20，排名第9名至第11名。从相对差距来看，2020年南昌共享发展指数是赣州的3.48倍，说明江西省内部城市在共享发展方面，发展不平衡的现状不容乐观。

图9－24 绘制了考察期内江西省11个城市的共享发展指数年均增长率。可以看出，党的十八大以来，江西省不同城市共享发展年均增长率存在着明显的差距。具体而言，抚州共享发展指数年均增长率高达13.96%，是江西省唯一超过10%的城市；吉安共享发展指数的年均增长率为7.38%，发展趋势较为强劲；南昌、九江、萍乡、景德镇和鹰潭5个城市的共享发展指数年均增长率虽然为正，但均在5%以下，有待进一步提升和加强；新余、上饶、赣州和宜春的共享发展均出现了负增长，

其中，宜春的共享发展指数年均增长率达到了 - 7. 05%，亟待改善当前的不利局面。与此同时，共享发展水平相对靠后的城市，年均增长率排名也普遍相对较低，共享发展指数未表现出明显的收敛趋势。

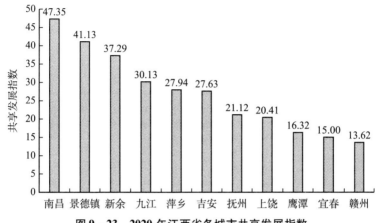

图 9 - 23　2020 年江西省各城市共享发展指数

资料来源：根据测度结果整理计算得到。

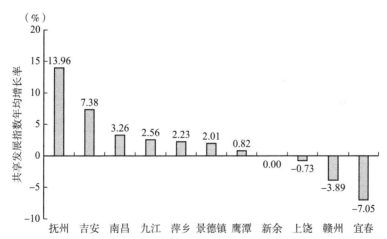

图 9 - 24　2013 ~ 2020 年江西省各城市共享发展指数年均增长率

资料来源：根据测度结果整理计算得到。

在上述分析的基础上，表 9 - 6 进一步报告了党的十八大以来江西省各城市共享发展指数排名变化情况。从中部地区来看，南昌、景德镇、吉安和抚州 4 个城市共享发展指数的排名有所提升，其中，抚州和吉安表现较为亮眼，分别前进 18 名和 14 名；其余 7 个城市共享发展指数排名呈现出不同程度的下降趋势，其中，宜春下降了 32 名，降幅最高，上饶和赣州也分别下降了 18 名和 16 名。从江西省内来看，11 个城市共享发展指数的排名较为稳定，仅赣州、吉安、宜春和抚州 4 个城市排名变化超过 3 名，其余城市排名变化幅度均在 1 位以内，其中，宜春和赣州分别下降 5 名和 3 名，抚州和吉安则分别前进 4 名和 3 名。

表 9 – 6　　　　　江西省各城市共享发展指数排名变化情况

城市	2013 年中部地区排名	2020 年中部地区排名	中部地区排名变化	2013 年江西省内排名	2020 年江西省内排名	江西省内排名变化
南昌	13	7	– 6	1	1	0
景德镇	17	16	– 1	3	2	– 1
萍乡	39	44	5	6	5	– 1
九江	34	38	4	4	4	0
新余	15	22	7	2	3	1
鹰潭	65	66	1	10	9	– 1
赣州	56	72	16	8	11	3
吉安	59	45	– 14	9	6	– 3
宜春	36	68	32	5	10	5
抚州	76	58	– 18	11	7	– 4
上饶	42	60	18	7	8	1

资料来源：根据测度结果整理计算得到。

第二节　江西省经济高质量发展面临的主要挑战

通过前面分析可以看出，自党的十八大以来，江西省在经济高质量跨越式发展征程中取得了十分瞩目的成就，展现出了许多亮点：例如，在绿色发展方面牢牢保持中部地区领先地位，在创新发展方面增速位列中部六省第 1，等等。然而，通过对江西省经济高质量发展不同层面、不同维度深入具体的分析，可以发现，江西省推动经济高质量发展也存在着经济发展不平衡、不充分、省会城市发展不强等诸多问题和挑战。

一、经济高质量发展不够平衡

江西省经济发展不够平衡，不仅表现在城乡、收入差距等方面，还突出地表现在省内城市经济高质量发展差距方面。观察表 9 - 7 可以看出，2020 年，江西省 11 个城市经济高质量发展指数最高和最低之间相差近 2 倍，具体到 5 个维度，除绿色发展较为均衡以外，其余维度指数最高和最低城市之间相差 2 倍以上，其中，创新和共享 2 个维度最高和最低城市之间指数比值均超过 3，经济高质量发展不平衡现象较为明显。从排名情况来看，2020 年江西省 11 个城市中，经济高质量发展指数最高排名与最低排名之间相差 52 名，具体到 5 个维度，最高排名与最低排名至少相差 30 位，其中，共享发展指数这一数值甚至高达 65，进一步展现了江西省经济高质量发展及其 5 个维度发展不平衡的现实问题。

表 9 - 7 　　　2020 年江西省各城市经济高质量发展不平衡状况

维度	最大值	最小值	最大值/最小值	最高排名	最低排名	排名之差
创新	52.76	16.21	3.26	7	63	56
协调	38.49	19.22	2.00	6	62	56
绿色	79.39	73.49	1.08	1	42	41
开放	29.47	11.29	2.61	5	35	30
共享	47.35	13.62	3.48	7	72	65
总指数	63.13	32.04	1.97	6	58	52

资料来源：根据测度结果整理计算得到。

二、经济高质量发展不够充分

表 9 - 8 列出了 2020 年江西省经济高质量发展的总体状况。从经济高质量发展总指数来看，2020 年江西省与排名第 1 名的湖北省之间存在大约 26.67% 的差距，排名第 4 名，同时，考察期内江西省经济高质量发展指数年均增长率也排名第 4 名，均属于中等略微靠后的位置，说明江西省经济高质量发展不够充分，在经济高质量发展"勇争先"的道路上仍然充满挑战。

表 9 – 8　　　　　　2020 年江西省经济高质量发展总体状况

维度	2020 年指数大小	排名	与排名第 1 省份的差距（％）	年均增长率（％）	年均增速排名
创新	29.75	4	27.53	8.06	1
协调	25.68	5	14.31	5.82	2
绿色	76.25	1	0.00	1.64	5
开放	18.87	5	32.17	4.63	5
共享	28.32	6	44.06	1.27	6
总指数	42.73	4	26.67	5.19	4

资料来源：根据测度结果整理计算得到。

　　具体到 5 个维度，从 2020 年指数排名来看，江西省绿色发展高居第 1 名，展示出了绿色发展"底色"的优势。然而，其余 4 个维度均排名中下游，且与排名第 1 的省份存在 14.31％ ~ 44.06％ 的差距，需要在未来的发展过程中有针对性的提高。从 2013 年以来各个分维度指数的年均增长率来看，江西省在创新、协调两个方面年均增速分别位居中部六省第 1 和第 2，发展成效显著；然而，绿色、开放两个维度指数年均增长率均排名第 5，共享发展指数年均增长率则排名第 6，亟待在未来发展中"蹚出一条新路"，尽可能补齐短板。

三、省会城市经济高质量发展水平不够强

　　表 9 – 9 从省会城市比较的视角展示了 2020 年南昌市经济高质量发展的总体状况。从经济高质量发展总指数来看，2020 年南昌市指数得分为 63.13，在中部六省省会城市中排名倒数第 1，与排名第 1 的武汉相差 26.82％。虽然考察期内南昌市经济高质量发展指数保持了年均 3.25％ 的增长，但也仅排在 6 个省会城市中的第 4 名，发展步伐有待进一步提速。

表 9 – 9　　　　　　2020 年南昌市经济高质量发展总体状况

维度	2020 年指数大小	排名	与排名第 1 省会城市的差距（％）	年均增长率（％）	年均增速排名
创新	52.76	6	24.02	5.84	3
协调	38.49	6	14.45	2.52	1

续表

维度	2020 年指数大小	排名	与排名第 1 省会城市的差距（%）	年均增长率（%）	年均增速排名
绿色	79.39	1	0.00	0.63	4
开放	29.47	5	53.86	2.61	6
共享	47.35	6	43.88	3.26	4
总指数	63.13	6	26.82	3.25	4

资料来源：根据测度结果整理计算得到。

具体到 5 个维度，从 2020 年指数排名来看，南昌市绿色发展在 6 个省会城市中排名第 1 名，同样凸显了江西省绿色发展的特色优势。然而，在其他 4 个维度上，开放发展指数大小为 29.47，排名第 5 名，与排名第 1 名的省会城市相差 53.86%；创新、协调和共享发展指数在省会城市中则均排名第 6 名，且与排名第 1 名的省会城市存在一定差距，进一步反映了省会不强的突出问题。从年均增长率来看，南昌市整体排名情况明显优于指数大小排名，但仍然需要进一步加强。具体来说，协调发展指数年均增长率排名第 1 名，创新发展指数年均增长率排名第 3 名，绿色和共享发展指数年均增长率均排名第 4 名，开放发展指数年均增长率较低，排名第 6 名。

第三节　江西省经济高质量发展的战略路径

一、强化顶层设计，构建以新发展理念为核心的考核体系

长久以来，我国经济发展存在着"以 GDP 论英雄"的惯性思维，虽然在一定程度上促进了中国经济高速增长，但也引发了环境污染等问题，抑制了经济高质量发展水平的快速提升（徐现祥等，2018；余泳泽等，2019；聂长飞和冯苑，2020）。由于"创新、协调、绿色、开放、共享"的新发展理念与经济高质量发展内涵具有高度的内在一致性（高培勇，2018），因此，在新的历史阶段，必须完整、准确、全面贯彻新发展理念，将创新、协调、绿色、开放、共享的发展理念融入"创新江西、富裕江西、美丽江西、幸福江西、和谐江西、勤廉江西"建设的实践中去。

具体来说，在顶层设计上，应该尽快构建适应经济高质量发展目标的考核体系，弱化经济总量、GDP 增速等数量指标对官员晋升的作用（张腾等，2022），打造一套以科技创新、城乡协调、生态环境、对外开放、成果共享等指标为核心的经济高质量发展阶段的评判体系，更好发挥指标体系风向标、指挥棒、导航仪、红绿灯的作用，以此更好地调动地方政府推动经济高质量发展的积极性，加快形成"为经济高质量发展而竞争"的新的竞争格局，为推动经济高质量发展注入新的活力。

二、立足地方实际，实施差别化经济高质量发展推进策略

由于江西省内各个城市的资源禀赋、发展阶段等存在差异，因而在推进经济高质量发展的征程中不能简单地"一刀切"，而应立足地方实际，实施差别化政策措施。具体来说，应坚持以下两条思路：一是"巩固优势"，对于发展较为优良的维度，应进一步总结成功经验，继续保持优势地位；二是"补齐短板"，对于发展相对薄弱的环节，应通过深入分析，找到相应的原因，提出有针对性的应对措施，在短板维度加快形成"追赶效应"。例如，对于江西省而言，应以推进国家生态文明试验区建设为引领，继续保持绿色发展在中部地区的领先地位（肖文海和夏煜，2019；陈洪飞和黄顺春，2022）；坚持以数字经济和营商环境的双"一号工程"为抓手，进一步保持创新发展指数的快速增长局面（刘勇，2022）；加快公共服务体系建设，提升江西省全民共享、全面共享、共建共享和渐进共享的水平，等等。

三、确定对标省份和城市，加快赶超进程

有对比才会有改进，有改进才会有进步。在推进经济高质量发展的进程中，应充分分析自身与先进省份和城市之间差距的大小及差距产生的原因，并以这些省份和城市为"参照系"，加快赶超进程。对于江西省而言，应充分借鉴和学习湖北省、湖南省等经济高质量发展水平较高省份的先进做法；对于江西省内城市而言，可以以南昌市为参考，加强学习和交流，实现"弯道超车"，不断推进经济高质量发展水平的提升。需要说明的是，学习对标省份和城市，并不要求对标省份和城市中经济高质量发展的每一个维度都十分突出，只要这些省份和城市在某一维度、某一方面具有亮眼的表现，都可以用来借鉴和参考。

四、加强江西省内城市之间的合作交流，促进江西省经济高质量均衡发展

当前，江西省内不同城市经济高质量发展水平仍然存在较大的差距，不利于共同富裕目标的实现。在新的历史阶段，应充分借助大南昌都市圈建设的契机，建立更加有效的区域联动和协调发展新机制（万敏等，2022），加强都市圈内部城市的交流与合作，以此促进都市圈内部城市之间的协调融合发展，开拓经济高质量均衡发展新格局。与此同时，要建立完善统筹机制，破除地区之间利益藩篱和政策壁垒，打破地域、户籍、行业、编制、社会保障等的限制，增强社会流动性，促进要素自由流动，推动省内城市之间的协调发展。此外，要促进地区间教育、医疗、文化、公共卫生、社会保障、基础设施等的均等化，尤其是机会均等化水平的提升，对于落后地区给予一定的政策倾斜和支持。

五、深入实施强省会战略，加速释放南昌高质量跨越式发展的强劲动能

省会强则全省强，省会兴则全省兴（易炼红，2022）。目前，南昌市在中部地区省会城市中的经济高质量发展水平排名相对落后，同武汉、长沙等城市相比存在一定差距，从而导致南昌市带动省内其他城市发展方面动能不足。在新的历史时期，应该以"强省会"建设目标为引领，在《关于深入实施强省会战略推动南昌高质量跨越式发展的若干政策措施》和《南昌城市高质量发展建设方案》等政策文件精神的指引下，扭转当前南昌市经济高质量发展水平较低的不利局面，在此基础上，进一步以南昌市作为示范，推动省内其他城市的高质量跨越式发展。

参考文献

[1] 陈洪飞，黄顺春．有绿水青山就有金山银山——基于闽赣黔国家生态文明试验区的证据 [J]．生态经济，2022，38（8）：204-212．

[2] 高培勇．理解、把握和推动经济高质量发展 [J]．经济学动态，2019（8）：3-9．

[3] 刘勇．全力推进发展和改革双"一号工程"　持续激发全面建设社会主义现代化江西的澎湃动能 [N]．江西日报，2022-04-09（001）．

［4］聂长飞，冯苑．经济增长目标约束与绿色全要素生产率［J］．南京财经大学学报，2020（5）：97－108.

［5］万敏，刘文君，李江敏．深度融合协同奋进　共谱高质量发展新篇章［N］．南昌日报，2022－06－11（004）.

［6］肖文海，夏煜．绿色发展推动江西高质量发展的路径研究［J］．鄱阳湖学刊，2019（5）：54－59，126.

［7］徐现祥，李书娟，王贤彬，毕青苗．中国经济增长目标的选择：以高质量发展终结"崩溃论"［J］．世界经济，2018，41（10）：3－25.

［8］易炼红．举全省之力以硬核之策深入实施强省会战略　加速释放南昌高质量跨越式发展的强劲动能［N］．江西日报2022－05－15.

［9］余泳泽，刘大勇，龚宇．过犹不及事缓则圆：地方经济增长目标约束与全要素生产率［J］．管理世界，2019，35（7）：26－42，202.

［10］张腾，蒋伏心，韦朕韬．财政分权、晋升激励与经济高质量发展［J］．山西财经大学学报，2021，43（2）：16－28.

附录

附录 1　2013～2020 年中部地区 80 个地级市经济高质量发展综合指数

省份	城市	2013 年	2014 年	2015 年	2016 年	2017 年	2018 年	2019 年	2020 年
山西	太原	65.56	68.77	67.81	71.56	70.55	69.07	71.67	67.33
山西	大同	21.00	26.54	29.02	34.15	36.07	35.09	36.56	35.99
山西	阳泉	28.26	29.00	29.17	29.44	32.65	31.85	35.49	36.32
山西	长治	24.92	27.17	27.70	27.58	28.37	30.31	30.84	33.53
山西	晋城	20.73	22.79	22.97	21.82	29.18	30.47	31.59	34.43
山西	朔州	19.19	20.63	21.93	24.27	28.04	30.13	33.86	33.01
山西	晋中	23.71	28.19	28.34	31.91	30.45	32.91	34.67	37.11
山西	运城	13.49	16.51	18.58	22.70	19.91	19.63	20.70	22.31
山西	忻州	14.42	17.70	18.45	22.55	25.80	24.75	27.15	27.81
山西	临汾	15.69	18.32	21.48	23.19	24.78	23.21	24.83	28.45
山西	吕梁	13.50	14.90	14.44	16.63	18.06	19.65	21.32	23.29
安徽	合肥	50.98	54.14	56.84	61.01	63.28	65.34	70.08	71.84
安徽	芜湖	36.94	43.89	43.25	48.82	50.68	51.38	52.72	56.23
安徽	蚌埠	29.84	32.68	34.86	39.38	40.71	38.74	42.37	44.40
安徽	淮南	21.57	23.68	26.18	29.26	30.41	33.74	31.51	34.30
安徽	马鞍山	36.63	34.62	38.03	39.26	41.87	44.96	44.39	48.05
安徽	淮北	23.95	25.84	25.63	31.00	31.39	35.09	32.77	36.01
安徽	铜陵	41.40	42.78	39.51	38.95	37.77	40.85	37.05	45.17
安徽	安庆	24.81	25.95	27.97	31.72	32.59	31.01	32.14	35.48
安徽	黄山	32.95	32.94	32.96	33.39	34.65	37.74	39.12	42.05
安徽	滁州	21.28	22.24	24.62	29.14	30.89	32.36	35.11	36.19
安徽	阜阳	15.51	14.85	16.75	20.29	20.91	22.99	23.66	25.21
安徽	宿州	18.21	18.72	17.59	20.67	24.65	26.42	25.71	29.05
安徽	六安	16.79	20.36	20.54	23.53	25.30	25.89	25.41	28.87

省份	城市	2013 年	2014 年	2015 年	2016 年	2017 年	2018 年	2019 年	2020 年
安徽	亳州	18.24	18.03	20.62	21.13	22.36	24.15	25.48	28.27
安徽	池州	20.70	22.60	26.42	28.35	28.42	32.62	31.44	32.28
安徽	宣城	31.16	25.56	26.47	30.01	29.91	33.39	33.13	35.53
江西	南昌	50.48	51.88	51.75	53.72	56.85	58.66	61.57	63.13
江西	景德镇	27.11	27.13	27.52	31.94	38.13	38.12	42.29	43.38
江西	萍乡	21.91	21.34	22.50	28.23	31.82	37.87	35.89	39.92
江西	九江	26.52	25.90	26.57	33.10	34.07	37.33	37.69	40.14
江西	新余	31.43	31.54	32.64	35.78	39.42	41.82	43.59	46.67
江西	鹰潭	26.45	26.37	27.86	33.19	33.06	34.49	38.81	39.34
江西	赣州	14.77	15.70	17.93	25.04	29.45	30.67	33.26	35.37
江西	吉安	24.87	24.69	24.36	27.57	31.90	32.33	34.99	36.77
江西	宜春	23.57	22.59	18.93	20.09	24.90	27.23	31.26	32.04
江西	抚州	23.14	22.82	22.94	24.73	26.58	28.93	32.40	36.32
江西	上饶	24.81	25.64	26.11	24.14	25.65	27.22	29.80	32.13
河南	郑州	54.30	59.05	67.03	72.31	73.28	74.59	77.73	77.68
河南	开封	13.04	18.18	24.36	23.87	26.90	30.08	33.39	32.36
河南	洛阳	28.11	32.05	32.45	36.47	38.06	40.18	41.41	42.10
河南	平顶山	21.32	25.03	25.35	30.34	31.70	31.90	33.03	33.05
河南	安阳	18.48	19.88	22.09	25.91	27.68	28.16	31.53	33.06
河南	鹤壁	16.88	18.30	20.74	25.46	28.34	30.07	30.53	34.07
河南	新乡	22.80	23.16	24.19	26.59	28.79	35.52	30.63	35.66
河南	焦作	21.47	22.28	23.90	28.16	32.73	36.37	38.26	34.82
河南	濮阳	17.43	19.65	18.79	21.40	23.90	25.05	27.15	28.28
河南	许昌	24.72	26.45	26.61	26.59	30.46	32.03	33.59	35.74
河南	漯河	24.80	25.62	26.85	30.50	29.30	30.60	29.20	29.01
河南	三门峡	21.17	24.08	23.89	31.58	32.08	34.79	36.72	37.44
河南	南阳	14.00	16.59	18.60	24.30	25.38	26.75	30.14	31.19
河南	商丘	13.45	17.53	17.62	18.83	20.53	21.79	22.60	24.56
河南	信阳	15.98	20.23	22.00	23.82	22.61	25.44	27.32	29.55

省份	城市	2013 年	2014 年	2015 年	2016 年	2017 年	2018 年	2019 年	2020 年
河南	周口	17.38	17.97	18.99	21.45	22.19	22.26	22.91	24.11
河南	驻马店	16.71	17.81	18.28	23.89	23.06	24.41	24.82	27.65
湖北	武汉	74.88	76.60	80.83	83.89	87.18	86.42	90.60	86.27
湖北	黄石	22.74	26.17	27.65	32.23	30.27	30.77	29.78	32.49
湖北	十堰	21.17	21.98	21.09	24.68	25.29	28.19	30.35	34.55
湖北	宜昌	22.16	25.30	27.19	33.22	33.77	36.46	37.72	40.43
湖北	襄阳	25.02	26.37	28.43	31.07	33.79	35.66	36.64	44.24
湖北	鄂州	20.35	21.21	21.18	25.54	27.99	31.68	31.84	36.61
湖北	荆门	21.64	23.28	22.48	26.34	29.25	31.62	31.52	33.84
湖北	孝感	16.24	15.79	16.10	18.24	22.69	24.66	25.22	28.57
湖北	荆州	13.39	16.03	21.08	23.38	24.47	25.43	27.19	26.41
湖北	黄冈	14.51	16.47	15.22	20.06	20.99	23.39	24.80	28.81
湖北	咸宁	21.98	23.15	24.10	23.48	25.87	27.75	29.72	32.80
湖北	随州	20.55	22.68	22.80	21.89	24.68	24.30	26.64	27.17
湖南	长沙	57.09	59.75	61.01	63.49	66.90	69.27	74.32	73.16
湖南	株洲	26.06	31.41	34.01	36.85	40.74	43.19	44.99	47.68
湖南	湘潭	32.47	33.98	36.00	39.08	44.61	46.27	46.49	48.35
湖南	衡阳	19.83	21.51	23.85	26.79	32.33	32.73	33.52	37.76
湖南	邵阳	12.65	15.82	16.23	20.68	22.10	23.71	27.59	29.25
湖南	岳阳	22.67	25.38	25.62	27.33	30.27	31.76	34.74	37.95
湖南	常德	22.22	24.33	27.21	29.53	31.61	32.30	34.69	36.57
湖南	张家界	18.21	24.20	24.44	32.10	34.95	36.77	37.16	36.19
湖南	益阳	19.06	26.42	23.36	25.58	27.11	31.26	32.05	34.18
湖南	郴州	23.65	26.32	27.93	31.40	32.89	32.00	36.55	36.21
湖南	永州	23.31	25.30	26.67	26.50	29.40	27.62	28.79	30.54
湖南	怀化	13.75	15.17	17.04	20.79	24.98	27.41	25.86	27.98
湖南	娄底	14.38	19.76	17.27	24.45	27.73	29.03	30.44	32.50

资料来源：根据测度结果整理计算得到。

附录2 2013~2020年中部地区80个地级市创新发展指数

省份	城市	2013年	2014年	2015年	2016年	2017年	2018年	2019年	2020年
山西	太原	47.05	49.26	51.57	52.14	55.53	56.83	59.71	53.59
山西	大同	9.60	11.05	14.15	12.09	11.89	12.18	13.14	14.92
山西	阳泉	11.50	11.81	12.60	11.99	12.69	13.48	14.53	15.95
山西	长治	11.49	13.22	15.01	17.00	13.31	12.55	12.82	15.81
山西	晋城	9.68	10.67	12.22	12.03	12.29	10.55	10.93	12.21
山西	朔州	9.50	10.87	12.47	13.88	11.79	12.44	12.39	13.31
山西	晋中	17.42	19.43	21.85	22.06	22.59	22.90	22.83	25.48
山西	运城	11.84	11.73	13.72	14.46	12.84	13.00	12.46	14.55
山西	忻州	8.74	8.11	9.71	11.86	10.84	9.80	9.82	10.53
山西	临汾	11.36	12.02	12.30	13.59	13.47	11.52	11.29	13.34
山西	吕梁	10.77	10.74	11.94	10.51	10.61	9.82	10.44	11.33
安徽	合肥	34.90	38.32	44.05	55.00	50.23	55.45	61.82	65.59
安徽	芜湖	38.25	38.16	40.66	50.81	49.73	50.10	47.34	55.62
安徽	蚌埠	23.08	23.71	27.51	30.69	26.46	25.32	25.12	28.72
安徽	淮南	18.18	19.40	21.63	19.56	18.11	19.16	18.74	21.37
安徽	马鞍山	24.62	25.01	29.91	34.96	34.22	34.99	35.61	42.91
安徽	淮北	13.13	13.79	17.70	22.87	16.80	19.59	17.51	23.27
安徽	铜陵	33.72	34.58	36.29	31.61	24.83	22.58	26.04	31.35
安徽	安庆	13.06	13.55	16.06	19.11	19.60	19.92	18.90	23.76
安徽	黄山	13.78	15.18	17.25	18.31	20.24	19.29	19.40	24.14
安徽	滁州	14.31	16.51	20.65	25.88	21.88	21.65	23.14	27.67
安徽	阜阳	11.25	13.69	15.81	16.91	13.35	13.63	15.11	20.05
安徽	宿州	9.98	11.10	11.12	15.60	12.00	17.06	17.44	22.31
安徽	六安	9.68	12.39	11.05	13.75	13.43	14.38	15.00	23.36
安徽	亳州	10.89	10.73	14.32	13.56	16.68	16.89	17.53	20.10
安徽	池州	16.18	14.88	18.33	20.24	17.60	19.47	19.75	24.46
安徽	宣城	12.90	15.81	17.81	22.52	22.36	22.56	21.86	25.37

省份	城市	2013 年	2014 年	2015 年	2016 年	2017 年	2018 年	2019 年	2020 年
江西	南昌	35.46	37.64	39.91	43.71	46.30	49.60	51.38	52.76
江西	景德镇	14.55	14.99	16.85	18.02	21.39	21.07	22.22	23.56
江西	萍乡	11.76	11.42	11.76	13.34	16.88	19.67	20.04	23.64
江西	九江	13.26	13.02	14.22	16.84	16.67	20.10	21.32	26.49
江西	新余	16.09	17.65	20.82	22.74	21.97	22.50	25.18	32.72
江西	鹰潭	12.02	12.18	15.39	18.60	17.44	25.49	28.47	30.77
江西	赣州	11.22	11.61	13.00	15.64	16.38	18.90	19.99	25.10
江西	吉安	11.23	11.31	11.74	13.80	13.98	15.75	15.43	18.94
江西	宜春	11.69	12.24	12.75	13.93	15.44	17.70	18.27	21.22
江西	抚州	10.59	10.84	11.94	12.24	13.44	15.85	16.40	20.75
江西	上饶	8.05	8.61	9.51	9.60	10.30	12.44	13.91	16.21
河南	郑州	35.72	36.03	43.74	46.41	49.85	55.25	60.75	56.16
河南	开封	14.32	15.81	15.46	16.17	16.72	17.42	18.69	20.27
河南	洛阳	23.16	25.46	26.40	29.60	29.55	29.19	29.39	29.76
河南	平顶山	12.76	13.62	13.10	15.00	18.28	17.78	17.85	20.05
河南	安阳	12.97	13.79	13.52	15.70	15.51	15.68	16.12	19.35
河南	鹤壁	12.27	10.74	10.80	12.82	14.19	15.56	15.89	19.44
河南	新乡	15.80	16.57	18.07	19.06	21.26	22.22	22.21	25.64
河南	焦作	17.85	18.64	19.36	19.11	20.33	21.97	22.62	24.00
河南	濮阳	11.45	10.64	10.49	12.10	12.72	11.73	12.86	16.23
河南	许昌	13.49	14.59	15.38	16.42	18.45	21.37	22.09	24.50
河南	漯河	11.14	11.16	10.30	11.67	12.20	15.11	17.36	21.99
河南	三门峡	11.36	12.33	12.50	13.09	15.29	15.22	15.60	16.70
河南	南阳	13.36	13.46	13.16	14.40	15.86	15.78	16.24	18.55
河南	商丘	10.32	10.01	10.12	8.70	10.43	11.65	13.08	15.10
河南	信阳	11.37	11.21	11.24	12.15	12.60	12.89	12.49	15.40
河南	周口	11.29	10.74	10.15	11.73	11.24	10.83	11.24	13.15
河南	驻马店	12.30	10.95	10.34	10.91	11.56	11.86	12.18	15.70
湖北	武汉	51.51	55.46	60.15	62.95	66.42	69.38	75.35	69.44

续表

省份	城市	2013 年	2014 年	2015 年	2016 年	2017 年	2018 年	2019 年	2020 年
湖北	黄石	12.98	14.18	14.66	17.36	17.74	19.32	19.74	23.46
湖北	十堰	10.42	11.08	12.29	13.13	13.51	13.32	14.23	18.72
湖北	宜昌	17.54	17.72	21.61	22.80	23.75	25.16	27.25	30.76
湖北	襄阳	14.70	18.55	19.21	19.41	21.13	21.89	21.34	32.23
湖北	鄂州	11.40	10.89	13.47	16.92	17.09	16.81	15.56	22.64
湖北	荆门	10.43	11.29	12.24	13.52	15.15	17.42	17.31	21.91
湖北	孝感	10.42	10.58	13.14	13.92	14.44	14.41	14.71	17.52
湖北	荆州	12.09	13.22	14.95	15.52	17.46	16.47	16.38	17.80
湖北	黄冈	10.37	9.97	10.48	11.52	11.11	10.53	10.28	12.36
湖北	咸宁	11.41	12.22	12.34	13.34	13.05	15.10	15.77	20.44
湖北	随州	8.66	9.68	9.60	11.19	11.84	11.87	12.45	11.94
湖南	长沙	46.86	47.12	49.90	51.98	54.10	58.48	59.25	55.22
湖南	株洲	18.27	20.67	23.65	24.38	26.12	29.88	32.48	38.51
湖南	湘潭	21.46	21.15	24.35	25.59	29.48	31.72	32.21	38.53
湖南	衡阳	12.79	13.56	14.78	16.22	18.08	19.21	18.17	22.27
湖南	邵阳	7.38	7.27	7.73	8.72	8.85	9.35	10.36	13.57
湖南	岳阳	16.33	16.91	18.46	19.92	20.25	20.53	20.67	23.29
湖南	常德	16.24	17.29	19.24	20.31	20.29	19.80	20.81	24.36
湖南	张家界	16.47	14.89	12.82	15.10	14.08	13.82	14.42	16.66
湖南	益阳	11.25	11.33	11.80	12.78	13.96	15.35	15.70	19.31
湖南	郴州	12.51	13.26	14.18	15.69	17.83	18.81	18.43	19.00
湖南	永州	12.32	11.97	12.98	12.94	12.49	12.92	13.31	15.66
湖南	怀化	15.10	13.01	12.31	12.71	14.48	15.58	16.61	19.37
湖南	娄底	11.10	10.45	10.31	11.91	12.86	13.61	14.50	17.39

资料来源：根据测度结果整理计算得到。

附录3　2013～2020年中部地区80个地级市协调发展指数

省份	城市	2013年	2014年	2015年	2016年	2017年	2018年	2019年	2020年
山西	太原	68.80	71.90	68.91	66.48	62.74	49.01	49.71	44.99
山西	大同	27.50	32.55	34.09	34.01	33.96	25.96	27.30	27.61
山西	阳泉	40.44	42.64	38.34	37.28	41.74	28.63	28.86	28.36
山西	长治	26.52	25.97	23.14	21.39	22.45	20.15	20.65	21.31
山西	晋城	21.22	21.71	19.00	20.06	21.46	23.29	24.28	24.51
山西	朔州	19.56	18.70	20.14	15.72	22.13	23.53	23.92	23.51
山西	晋中	20.60	19.52	18.73	19.80	20.76	22.42	22.91	23.51
山西	运城	9.06	23.62	11.85	12.36	13.02	15.38	16.59	16.73
山西	忻州	12.99	14.14	13.79	13.85	13.52	14.86	16.64	17.59
山西	临汾	14.48	15.82	14.70	15.12	17.12	17.48	19.10	19.50
山西	吕梁	9.73	12.92	11.20	11.64	13.04	14.87	16.14	16.40
安徽	合肥	36.29	37.72	39.02	41.34	43.43	37.55	42.81	42.30
安徽	芜湖	21.11	24.33	24.81	27.26	28.44	27.92	31.37	34.70
安徽	蚌埠	14.39	15.45	17.00	18.73	17.29	22.18	25.16	26.41
安徽	淮南	21.81	21.27	19.07	18.95	20.58	21.95	23.79	24.58
安徽	马鞍山	27.29	22.57	27.86	24.23	24.72	27.94	29.80	31.76
安徽	淮北	15.34	16.19	17.27	17.88	19.11	19.96	23.33	24.69
安徽	铜陵	24.88	26.57	16.67	18.56	17.57	21.72	23.78	26.42
安徽	安庆	8.99	11.00	12.79	14.32	14.65	15.98	17.91	21.71
安徽	黄山	15.43	16.44	17.89	18.19	18.08	24.36	25.72	28.75
安徽	滁州	12.73	13.50	14.48	16.19	16.76	18.07	20.65	24.42
安徽	阜阳	8.96	10.73	12.22	14.14	15.44	15.12	16.95	18.52
安徽	宿州	8.27	9.31	9.30	11.27	15.95	12.58	15.73	17.44
安徽	六安	8.93	9.73	11.91	12.59	13.91	15.97	18.06	20.56
安徽	亳州	6.59	8.66	10.01	11.61	12.50	13.84	16.34	18.39
安徽	池州	14.36	15.67	17.95	17.05	17.60	19.18	21.25	24.45
安徽	宣城	14.83	16.05	17.30	18.76	19.39	21.80	22.44	24.27

续表

省份	城市	2013 年	2014 年	2015 年	2016 年	2017 年	2018 年	2019 年	2020 年
江西	南昌	32.32	34.07	34.31	35.91	36.72	36.56	38.64	38.49
江西	景德镇	15.63	16.22	16.35	17.18	17.96	22.42	23.67	26.56
江西	萍乡	16.11	17.08	17.50	17.71	18.16	22.58	22.70	24.07
江西	九江	12.80	14.02	15.24	16.42	16.31	19.06	21.43	23.53
江西	新余	19.66	20.57	21.01	21.55	21.53	25.61	26.92	28.64
江西	鹰潭	15.47	16.06	17.45	18.97	19.70	21.05	22.10	25.04
江西	赣州	10.27	11.58	12.68	13.58	14.30	16.12	18.48	20.41
江西	吉安	9.96	11.22	12.08	12.72	13.47	15.41	15.81	19.22
江西	宜春	12.34	13.69	14.62	15.96	17.18	18.16	19.07	20.99
江西	抚州	10.78	11.85	12.61	13.17	14.18	17.77	18.26	20.14
江西	上饶	10.88	12.17	13.18	14.15	14.31	16.25	17.63	20.63
河南	郑州	35.66	39.13	42.87	48.35	45.68	40.70	44.57	41.43
河南	开封	10.08	11.29	12.28	13.78	14.60	17.46	17.19	19.38
河南	洛阳	16.61	18.35	18.86	20.17	20.47	24.65	25.77	26.98
河南	平顶山	14.55	15.34	15.23	16.37	17.39	18.20	19.29	20.34
河南	安阳	11.49	12.14	12.78	14.06	14.48	16.91	17.91	18.82
河南	鹤壁	12.53	15.18	16.12	18.31	21.40	18.28	19.52	20.06
河南	新乡	12.74	13.39	14.23	14.71	14.87	17.77	17.96	19.47
河南	焦作	13.50	14.82	15.53	16.70	18.00	20.97	22.38	24.68
河南	濮阳	6.35	8.08	9.51	10.31	9.92	12.56	15.82	17.62
河南	许昌	12.21	13.80	15.32	16.69	15.88	17.98	18.88	21.62
河南	漯河	10.66	12.38	13.62	14.67	15.98	17.47	20.29	22.00
河南	三门峡	13.68	15.28	16.35	16.64	16.16	19.93	20.99	21.75
河南	南阳	7.87	9.47	10.47	12.26	11.76	14.83	17.11	19.42
河南	商丘	6.84	8.44	9.69	10.68	11.30	12.57	14.10	16.30
河南	信阳	7.83	8.86	10.55	11.67	12.06	14.20	14.74	17.07
河南	周口	4.61	5.31	6.66	7.37	8.08	10.39	11.89	13.59
河南	驻马店	6.12	7.54	9.21	9.36	10.65	12.51	13.16	14.50
湖北	武汉	69.98	64.14	65.60	65.02	68.50	51.67	53.44	42.76

续表

省份	城市	2013 年	2014 年	2015 年	2016 年	2017 年	2018 年	2019 年	2020 年
湖北	黄石	17.03	20.27	22.10	23.40	24.42	23.46	24.92	24.10
湖北	十堰	12.97	15.93	15.83	16.60	15.38	19.36	22.96	22.21
湖北	宜昌	17.72	21.54	22.64	22.80	21.45	25.54	26.96	24.49
湖北	襄阳	15.79	17.90	16.19	17.81	17.50	21.99	23.23	21.32
湖北	鄂州	15.61	17.31	19.87	20.35	20.96	25.13	26.93	24.94
湖北	荆门	13.98	15.58	16.53	17.77	19.04	21.46	23.42	22.43
湖北	孝感	13.17	14.31	14.91	14.74	15.03	19.03	20.43	20.81
湖北	荆州	11.93	13.36	15.05	14.88	15.38	19.28	21.77	21.49
湖北	黄冈	8.97	10.58	11.58	11.72	11.76	15.59	17.15	17.99
湖北	咸宁	13.04	14.37	15.28	14.35	14.41	17.26	18.56	19.42
湖北	随州	11.87	13.84	14.20	15.11	15.41	17.94	19.94	20.44
湖南	长沙	37.92	40.12	40.52	42.93	44.90	45.41	48.20	42.57
湖南	株洲	18.42	19.27	22.77	23.73	33.49	25.22	25.55	26.10
湖南	湘潭	16.12	20.40	20.22	20.38	21.85	22.24	23.21	24.06
湖南	衡阳	12.83	13.25	13.57	14.53	15.41	19.10	20.50	21.89
湖南	邵阳	8.07	9.25	11.43	13.05	13.07	14.96	17.70	18.61
湖南	岳阳	11.85	13.14	19.08	19.73	19.04	19.03	21.10	22.38
湖南	常德	10.23	10.87	11.71	12.87	14.63	17.29	19.33	20.86
湖南	张家界	13.57	15.29	16.37	18.60	20.77	23.76	27.91	26.61
湖南	益阳	9.52	10.11	10.84	11.65	12.28	15.14	14.92	16.51
湖南	郴州	13.75	16.95	16.91	18.68	19.22	17.98	20.16	20.02
湖南	永州	11.25	13.31	10.47	11.41	12.58	14.72	15.68	16.64
湖南	怀化	7.83	8.93	9.75	10.65	12.99	14.73	15.66	16.53
湖南	娄底	8.28	8.37	8.63	9.61	11.25	12.54	14.32	16.23

资料来源：根据测度结果整理计算得到。

附录4　2013～2020年中部地区80个地级市绿色发展指数

省份	城市	2013年	2014年	2015年	2016年	2017年	2018年	2019年	2020年
山西	太原	64.70	67.26	69.24	71.66	72.23	73.46	74.75	75.39
山西	大同	46.15	52.65	54.82	64.90	68.45	68.64	69.71	68.09
山西	阳泉	53.33	53.67	56.92	57.11	60.16	63.57	67.94	72.76
山西	长治	57.65	60.22	63.26	61.75	64.45	70.91	68.72	71.77
山西	晋城	53.49	55.81	57.90	56.43	66.57	67.88	66.91	70.86
山西	朔州	61.72	64.57	65.05	68.79	73.32	71.49	70.27	68.25
山西	晋中	50.71	57.26	57.36	63.84	64.21	66.55	66.05	68.65
山西	运城	43.21	41.66	48.57	55.26	54.26	55.03	58.16	60.01
山西	忻州	47.22	52.53	52.05	58.44	64.97	62.10	64.98	65.93
山西	临汾	51.30	55.16	57.54	58.79	59.09	58.49	60.56	65.66
山西	吕梁	55.27	56.98	55.31	56.94	59.32	57.81	61.27	62.11
安徽	合肥	74.85	75.74	76.88	75.99	76.81	76.64	76.38	75.71
安徽	芜湖	67.75	70.17	70.26	72.58	74.31	74.80	75.37	73.26
安徽	蚌埠	64.12	67.35	71.60	73.52	74.64	75.05	76.47	74.66
安徽	淮南	46.96	49.37	52.63	62.46	67.25	67.47	62.39	64.10
安徽	马鞍山	60.56	61.11	63.85	66.90	67.22	68.13	69.42	69.89
安徽	淮北	65.10	67.29	63.29	69.74	72.89	73.78	73.14	73.96
安徽	铜陵	58.40	62.14	64.37	70.39	71.92	70.57	63.95	70.21
安徽	安庆	68.84	69.99	70.82	73.29	74.89	74.22	74.64	73.98
安徽	黄山	75.33	76.49	76.44	76.39	76.56	76.63	76.70	77.44
安徽	滁州	63.59	63.21	65.70	67.62	70.99	71.26	73.36	68.66
安徽	阜阳	60.92	58.06	61.70	66.77	68.10	71.00	71.00	69.30
安徽	宿州	63.51	65.58	67.10	69.20	74.03	73.54	72.33	73.49
安徽	六安	66.37	68.02	70.96	74.06	75.30	74.99	72.35	71.64
安徽	亳州	69.90	68.23	68.51	70.90	69.66	72.00	72.10	73.40
安徽	池州	60.10	63.55	67.15	69.77	71.39	71.48	71.75	69.57
安徽	宣城	78.92	64.59	68.24	70.97	71.26	70.44	69.39	69.34

续表

省份	城市	2013 年	2014 年	2015 年	2016 年	2017 年	2018 年	2019 年	2020 年
江西	南昌	76.00	73.45	73.66	74.22	77.32	77.54	78.21	79.39
江西	景德镇	64.38	63.12	63.49	70.83	79.27	75.23	77.81	78.39
江西	萍乡	61.45	59.76	62.80	71.15	73.31	78.90	72.72	78.45
江西	九江	65.75	61.96	61.13	70.37	72.72	71.82	74.66	73.49
江西	新余	64.67	66.27	66.52	72.56	74.00	73.46	74.34	77.09
江西	鹰潭	66.18	67.30	68.08	72.04	73.44	69.81	77.77	75.90
江西	赣州	52.76	52.84	55.30	61.57	73.42	74.72	76.85	75.39
江西	吉安	71.61	69.69	69.94	72.09	73.66	71.80	76.17	75.19
江西	宜春	66.42	63.94	58.53	61.99	70.05	72.44	76.16	74.35
江西	抚州	75.78	73.90	72.12	73.78	76.16	74.97	77.23	77.63
江西	上饶	71.74	70.60	68.87	65.20	68.23	69.76	73.46	74.23
河南	郑州	65.10	70.35	71.30	75.54	74.20	75.36	76.26	75.64
河南	开封	50.46	53.73	65.60	69.49	72.47	73.46	78.05	71.37
河南	洛阳	60.76	65.07	65.52	70.72	72.85	74.14	74.31	74.43
河南	平顶山	56.71	62.54	63.05	72.07	71.16	72.18	73.65	72.74
河南	安阳	53.54	55.65	63.82	68.65	72.43	71.89	72.86	72.47
河南	鹤壁	58.04	58.46	62.67	69.57	71.75	72.28	71.60	73.70
河南	新乡	58.30	58.36	60.87	68.64	68.54	68.69	70.45	70.01
河南	焦作	57.51	57.69	60.45	67.64	69.99	70.88	73.19	63.68
河南	濮阳	63.13	66.56	65.50	68.84	73.21	73.16	74.55	73.85
河南	许昌	67.97	70.62	70.92	71.52	76.75	76.16	76.47	75.41
河南	漯河	68.75	68.28	74.90	75.74	74.74	74.82	75.97	72.02
河南	三门峡	57.16	60.92	59.36	73.26	72.50	73.13	75.18	76.40
河南	南阳	53.32	57.35	61.54	71.10	72.65	72.64	75.45	74.66
河南	商丘	58.21	67.03	68.00	70.95	72.56	72.69	72.67	72.18
河南	信阳	66.21	71.33	69.86	71.98	71.59	76.43	77.14	77.24
河南	周口	68.30	69.63	70.59	73.52	74.69	74.33	75.17	74.66
河南	驻马店	66.41	67.76	68.62	75.18	75.73	76.59	76.57	76.91
湖北	武汉	72.01	72.49	75.50	76.83	73.01	75.25	75.07	76.72

续表

省份	城市	2013 年	2014 年	2015 年	2016 年	2017 年	2018 年	2019 年	2020 年
湖北	黄石	56.08	58.85	61.34	67.54	68.13	69.05	69.42	69.02
湖北	十堰	69.87	69.33	66.68	72.58	72.78	75.08	75.80	76.10
湖北	宜昌	64.10	67.29	67.22	73.59	73.80	74.06	73.00	72.91
湖北	襄阳	66.64	65.92	66.30	70.08	74.76	74.88	76.19	77.69
湖北	鄂州	59.36	59.64	60.92	65.99	68.62	73.07	73.91	72.11
湖北	荆门	66.71	67.94	66.98	72.14	74.21	75.30	73.69	72.47
湖北	孝感	59.21	57.12	60.18	63.32	71.31	70.81	70.98	71.90
湖北	荆州	50.91	55.06	55.07	68.36	69.66	69.63	70.92	68.66
湖北	黄冈	53.99	58.96	56.81	65.12	68.90	71.34	70.82	70.41
湖北	咸宁	67.39	68.73	70.12	71.20	71.62	72.21	72.57	72.84
湖北	随州	71.40	73.32	73.43	70.37	75.78	73.79	75.90	75.88
湖南	长沙	73.93	75.26	74.68	74.90	76.25	77.66	77.90	76.68
湖南	株洲	65.97	72.42	72.74	74.54	75.72	76.51	77.55	77.31
湖南	湘潭	66.77	69.33	70.19	72.75	75.64	76.52	74.97	74.86
湖南	衡阳	60.88	62.69	63.01	65.60	71.59	73.13	72.60	76.82
湖南	邵阳	60.83	64.18	64.53	71.35	72.54	72.92	75.05	75.47
湖南	岳阳	68.49	69.79	68.74	70.70	73.88	73.63	74.13	75.14
湖南	常德	68.34	70.77	73.97	76.55	78.29	78.03	79.37	78.69
湖南	张家界	54.95	65.78	66.07	71.17	74.98	75.83	76.21	74.22
湖南	益阳	63.92	73.79	67.43	71.15	72.09	74.21	75.57	75.31
湖南	郴州	65.09	67.35	71.32	76.27	76.69	74.99	76.95	76.75
湖南	永州	65.51	68.00	71.10	73.39	73.47	74.67	74.62	73.94
湖南	怀化	59.10	61.72	61.68	70.64	72.43	73.05	73.24	72.58
湖南	娄底	53.22	63.46	57.06	66.95	71.44	71.49	71.75	71.89

资料来源：根据测度结果整理计算得到。

附录5　2013～2020年中部地区80个地级市开放发展指数

省份	城市	2013 年	2014 年	2015 年	2016 年	2017 年	2018 年	2019 年	2020 年
山西	太原	23.52	26.00	24.70	28.15	27.06	31.02	31.15	28.54
山西	大同	6.57	6.59	6.93	7.09	7.51	8.05	8.09	8.88
山西	阳泉	6.91	6.98	7.54	7.69	6.81	6.93	7.23	4.81
山西	长治	4.87	4.86	4.67	4.69	4.46	4.98	6.45	7.13
山西	晋城	6.01	6.54	6.15	5.73	5.91	5.93	7.90	8.61
山西	朔州	3.39	3.45	3.78	4.63	5.56	4.84	5.28	5.85
山西	晋中	4.78	5.00	5.18	5.26	6.10	6.25	5.51	5.60
山西	运城	5.06	4.64	4.37	4.65	5.40	4.67	4.50	4.91
山西	忻州	2.19	2.59	2.73	2.76	3.17	3.73	3.81	4.55
山西	临汾	3.69	3.22	3.22	3.33	6.59	3.87	3.22	4.13
山西	吕梁	4.01	2.53	2.15	5.07	2.24	6.80	3.90	5.98
安徽	合肥	27.61	29.72	30.33	30.69	38.06	40.40	41.50	43.58
安徽	芜湖	19.22	21.07	22.43	22.17	23.19	23.74	24.11	27.81
安徽	蚌埠	12.35	13.58	14.47	13.85	15.78	12.42	12.66	14.79
安徽	淮南	7.29	7.04	7.10	5.42	5.80	6.81	7.29	9.32
安徽	马鞍山	18.87	17.36	18.45	17.26	20.86	21.67	23.22	24.50
安徽	淮北	8.16	8.78	9.73	10.52	10.63	8.89	9.65	11.06
安徽	铜陵	27.00	22.72	18.91	16.26	17.55	18.11	23.99	28.56
安徽	安庆	6.52	6.29	6.74	6.15	5.66	6.02	6.46	8.03
安徽	黄山	9.41	9.83	7.94	8.59	9.32	10.81	11.61	12.91
安徽	滁州	10.12	11.47	11.72	12.81	13.71	14.30	13.96	15.77
安徽	阜阳	4.66	5.16	4.94	4.57	6.32	5.85	5.80	7.38
安徽	宿州	5.05	5.65	6.29	6.12	9.24	7.63	8.02	9.91
安徽	六安	4.50	4.32	4.76	5.01	7.56	6.47	6.54	8.25
安徽	亳州	5.41	5.64	6.23	6.04	6.88	7.82	7.77	9.53
安徽	池州	7.53	7.60	8.41	9.08	9.87	9.77	9.85	12.01
安徽	宣城	10.85	10.63	10.21	11.44	11.70	12.95	12.91	13.96

续表

省份	城市	2013 年	2014 年	2015 年	2016 年	2017 年	2018 年	2019 年	2020 年
江西	南昌	24.61	26.43	22.79	23.24	25.47	26.27	30.42	29.47
江西	景德镇	7.14	6.97	7.06	7.34	8.03	10.51	11.54	12.18
江西	萍乡	7.16	8.05	7.46	8.51	9.05	11.53	12.35	13.84
江西	九江	15.15	16.22	16.64	16.66	16.50	22.07	16.62	18.92
江西	新余	13.82	13.28	12.53	13.60	15.86	16.14	16.35	17.27
江西	鹰潭	20.57	17.91	15.56	16.06	17.83	18.64	15.13	17.96
江西	赣州	9.86	11.24	11.88	12.79	14.06	15.02	15.60	18.01
江西	吉安	11.41	13.16	13.84	14.82	16.50	15.80	17.10	18.46
江西	宜春	6.86	7.28	7.68	8.60	8.90	9.93	9.78	11.29
江西	抚州	5.46	6.47	7.40	8.46	8.13	9.51	9.87	15.62
江西	上饶	9.39	10.75	11.61	12.32	13.56	12.23	10.77	12.42
河南	郑州	47.63	49.06	58.16	59.28	61.28	60.93	59.26	63.87
河南	开封	4.71	4.66	5.24	3.60	6.26	6.97	5.83	8.32
河南	洛阳	10.13	11.78	12.44	12.92	13.23	14.61	14.37	14.98
河南	平顶山	4.15	4.06	4.19	4.06	4.26	4.28	4.56	5.13
河南	安阳	6.00	6.11	6.33	6.57	5.32	5.69	6.16	6.75
河南	鹤壁	8.45	9.18	9.66	9.95	9.97	10.60	11.16	12.30
河南	新乡	6.42	6.68	6.79	7.22	7.75	27.86	8.05	19.21
河南	焦作	8.80	9.08	9.15	9.16	9.45	9.89	9.59	9.98
河南	濮阳	4.48	4.96	5.85	6.42	6.16	6.52	7.71	8.45
河南	许昌	6.29	6.41	6.19	6.45	7.73	7.78	8.36	9.21
河南	漯河	7.35	8.40	8.56	8.77	8.09	8.06	8.61	8.54
河南	三门峡	9.31	9.41	10.67	12.92	8.01	10.85	13.27	13.30
河南	南阳	5.00	5.36	5.35	5.49	5.68	6.23	6.57	6.76
河南	商丘	2.25	2.49	2.70	2.97	3.16	3.55	4.98	6.40
河南	信阳	3.12	3.52	3.23	3.98	3.75	4.05	4.21	5.94
河南	周口	3.24	3.05	3.27	3.51	4.11	4.54	4.78	5.96
河南	驻马店	2.70	2.83	2.88	3.28	3.23	4.03	4.12	5.11
湖北	武汉	37.49	41.96	46.15	47.30	51.66	56.05	60.92	57.88

续表

省份	城市	2013 年	2014 年	2015 年	2016 年	2017 年	2018 年	2019 年	2020 年
湖北	黄石	12. 62	12. 65	11. 21	10. 38	11. 96	13. 14	7. 90	13. 56
湖北	十堰	4. 70	4. 88	4. 89	4. 94	5. 29	7. 29	7. 66	9. 41
湖北	宜昌	7. 26	7. 83	8. 56	8. 54	8. 67	9. 83	10. 78	11. 11
湖北	襄阳	5. 82	6. 12	7. 09	7. 49	8. 42	9. 14	9. 41	9. 38
湖北	鄂州	9. 72	10. 44	6. 90	7. 26	7. 76	6. 71	6. 08	7. 40
湖北	荆门	5. 08	5. 43	6. 09	6. 28	7. 33	8. 37	8. 26	8. 97
湖北	孝感	4. 80	4. 87	5. 17	5. 57	5. 26	5. 82	6. 09	7. 36
湖北	荆州	4. 44	4. 89	4. 49	4. 62	4. 24	4. 96	4. 86	5. 82
湖北	黄冈	2. 19	2. 54	2. 73	3. 06	1. 88	1. 62	4. 01	5. 71
湖北	咸宁	3. 88	3. 32	3. 33	3. 56	4. 95	5. 15	6. 01	7. 36
湖北	随州	6. 47	6. 70	6. 48	6. 64	6. 44	5. 88	5. 90	7. 87
湖南	长沙	20. 08	23. 81	25. 19	25. 77	28. 97	33. 18	41. 83	45. 54
湖南	株洲	9. 90	10. 43	10. 48	10. 14	11. 30	10. 13	13. 58	15. 18
湖南	湘潭	11. 08	10. 85	10. 99	11. 57	14. 80	16. 32	17. 36	16. 48
湖南	衡阳	7. 11	8. 59	9. 08	9. 06	11. 81	10. 84	13. 21	12. 68
湖南	邵阳	2. 73	3. 40	3. 99	4. 53	5. 53	6. 43	8. 12	8. 81
湖南	岳阳	3. 34	3. 61	4. 31	4. 87	6. 63	7. 85	9. 84	12. 38
湖南	常德	4. 53	4. 93	5. 52	5. 39	6. 88	7. 97	9. 28	10. 40
湖南	张家界	3. 25	3. 11	3. 32	3. 67	4. 99	4. 87	5. 59	6. 28
湖南	益阳	3. 13	3. 30	3. 43	3. 67	4. 29	5. 41	7. 68	9. 35
湖南	郴州	11. 37	12. 26	10. 21	10. 90	13. 56	14. 03	14. 97	15. 18
湖南	永州	4. 61	5. 77	5. 93	7. 03	8. 25	9. 34	10. 68	11. 97
湖南	怀化	1. 36	1. 45	1. 53	1. 41	1. 77	2. 47	2. 91	3. 44
湖南	娄底	5. 37	5. 33	4. 45	4. 48	5. 56	6. 56	7. 52	8. 54

资料来源：根据测度结果整理计算得到。

附录6 2013～2020年中部地区80个地级市共享发展指数

省份	城市	2013年	2014年	2015年	2016年	2017年	2018年	2019年	2020年
山西	太原	66.41	64.39	58.87	66.51	63.15	64.32	67.61	65.03
山西	大同	42.42	43.04	42.46	43.90	43.86	47.97	48.80	46.52
山西	阳泉	38.21	37.39	34.64	37.12	38.47	42.51	45.90	41.04
山西	长治	34.86	37.03	34.27	36.69	37.48	34.50	38.47	37.59
山西	晋城	33.93	34.79	33.00	31.04	36.75	38.95	41.34	41.64
山西	朔州	15.92	14.99	15.16	19.08	18.16	28.88	45.35	44.89
山西	晋中	44.89	47.56	45.83	44.72	35.32	37.66	46.16	46.46
山西	运城	39.85	38.57	44.19	44.64	35.80	31.03	28.07	27.43
山西	忻州	37.72	38.44	40.79	41.02	41.24	42.02	43.27	41.01
山西	临汾	27.45	28.01	36.56	38.57	37.88	38.21	39.51	39.13
山西	吕梁	16.23	16.37	19.14	21.86	24.37	26.84	27.68	29.74
安徽	合肥	34.42	36.76	36.09	38.54	39.57	45.97	50.37	52.33
安徽	芜湖	18.27	34.73	26.77	29.60	31.93	33.20	36.01	36.05
安徽	蚌埠	32.06	32.99	25.31	34.27	41.39	32.52	40.39	43.90
安徽	淮南	38.76	41.62	44.60	40.81	34.57	43.23	42.78	43.69
安徽	马鞍山	41.27	39.16	33.57	31.91	37.34	42.01	32.11	33.17
安徽	淮北	22.42	22.76	23.31	23.27	23.70	34.48	24.09	25.10
安徽	铜陵	46.66	46.69	43.54	35.22	34.74	46.88	31.75	35.70
安徽	安庆	27.63	27.09	27.76	32.82	32.59	25.31	27.26	29.78
安徽	黄山	34.19	28.31	26.81	26.20	27.80	31.71	34.31	33.64
安徽	滁州	14.18	13.61	11.50	15.90	18.64	21.87	24.03	26.17
安徽	阜阳	11.85	9.66	5.58	5.87	5.95	8.78	7.60	7.70
安徽	宿州	18.95	13.29	4.74	5.25	5.57	13.79	8.82	9.57
安徽	六安	7.50	14.36	7.31	8.39	8.39	9.20	9.59	9.95
安徽	亳州	6.03	6.18	9.35	5.55	7.32	6.48	7.89	8.59
安徽	池州	18.39	18.55	18.43	18.54	16.84	29.46	21.30	17.21
安徽	宣城	19.38	22.79	15.40	14.97	13.05	23.95	25.23	27.33

省份	城市	2013 年	2014 年	2015 年	2016 年	2017 年	2018 年	2019 年	2020 年
江西	南昌	37.84	41.87	42.62	42.37	41.48	43.50	43.87	47.35
江西	景德镇	35.79	37.53	35.90	35.29	36.36	36.77	43.79	41.13
江西	萍乡	23.94	23.36	21.45	23.19	27.56	28.19	31.76	27.94
江西	九江	25.24	28.22	29.25	31.25	30.71	31.26	29.37	30.13
江西	新余	37.30	32.14	32.72	28.25	37.75	42.62	42.88	37.29
江西	鹰潭	15.42	15.23	17.13	23.79	18.58	19.87	20.03	16.32
江西	赣州	17.97	17.73	17.69	27.42	16.67	12.45	13.45	13.62
江西	吉安	16.79	16.31	12.05	15.91	26.58	28.76	28.35	27.63
江西	宜春	25.02	23.55	18.22	11.38	9.94	9.04	15.71	15.00
江西	抚州	8.46	8.30	9.18	10.41	10.58	13.65	21.02	21.12
江西	上饶	21.49	23.25	25.47	23.18	20.22	20.14	21.08	20.41
河南	郑州	42.49	44.03	48.79	49.81	53.11	55.89	57.59	61.91
河南	开封	19.10	29.56	27.59	16.93	17.69	23.15	26.94	29.34
河南	洛阳	32.41	32.15	30.24	29.35	30.50	29.92	33.22	33.06
河南	平顶山	36.13	36.74	37.51	34.96	37.02	35.23	34.91	32.36
河南	安阳	32.54	31.76	22.63	23.25	23.67	23.16	32.23	33.52
河南	鹤壁	13.11	15.61	14.64	13.57	15.14	22.18	22.89	26.29
河南	新乡	34.37	33.67	29.57	20.49	25.99	22.28	24.14	25.07
河南	焦作	24.41	24.38	23.23	23.91	33.83	40.45	41.03	42.60
河南	濮阳	17.90	17.83	13.96	13.73	14.50	16.83	15.52	14.49
河南	许昌	25.08	23.06	20.64	16.14	17.42	18.96	21.88	25.55
河南	漯河	26.98	27.88	18.10	27.75	23.80	23.66	8.98	9.21
河南	三门峡	30.67	31.14	30.63	27.99	35.87	37.31	35.88	33.95
河南	南阳	20.27	19.61	17.95	16.69	16.40	17.61	21.50	21.69
河南	商丘	16.04	11.79	8.23	6.99	7.37	8.66	6.62	8.69
河南	信阳	5.71	10.28	18.75	18.20	13.50	11.31	16.89	17.22
河南	周口	10.65	10.20	11.06	11.67	11.11	9.35	7.60	7.70
河南	驻马店	9.66	10.93	9.65	16.79	10.10	10.08	10.52	14.11
湖北	武汉	63.67	66.13	64.08	69.40	76.82	79.92	81.65	84.36

续表

省份	城市	2013 年	2014 年	2015 年	2016 年	2017 年	2018 年	2019 年	2020 年
湖北	黄石	29.14	31.66	31.41	32.91	20.20	18.03	17.76	18.83
湖北	十堰	11.66	11.53	12.29	12.13	14.72	14.35	15.64	25.13
湖北	宜昌	10.59	10.87	11.77	20.77	22.84	25.05	26.99	36.32
湖北	襄阳	24.02	23.53	30.93	30.81	28.96	29.03	29.00	45.64
湖北	鄂州	19.91	20.42	16.05	17.66	20.29	22.32	21.34	36.50
湖北	荆门	18.50	19.11	14.86	16.16	18.60	18.89	19.83	26.55
湖北	孝感	14.16	15.18	5.83	6.52	6.81	10.30	9.84	15.87
湖北	荆州	20.30	18.47	35.05	15.52	14.73	14.24	15.82	14.95
湖北	黄冈	26.64	22.09	19.60	19.53	17.21	18.07	20.19	31.46
湖北	咸宁	19.92	19.95	19.55	14.45	21.55	21.76	25.45	28.96
湖北	随州	7.07	7.65	7.88	7.59	6.38	6.78	8.57	8.23
湖南	长沙	54.35	54.48	55.22	58.62	60.47	55.86	60.23	64.83
湖南	株洲	17.09	20.31	22.29	28.25	26.17	41.13	38.27	39.78
湖南	湘潭	38.44	34.63	37.11	41.63	47.15	46.88	47.96	48.34
湖南	衡阳	19.61	19.21	25.42	28.85	31.57	25.43	26.23	28.47
湖南	邵阳	8.65	12.11	9.11	8.68	10.40	12.01	16.40	16.41
湖南	岳阳	16.69	22.19	15.59	15.10	18.30	22.89	28.56	31.37
湖南	常德	15.72	16.48	17.19	18.49	19.17	18.51	19.94	21.43
湖南	张家界	25.45	26.38	27.64	41.62	41.84	44.23	38.45	36.84
湖南	益阳	20.93	28.41	28.04	26.63	27.82	33.45	30.67	31.47
湖南	郴州	19.77	19.82	19.46	18.05	16.58	16.34	27.01	25.33
湖南	永州	29.30	28.49	29.36	21.38	30.34	16.30	17.78	20.64
湖南	怀化	9.73	10.88	18.15	12.77	20.39	24.50	15.08	19.97
湖南	娄底	23.67	24.18	28.77	33.39	32.55	33.95	34.62	35.60

资料来源：根据测度结果整理计算得到。